显失公平制度研究

The Research On Unconscionability System

张初霞 著

导师 王家福

中国社会科学出版社

图书在版编目(CIP)数据

显失公平制度研究/张初霞著．—北京：中国社会科学出版社，2016.12

（中国社会科学博士论文文库）

ISBN 978-7-5161-9233-7

Ⅰ.①显… Ⅱ.①张… Ⅲ.①民法–研究–中国 Ⅳ.①D923.04

中国版本图书馆 CIP 数据核字（2016）第 266527 号

出 版 人	赵剑英
责任编辑	孔继萍
责任校对	刘 娟
责任印制	王 超
出 版	中国社会科学出版社
社 址	北京鼓楼西大街甲 158 号
邮 编	100720
网 址	http://www.csspw.cn
发 行 部	010-84083685
门 市 部	010-84029450
经 销	新华书店及其他书店
印 刷	北京君升印刷有限公司
装 订	廊坊市广阳区广增装订厂
版 次	2016 年 12 月第 1 版
印 次	2016 年 12 月第 1 次印刷
开 本	710×1000 1/16
印 张	18
插 页	4
字 数	295 千字
定 价	68.00 元

凡购买中国社会科学出版社图书，如有质量问题请与本社营销中心联系调换
电话：010-84083683
版权所有　侵权必究

《中国社会科学博士论文文库》
编辑委员会

主　　任：李铁映
副 主 任：汝　信　江蓝生　陈佳贵
委　　员：（按姓氏笔画为序）
　　　　　　王洛林　王家福　王缉思
　　　　　　冯广裕　任继愈　江蓝生
　　　　　　汝　信　刘庆柱　刘树成
　　　　　　李茂生　李铁映　杨　义
　　　　　　何秉孟　邹东涛　余永定
　　　　　　沈家煊　张树相　陈佳贵
　　　　　　陈祖武　武　寅　郝时远
　　　　　　信春鹰　黄宝生　黄浩涛
总 编 辑：赵剑英
学术秘书：冯广裕

总　序

在胡绳同志倡导和主持下，中国社会科学院组成编委会，从全国每年毕业并通过答辩的社会科学博士论文中遴选优秀者纳入《中国社会科学博士论文文库》，由中国社会科学出版社正式出版，这项工作已持续了12年。这12年所出版的论文，代表了这一时期中国社会科学各学科博士学位论文水平，较好地实现了本文库编辑出版的初衷。

编辑出版博士文库，既是培养社会科学各学科学术带头人的有效举措，又是一种重要的文化积累，很有意义。在到中国社会科学院之前，我就曾饶有兴趣地看过文库中的部分论文，到社科院以后，也一直关注和支持文库的出版。新旧世纪之交，原编委会主任胡绳同志仙逝，社科院希望我主持文库编委会的工作，我同意了。社会科学博士都是青年社会科学研究人员，青年是国家的未来，青年社科学者是我们社会科学的未来，我们有责任支持他们更快地成长。

每一个时代总有属于它们自己的问题，"问题就是时代的声音"（马克思语）。坚持理论联系实际，注意研究带全局性的战略问题，是我们党的优良传统。我希望包括博士在内的青年社会科学工作者继承和发扬这一优良传统，密切关注、深入研究21世纪初中国面临的重大时代问题。离开了时代性，脱离了社会潮流，社会科学研究的价值就要受到影响。我是鼓励青年人成名成家的，这是党的需要，国家的需要，人民的需要。但问题在于，什么是名呢？名，就是他的价值得到了社会的承认。如果没有得到社会、人民的承认，他的价值又表现在哪里呢？所以说，价值就在于对社会重大问题的回答和解决。一旦回答了时代性的重大问题，就必然会对社会产生巨大而深刻的影响，你也因此而实现了你的价值。在这方面年轻的博士有很大的优势：精力旺盛，思想敏捷，勤于学习，勇于创新。但青年学者要多向老一辈学者学习，博士尤其要很好地向导师学习，在导师的指导下，发挥自己的优势，研究重大问题，就有可能出好的成果，实现自己的价值。过去12年入选文库的论文，也说明了这一点。

什么是当前时代的重大问题呢？纵观当今世界，无外乎两种社会制度，一种是资本主义制度，一种是社会主义制度。所有的世界观问题、政治问题、理论问题都离不开对这两大制度的基本看法。对于社会主义，马克思主义者和资本主义世界的学者都有很多的研究和论述；对于资本主义，马克思主义者和资本主义世界的学者也有过很多研究和论述。面对这些众说纷纭的思潮和学说，我们应该如何认识？从基本倾向看，资本主义国家的学者、政治家论证的是资本主义的合理性和长期存在的"必然性"；中国的马克思主义者，中国的社会科学工作者，当然要向世界、向社会讲清楚，中国坚持走自己的路一定能实现现代化，中华民族一定能通过社会主义来实现全面的振兴。中国的问题只能由中国人用自己的理论来解决，让外国人来解决中国的问题，是行不通的。也许有的同志会说，马克思主义也是外来的。但是，要知道，马克思主义只是在中国化了以后才解决中国的问题的。如果没有马克思主义的普遍原理与中国革命和建设的实际相结合而形成的毛泽东思想、邓小平理论，马克思主义同样不能解决中国的问题。教条主义是不行的，东教条不行，西教条也不行，什么教条都不行。把学问、理论当教条，本身就是反科学的。

在21世纪，人类所面对的最重大的问题仍然是两大制度问题：这两大制度的前途、命运如何？资本主义会如何变化？社会主义怎么发展？中国特色的社会主义怎么发展？中国学者无论是研究资本主义，还是研究社会主义，最终总是要落脚到解决中国的现实与未来问题。我看中国的未来就是如何保持长期的稳定和发展。只要能长期稳定，就能长期发展；只要能长期发展，中国的社会主义现代化就能实现。

什么是21世纪的重大理论问题？我看还是马克思主义的发展问

题。我们的理论是为中国的发展服务的，绝不是相反。解决中国问题的关键，取决于我们能否更好地坚持和发展马克思主义，特别是发展马克思主义。不能发展马克思主义也就不能坚持马克思主义。一切不发展的、僵化的东西都是坚持不住的，也不可能坚持住。坚持马克思主义，就是要随着实践，随着社会、经济各方面的发展，不断地发展马克思主义。马克思主义没有穷尽真理，也没有包揽一切答案。它所提供给我们的，更多的是认识世界、改造世界的世界观、方法论、价值观，是立场，是方法。我们必须学会运用科学的世界观来认识社会的发展，在实践中不断地丰富和发展马克思主义，只有发展马克思主义才能真正坚持马克思主义。我们年轻的社会科学博士们要以坚持和发展马克思主义为己任，在这方面多出精品力作。我们将优先出版这种成果。

2001 年 8 月 8 日于北戴河

摘　要

　　理论上，民法遵循"法无禁止即自由"的基本理念，是典型的私法，作为私法最基本的法律，民法的根本精神就是私法自治。民法尊重最大限度的个体自由，为社会的自治奠基。但是这种自由和自治并不是绝对的，个体的自由总要为社会的众多个体让步，因而为保证社会的良性发展，需要制约个体的自由，限制个体自治。本书所研究的显失公平法律行为制度便是对自由原则和私法自治的限制之一。

　　第一章首先从法律行为的理论分析入手，从法律行为的历史、特性、分类、成立要件和生效要件等多角度阐释，以深层次理解法律行为理论，为本书的撰写立论。

　　第二章依据法律行为理论论述显失公平这种法律行为的性质和特征，并将显失公平与相近的几种法律行为和制度加以区别和比较，厘清了显失公平法律行为在法律上的含义。

　　第三章通过历史的研究方法考察了显失公平制度的历史演变过程，梳理了从罗马法时期的"非常损失规则"到中世纪的"公平价格理论"和"禁止高利贷"原则，直到近代法中各国的显失公平制度的发展脉络。

　　第四章通过比较的研究方法具体阐述英美法系和大陆法系中的显失公平制度。对比分析了显失公平制度分别在英美法系国家和大陆法系各国的立法和适用情况。比较了英美法系国家显失公平制度中的程序性显失公平和实质性显失公平以及大陆法系国家中法国法的合同损害制度、德国法和我国台湾地区的暴利行为制度，以及其他大陆法系国家的显失公平立法情况。

　　第五章对显失公平进行了法理分析，主要对显失公平制度与公平原则之间存在的关系进行阐释，并讨论和分析了显失公平制度与正义原则、自由原则的关系。并分别从法哲学和法经济学的角度论证了显失公平制度的正当性。显失公平制度的建立，合乎法律传统和法治理念，同时在经济上是有效率的，在伦理上是正当的。

第六章主要分析了显失公平制度的各个构成要件，并阐述了不同的学者和学派对显失公平法律行为构成的观点，并对显失公平的客观要件和主观要件进行具体分析。

第七章分析了显失公平法律行为的法律价值，详细论述了显失公平所追求的目标价值且分析了显失公平制度的其他价值。笔者认为有必要从法价值的角度来分析显失公平制度在法律效果上所追求的目标，引出下一章对法律效果的论述。

第八章分析了显失公平法律行为所产生的法律效果，各国对于显失公平法律行为的法律效果的理论和司法实践，归纳起来可以划分为单一效果论和多重效果论两种。规定单一效果论的国家通常在法律上对符合显失公平构成的法律行为认定为唯一的法律效果即全部无效，例如德国民法。而多数国家的做法则是在法律上对符合显失公平的法律行为，认定为至少有两种以上的法律效果，包括部分无效、可撤销、可变更以及赋予法官一定的自由裁量权等，例如法国、瑞士、美国以及中国等。

第九章探究了我国现行法上的显失公平制度。简单回顾了我国显失公平制度的每个阶段的立法背景，探究我国显失公平制度追求的法律效果，重点就我国显失公平法律行为的构成要件进行了讨论。比较分析了我国学界对于构成要件各种观点之后，本书明确赞同双重要件说，并对双重要件中的客观要件和主观要件的内涵和存在的问题做了具体阐释，并单独讨论了格式条款、射幸合同的一些问题。

第十章阐释民法典的编纂与显失公平制度的研究，显失公平制度作为私法领域的一项重要制度，其地位的确立，是从将意思自治奉为至上的传统法向现代法转变的标志，因此在民法典的编纂中具有重要的意义。通过本书的研究，笔者对显失公平制度在理论和实践中长期存在争议的几个问题作出了回答，并就显失公平制度在我国未来民法典中的定位和安排提出了思考。

关键词： 显失公平　暴利行为　乘人之危　法律行为　民法典

Abstract

In theory, civil law as the basic law of private law, is aimed to be the life foundation of individual freedom and autonomy. The private law autonomy is the basic spirit of civil law. As we all know, without limitations and uninhibited, the freedom and autonomy are not real. In order to ensure the coexistence of numerous individuals, the individual freedom and autonomy are subject to certain constraints. This paper studies on the system of legal act with unconscionability, which is one of the limitations of the freedom principle and private law autonomy.

The first chapter analysis the legal act theory from multi angle, such as the legal history, characteristics, classification, constitutive requirements and effective elements, with deep understanding of legal act theory, to support the standpoint of this paper.

Then, the chapter 2 discusses the nature and characteristics of unconscionability on the basis of the legal act theory, at the same time, makes the difference and comparison between the unconscionability and other similar rules, to clarify the unconscionability in the legal meaning.

Chapter 3 inspects the historical evolution process of the system of unconscionability. It demonstrates the rules from the Roman law period Exceptional Loss Rule to the medieval Fair Price Theory and principle of Prohibited Usury, until the developmental context in the modern laws about the system of unconscionability from country to country.

Chapter 4 compares and analyzes the legislation and applicable conditions of the system of unconscionability in countries of Anglo – American law system and continental law system countries. It compares the Anglo – American law system countries procedural unconscionability in the system of unconscionability and substantive unconscionability, and analyzes on the contract damage extent of the French law in the continental law system countries; German law and Taiwan area of exorbitant profiteering system; the legislation situation of unconscionability in other continental law system countries.

Chapter 5 makes legal analysis on the unconscionability. It mainly interprets the relation between the system of unconscionability and the fair principle. Moreover, it discusses and analyzes the relation between the system of unconscionability and the principle of freedom, and the relation between the principles of justice. And this chapter demonstrates the legitimacy of the system of unconscionability respectively from the perspective of legal philosophy and the one from economics perspective. The foundation of the system of unconscionability conforms to the legal tradition and the rule of law concept, and it is effective in economy, and justified in ethics.

Chapter 6 mainly analyzes the various elements of unconscionability, and describes different scholars and schools' viewpoint on the unconscionability legal act, and analyzes the objective elements and subjective elements of unconscionability.

Chapter 7 discusses and analyzes the legal effects of the system of unconscionability. And discusses the target value and the other values of unconscionability, the author thinks that it is necessary to analyze the unconscionability system in pursuit of the legal effect. This chapteris initial part of the next chapter.

Chapter 8 analyzes the legal effect of the legal act, To sum up, the theoretical and judicial practice of the legal act of unconscionability from country to country can be divided into two kinds – single effect theory and multiple effect theory. Countries using single effect theory usually think that behaviors of unconscionability in law are all invalid, such as the German civil law. But the practice of most countries thinks the legal act of unconscionability can be recognized at least two or more of the legal effect, including partially invalid effect, revocable and changeable effects and endows the judge right of discretion, such as France, Switzerland, the United States, China and so on.

Chapter 9 studies the system of unconscionability in existing law of China. It briefly reviews every stage legislative backgrounds of system of unconscionability in our country, and mainly discusses the components of the legal act of unconscionability, and analyzes the constitutive requirements of various opinions in academic with comparative ways. This paper explicitly agreed with double – elements opinions, and makes specific interpretations of the connotation of the objective factor and subjective factor of double – elements opinion and existing problems, and separately discusses some problems of the format contract and aleatory contract.

Chapter 10 explains the compilation of the civil code and the research of the fair system. The unconscionability system earns its status in the civil code, which will symbolize the change of the transformation of the traditional law to the modern law, while the traditional law serve the autonomy as supreme. Through the study of this article, the author answers about the controversy of the system of unconscionability in theory and in practice, and puts forward thinking about the location and arrangement of the system of unconscionability in the future civil code in our country.

目　录

导论 ………………………………………………………………… (1)

文献综述 …………………………………………………………… (4)

第一章　法律行为概述 …………………………………………… (7)
　第一节　法律行为的历史 ………………………………………… (7)
　　一　学者观点 …………………………………………………… (8)
　　二　法律规定 …………………………………………………… (9)
　第二节　法律行为与意思表示的区别 …………………………… (11)
　　一　单个意思表示构成的法律行为 …………………………… (11)
　　二　多个意思表示构成的法律行为 …………………………… (11)
　　三　包含其他事件的法律行为 ………………………………… (11)
　第三节　法律行为特性和分类 …………………………………… (12)
　　一　法律行为的特性 …………………………………………… (12)
　　二　法律行为的分类 …………………………………………… (13)
　第四节　法律行为的成立要件 …………………………………… (14)
　　一　一般成立要件 ……………………………………………… (14)
　　二　法律行为的特别成立要件 ………………………………… (15)
　第五节　法律行为的生效要件 …………………………………… (15)
　　一　效力形态的划分 …………………………………………… (15)
　　二　一般生效要件 ……………………………………………… (16)
　　三　内容的生效要件 …………………………………………… (16)
　　四　意思表示的生效要件 ……………………………………… (19)

第二章 显失公平法律行为 (21)
第一节 显失公平法律行为的性质 (21)
一 多个意思表示构成 (21)
二 不同分类标准下的性质 (21)
三 属于可撤销的法律行为 (21)
第二节 显失公平法律行为的特征 (22)
一 从事该法律行为双方当事人权利义务明显失衡 (22)
二 法律行为的一方当事人获得了暴利 (22)
三 遭受不利益方在订立合同时处于紧迫情况或缺乏经验 (23)
第三节 显失公平与相近法律行为的区别 (24)
一 显失公平与乘人之危 (24)
二 显失公平与胁迫 (27)
三 显失公平与欺诈 (32)
四 显失公平与重大误解 (38)
五 显失公平与情事变更 (43)

第三章 显失公平制度的历史考察 (48)
第一节 罗马法中的"非常损失规则" (48)
第二节 中世纪法中的"公平价格理论"与"禁止高利贷" (51)
一 公平价格理论 (51)
二 禁止高利贷 (54)
第三节 近代法中显失公平制度的变迁 (57)
一 18世纪以来大陆法系中显失公平制度的雏形 (57)
二 18世纪以来英美法系中的显失公平制度 (60)

第四章 两大法系显失公平制度的比较考察 (64)
第一节 英美法系的显失公平制度 (64)
一 英美法显失公平制度的演变 (64)
二 英美法显失公平的构成 (71)
第二节 大陆法系的显失公平制度 (81)
一 法国法的合同损害制度 (81)
二 德国法的"暴利行为"制度 (88)
三 我国台湾地区法的"暴利行为"制度 (93)
四 其他大陆法系国家的显失公平立法例 (96)

第五章　显失公平的法理分析与正当性研究……（107）
第一节　公平的内涵与公平原则……（107）
一　公平理论概述……（107）
二　公平的含义……（109）
三　我国的公平原则……（109）
第二节　显失公平与自由原则……（110）
第三节　显失公平与正义原则……（111）
第四节　显失公平制度的法哲学支持……（112）
一　西方法哲学观的演变……（112）
二　显失公平制度的法哲学支持……（116）
第五节　显失公平的法经济学支持……（122）
一　法经济学的历史……（122）
二　法律制度的效益判断……（124）
三　法律制度的社会判断……（125）

第六章　显失公平法律行为的构成要件……（128）
第一节　显失公平法律行为构成的争议……（128）
一　单一要件说……（128）
二　双重要件说……（131）
第二节　显失公平制度的客观要件……（135）
一　客观要件之比较研究……（135）
二　主要适用范围……（137）
三　适当确定"显"的范围和限度……（139）
四　显失公平在订约时与履约中的区分……（140）
第三节　显失公平制度的主观要件……（141）
一　主观要件的含义……（141）
二　主观要件认定存在的问题……（143）

第七章　显失公平制度的法律价值……（145）
第一节　显失公平追求的目标价值……（145）
一　显失公平的安全价值……（146）
二　显失公平的平等价值……（154）
三　显失公平的效率价值……（156）
第二节　显失公平制度的其他价值分析……（158）

  一　自由与显失公平……………………………………………（158）
  二　正义与显失公平……………………………………………（162）
  三　诚实信用与显失公平………………………………………（164）
  四　秩序与显失公平……………………………………………（166）

第八章　显失公平制度的法律效果……………………………………（168）
 第一节　显失公平法律行为的法律效果………………………………（168）
 第二节　显失公平法律行为的绝对无效………………………………（170）
  一　法律行为无效的基本理论…………………………………（170）
  二　显失公平法律行为无效的立法例分析……………………（172）
 第三节　显失公平法律行为的相对无效………………………………（174）
  一　法律行为相对无效的理论问题……………………………（174）
  二　相对无效法律行为的一般法律效果………………………（176）
  三　关于各国家显失公平相对无效的立法分析………………（178）

第九章　我国现行法上的显失公平制度………………………………（183）
 第一节　我国现行法上显失公平制度概述……………………………（183）
  一　显失公平制度法律渊源……………………………………（183）
  二　立法背景考察和分析………………………………………（184）
 第二节　我国显失公平法律行为的法律效果…………………………（187）
  一　显失公平的适用……………………………………………（187）
  二　显失公平的效力……………………………………………（190）
  三　显失公平的救济……………………………………………（191）
 第三节　显失公平制度的客观要件……………………………………（192）
  一　主要适用范围………………………………………………（192）
  二　权利义务不平衡的衡量……………………………………（192）
  三　失衡是否超出法律的界限…………………………………（195）
 第四节　显失公平制度的主观要件……………………………………（196）
  一　主观要件的含义……………………………………………（196）
  二　主观要件认定存在的问题…………………………………（199）
 第五节　中国现行法中特殊的显失公平法律行为……………………（201）
  一　格式条款问题………………………………………………（201）
  二　对格式条款其他预防性规范………………………………（213）
  三　射幸合同问题………………………………………………（215）

第十章　我国显失公平制度的构建 (221)

第一节　显失公平制度的立法思考 (221)
一　显失公平制度的立法考量 (221)
二　显失公平制度的法律适用 (222)

第二节　显失公平制度与民法典编纂 (223)
一　公平原则在民法体系中的特殊地位 (223)
二　民法典中确立显失公平制度的立法考量 (226)

第三节　显失公平制度的立法缺陷 (227)
一　合同相对人承担了非常多的义务，使合同的结果明显不公平的情况并不能适用所有的商品交易情况 (227)
二　利用一方的劣势即没有经验等作为签订合同的程序问题，不符合客观的逻辑 (229)

第四节　关于重构"显失公平"制度的立法建议 (231)
一　认定实体权利不公平的标准为"在达成合意时双方的交换物品的价值或者使用价值明显不对等" (231)
二　认定程序权利不公平的标准应为"在达成合意时，不善意的当事人正好利用了对方当事人的弱项，使对方当事人作出了不利于维护自身利益的决定" (232)

结语 (235)

参考文献 (242)

索引词汇 (257)

后记 (262)

Catalog

Introduction ·· (1)
Literature Review ·· (4)
Chapter 1 The summary of legal act ·· (7)
    Section 1 The history of legal act ·· (7)
    Section 2 The difference of legal act and declaration of intention ··· (11)
    Section 3 The characteristics and classification of legal act ········· (12)
    Section 4 The elements of establishment of legal act ················· (14)
    Section 5 The elements of validity of legal act ··························· (15)
Chapter 2 The legal act of unconscionability ····································· (21)
    Section 1 The nature of legal act of unconscionability ··············· (21)
    Section 2 The characteristics of legal act of unconscionability ······ (22)
    Section 3 The difference between unconscionability and similar
            legal acts ·· (24)
Chapter 3 The history of unconscionability ··· (48)
    Section 1 The Exceptional Loss Rule in Roman law ················· (48)
    Section 2 "Fair Price Theory" and "Prohibition of Usury" in the
            middle age laws ·· (51)
    Section 3 The change of unconscionability in the modern law ······ (57)
Chapter 4 Comparative study on unconscionability in the two major
        legal systems ·· (64)
    Section 1 The unconscionability of Anglo – American law system ··· (64)
    Section 2 The unconscionability of continental law system ············ (81)

Chapter 5 Study on the legal analysis and justification of unconscionability (107)

Section 1 The connotation and principle of Justice (107)

Section 2 Unconscionability and the principle of freedom (110)

Section 3 Unconscionability and the principle of justice (111)

Section 4 Legal philosophical support for unconscionability (112)

Section 5 Law and economics support for unconscionability (122)

Chapter 6 The constitutive elements of the legal act of unconscionability (128)

Section 1 The dispute of the constitutive elements of the legal act of unconscionability (128)

Section 2 The objective elements of unconscionability (135)

Section 3 The subjective elements of unconscionability (141)

Chapter 7 The legal value of unconscionability (145)

Section 1 The target value of unconscionability (145)

Section 2 The other values of unconscionability (158)

Chapter 8 The legal effect of unconscionability (168)

Section 1 The legal effect of unconscionability (168)

Section 2 The absolute invalidity of the legal act of unconscionability (170)

Section 3 The relative invalidity of the legal act of unconscionability (174)

Chapter 9 The unconscionability rules in the present law of China (183)

Section 1 The summary of unconscionability rules in the present law of China (183)

Section 2 The legal effect of unconscionability rules in China (187)

Section 3 The objective elements of unconscionability rules in China (192)

Section 4 The subjective elements of unconscionability rules in China (196)

Section 5 The special unconscionability rules in the present
　　　　　law of China .... (201)
Chapter 10　Establish the unconscionability rules of China .... (221)
　　Section 1 The legislative thinking of unconscionability rules .... (221)
　　Section 2 The unconscionability system and the legislation of
　　　　　Corpus juris civilis .... (223)
　　Section 3 Legislative defects of the unconscionability system ...... (227)
　　Section 4 The suggestions on refactoring the unconscionability
　　　　　system .... (231)
Conclusion .... (235)
Reference .... (242)
Index .... (257)
Postscript .... (262)

导　　论

民法上一项完备有效的法律行为要求其在主体、标的和意思表示上均应符合法律上设定的要求，不能存在瑕疵。而显失公平作为法律行为的一种，从一般生效要件来看，则属于在"标的"这一构成要素上不符合法律规定的要求，即法律行为的内容欠缺有效要件，因而属于非完全有效的法律行为。

理论上而言，民法遵循"法无禁止即自由"的基本理念，是典型的私法，作为私法最基本的法律，民法的根本精神就是私法自治。民法尊重最大限度的个体自由，为社会的自治奠基。但是这种自由和自治并不是绝对的，因为个体的自由总要为社会的众多个体让步，因而为保证社会的良性发展，需要制约个体的自由，限制个体自治。显失公平法律行为制度便是对自由原则和私法自治的限制之一。

显失公平制度的思想萌芽自古罗马法的后期，其目的主要是矫正合同条款的不公平以维护公正的社会价值观念，即"非常损失规则"。20世纪以来，市场经济迅速发展使不同社会阶层经济状况出现了严重的两极分化甚至对立，社会经济形势与社会生活形式的巨大变化使立法者、法官与学者逐渐正视各个当事人之间经济以及社会地位不平等的现实问题，并开始从追求程序正义转向实体正义，从此合同自由原则开始在法律层面受到多方面限制，这也包括公法的交易规制[1]。显失公平制度逐渐成为私法领域受人瞩目的制度之一。

尽管显失公平制度在大陆法系和英美法系中有不同的称谓，但它毋庸

---

[1] 梁慧星：《从近代民法到现代民法——20世纪民法回顾》，载《中外法学》1997年第2期。

置疑是西方法哲学不同法学流派的运动中结出的硕果之一，它是从崇尚合同自由、意思自治的古典法到追求合同道德、合同正义的现代法过渡的里程碑，是现代民法标志性的发展之一。

自我国 1986 年《民法通则》颁布实施以来，第 59 条中有关"显失公平"的规定，引发了理论界对于显失公平制度的持久争议。

1986 年颁布的《民法通则》第 59 条规定，一方当事人有权请求人民法院或者仲裁机关对以下这些民事行为予以变更或者撤销：一是行为人对行为内容有重大误解的；二是显失公平的行为。民事行为一旦被撤销，则从行为开始起无效①。在 1986 年制定《民法通则》的时候，我国处于改革开放的初期，因此《民法通则》反映了改革开放初期的改革成果，反映了当时的社会经济现实，但历史地看，不可避免地还留有苏联法律政策的影子，对立法技术和质量要求不高，立法条文秉承"宜粗不宜细"、"宜短不宜长"的指导思想，因此《民法通则》中显失公平的规定显然过于原则性和简单，对于显失公平法律行为的概念、内涵以及构成没有具体表述。同时，显失公平在什么情况下、对什么人以及适用范围都没有作明确的规定。这就造成在实践中，合同当事人对该制度的滥用而损害合同的严肃性和稳定性，也极易造成公权力对于私法领域的过度介入，构成对私法自治原则的冲击。

1988 年，最高人民法院印发《关于贯彻执行〈中华人民共和国民法通则〉若干问题的意见》（下文简称《民法通则意见》）。其中第 72 条对显失公平法律行为的认定标准做出了明确规定：一方当事人利用自身优势或者利用对方没有经验，致使双方当事人的权利义务明显违反公平、等价有偿原则的，该行为可被认定为显失公平。第 73 条则规定：对于重大误解或者显失公平的民事行为，当事人请求变更的，人民法院应当予以变更；当事人请求撤销的，人民法院可以酌情予以撤销或者变更。《民法通则意见》的这两个条文分别对显失公平的概念、认定条件及效力适用作了阐释。

1999 年颁布的《中华人民共和国合同法》（以下简称合同法）第 54 条规定：下列合同，当事人一方有权请求人民法院或者仲裁机构变更或者撤销：（一）因重大误解订立的；（二）在订立合同时显失公平的。一方以欺诈、胁迫的手段或者乘人之危，使对方在违背真实意思的情况下订立

---

① 1986 年《中华人民共和国民法通则》。

的合同，受损害方有权请求人民法院或者仲裁机构变更或者撤销。该法条是在《民法通则》第59条和《民法通则意见》的基础上修订而成的，在某些方面较前二者更为合理、科学。首先，继《民法通则》第58条和59条对乘人之危和显失公平分别作了规定之后，《合同法》第54条将显失公平和乘人之危并列列举，并且规定了相同的救济方式。强调了乘人之危和显失公平两个概念是相互独立的，两者概念的内涵是不相同的，两者之间不可混淆或者相互取代。其次，在《民法通则》中仅规定显失公平和重大误解为合同撤销的原因，而欺诈、胁迫、乘人之危等则为合同无效的原因。这种立法例，实质上是过分强调国家干预的结果，对当事人意志的尊重体现得不够明显，有时反而不利于对受害人利益的保护，因而其有欠合理。我国《合同法》以意思自治为原则，从切实维护受害人的利益出发，并参考各国相关立法，将欺诈、胁迫、乘人之危等也列入合同可撤销的原因。显失公平法律行为的效力在《合同法》中明确为可变更与可撤销，这跟世界其他国家和地区的做法也不尽相同，值得笔者继续深入研究和探讨。

尽管从字面上看，我国法律和司法解释都对显失公平有上述比较明确的表述，但理论界对显失公平构成要件是单要件还是双要件、与乘人之危等其他法律行为的异同等方面的讨论和争议一直不曾停止。

迄今为止，国内对于显失公平法律行为的关注和研究成果尚少。对于我国显失公平与乘人之危有何异同，在今后的条文规定中作何取舍，司法实践中又该如何理解和操作等问题都缺乏深入研究和探讨。有关该选题尚无专门的博士论文和专著。显失公平作为私法自治领域的重要制度之一，致力于寻求自由与正义之间的价值平衡，致力于保护弱势群体的合法权益。因此，本书通过对显失公平法律行为之相关制度的深入研究和探讨，或有助于深化对私法的认识，深化对公平与自由原则的理解，有其理论意义。就实践意义而言，本选题通过对实务案例和实践经验的总结和分析，或有益于中国的法治实践，为我国显失公平制度之法律适用提供参考。

文献综述

在笔者目前所见的范围内，中西方法学文献中鲜见对显失公平法律行为作出系统深入论述的专著，在大多数有关民法和合同法的著作中对此则有一般性论述。

德国民法学家卡尔·拉伦茨（K. Larenz）的《德国民法通论》①、迪特尔·梅迪库斯（D. Medicus）的《德国民法总论》② 以及迪特尔·施瓦布（D. Schwab）的《民法导论》③，都有对《德国民法典》第138条第2款"暴利行为"的阐释和描述。德国民法里的"暴利行为"是指某人为一项给付而允诺或让人给予自己或第三人财产利益，而此种财产利益与给付相比明显不对称，且前提是，该法律行为系因恶意利用了遭受不利益的一方的不利情形及其在交易方面缺乏经验或者判断力，抑或其心理意志的薄弱而成立。

美国首都大学法学院教授杰弗里·费里尔（Jeff Ferriell）和宾夕法尼亚大学迪金森法学院教授迈克尔·纳文（Mike Navin）所著的《美国合同法精解》（Understanding Contract）④，在"合同的抗辩"一章中，认为显失公平的合同，因存在程序上的因素和实体上的因素造成法院质疑合同订立程序的完整性和合同条款的公平性而使合同不可强制执行。现代美国合同法上的显失公平制度起源于衡平法院的传统实践——法院在提供衡平法上的救

---

① ［德］卡尔·拉伦茨：《德国民法通论》，王晓晔、邵建东等译，法律出版社2013年。
② 邵建东译，法律出版社2013年。
③ 郑冲译，法律出版社2006年。
④ 陈彦明译，北京大学出版社2009年。

济或否定衡平法上的救济时，权衡当事人所分别遭受的苦难。① 如果当事人的合同义务过于繁重或存在明显的压迫②，特别是如果一方当事人在缔约时处于交易的劣势，则不提供衡平法的救济。

我国台湾地区的民法学家王泽鉴教授在其《债法原理》一书中认为，19 世纪以来，随着市场经济的发展和个人主义的兴起，合同自由也成为私法理念的重要内容。人们之间的地位越来越平等，身份差别逐渐缩小，而人身份差别的解放使人们可以自由地从事经济活动，因为每个人都有趋利避害的本能，那么合同既然是因为个人的意志而协商订立的，其中的条款原则上不会损害自己的利益。但问题是事实上真正的"自由"是否存在，当事人为一定法律行为时是否确实能基于"平等"地位，既然合同的概念只有在自由和平等两个基础上才能成立，如果合同签订时，当事人的身份其实是不平等的，或者意志是不自由的，即存在压迫、威胁等情况时，将会使弱者的权益无法得到保障。③ 合同自由应当受到限制，而无限制的自由，因为合同制度的发展而被抛弃。从一定意义上讲，一部合同自由史，就是合同如何受到限制，经由醇化，而促进实践合同正义的记录④。合同正义以双务合同为主要适用对象，强调一方的给付与他方的对待给付之间，应具等值原则（Aquicalenzprinzip）。现行的"台湾民法"，基本上采取主观等值原则，而显失公平则作为例外情况予以干预，"民法"第 74 条规定：法律行为，系乘他人之急迫、轻率或无经验，使其为财产上之给付或为给付之约定，以当时之情形显失公平者，法院得因利害关系人之声请，撤销其法律行为或减轻其给付。

我国大陆地区的法学家也在各自的专著中对"显失公平"制度作了一般性论述。梁慧星教授 1988 年出版的《民法》中认为，我国修订《民法通则》时参考了南斯拉夫关于债务关系法的相关立法模式，将传统民法中的明显获益行为一分为二，⑤ 就是民法中第 58 条的"乘人之危"和第 59

---

① Dando B. Cellini & Barry L. Wertz, Comment, "Unconscionable Contract Provisions: A History of Unenforceability From Roman Law to the U. C. C.", 42 Tul, L. Rev. 193 (1967).

② See e. g., Woollum v. Horsley, 20 S. W. 781 (Ky. Ct. App. 1892).

③ 王泽鉴：《债法原理》，北京大学出版社 2009 年版，第 58 页。

④ ［英］Atiyah：Rise and Fall of Freedom of Tract, 1979; Gimore, The Death of Tract, 1974. 转引自王泽鉴《债法原理》，北京大学出版社 2009 年版，第 58 页。

⑤ 梁慧星：《民法》，四川人民出版社 1988 年版，第 137—138 页。

条中"显失公平"。梁慧星教授1991年出版的《中国民法经济法诸问题》中《合同法与公平观念》一文将"显失公平规则"作为纠正不公平后果的规定之一，对比梳理了大陆法系国家"显失公平"法律行为之法律效力的区别性规定。在显失公平法律行为的构成要件问题上，我国学者的观点分歧较大。有主张二重要件说的[①]，也有主张单要件说的[②]，也有主张"修正二重要件说"的[③]。讨论显失公平的学术论文对于显失公平与乘人之危的区别及显失公平的构成要件问题关注较多。尹田在《乘人之危与显失公平行为的性质及其立法安排》一文中指出，我国《民法通则》以及《合同法》将"乘人之危"和"显失公平"两种情况分别列入并单独规定为法律行为无效的两种法定事由，使"显失公平"规则因为缺乏限制性条件或者缺乏前提而不符合民法中公平的相关理念。因为"乘人之危"法定事由的构成必须以显失公平为要件，且与显失公平同为导致法律行为相对无效的事由，因此应当将其归入获得暴利而需要法律调整的发生原因之范围。徐涤宇曾以公平价格理论为切入点，从历史考察和比较法的角度分析了非常损失规则、显失公平制度的历史背景和思想基础[④]。高晓莹、杨明刚在《论显失公平》一文从比较研究的角度对构成显失公平的客观要件和主观要件进行了讨论，提出了在我国现有立法基础上显失公平构成要件的法律适用规则，阐释了显失公平所导致法律后果的具体内容。曾大鹏的《论显失公平的构成要件与体系定位》一文认为，较之于显失公平的单一要件说，采取二重要件说更有利于维护交易安全；张笑在《论合同显失公平制度的完善》一文中提出了完善该显失公平法律制度的几项具体措施：明确基本内涵、确定构成要件、析化法律效果，以使显失公平制度能更好地发挥功效。

[①] 主张双要件说者，见王利明、崔建远《合同法新论·总则》，中国政法大学出版社2000年版，第288页；杨立新《合同法总则》（上册），法律出版社1999年版，第171页；隋彭生《合同法论》，法律出版社1997年版，第1818页；李永军《合同法原理》，中国人民公安大学出版社1999年版，第277页。

[②] 梁慧星：《民法总论》，法律出版社2001年版，第233页。

[③] 崔建远主编：《新合同法原理与案例评释》（上册），吉林大学出版社1999年版，第208页。

[④] 徐涤宇：《非常损失规则的比较研究——兼评中国民事法律行为制度中的乘人之危和显失公平》。

第一章

法律行为概述

通常认为"法律行为"(德文 Rechtsgeschäft)一词来源于德国注释法学派,在《德国民法典第一草案》的《立法理由书》中关于法律行为概念的记载如下:本草案意义上的法律行为是指能够产生某种特定的法律效果的私人意思表示。这种特定法律效果依据法律秩序而产生的原因,正是由于人们希望产生这种法律效果。法律行为的作出能够引起产生法律效果的意思表示就是法律行为的本质特征,并且法律秩序通过认可该意思来判断和决定意思表示旨在进行的法律形成在法律世界中的实现。[①]

将所有的法律秩序当中所形成的行为的类型抽象表述出来就是法律行为的概念,规定法律行为当中所应遵守的法律秩序,就是希望当事人在法律规定的规则与原则的范围内,以意思自治的方式通过双方合意来制定有关条款或者行为以形成、变更或者消灭法律关系,即充分实现当事人的私法自治和意思自治,保证个体最大限度的相对自由。

第一节　法律行为的历史

意思表示和法律行为的概念都是直至18世纪才形成的[②]。罗马法仅承认单个的法律行为类型,它甚至没有规定普遍适用的债权合同,仅仅规定了单一的债权合同类型,如买卖合同、租赁合同等。尽管行为(actus)和法律行为(negotium)的表述源于罗马法,但它们并未作为法律术语

[①]　《德国民法典第一草案》的《立法理由书》I,第126页。

[②]　施洛斯曼(Schlossmann):《意思表示与法律行为》,《黑内尔(Henel)纪念文集》,1907年版,第1页。

(temini technici) 予以使用。虽然最初封闭且有限的几种债权合同类型在后来的罗马法发展中有所增加,但这也未能促成一般债权合同概念的产生,《查士丁尼法典》也同样维持着这一种状况,在欧洲法律发展中,这一状况的统治地位一直持续到自然法时期。

一 学者观点

法律行为概念的产生与学说汇纂体系的产生密切相关。学说汇纂体系的产生可以追溯到18世纪,而就其最终的形成及被普遍认可而言,要归功于哥廷根大学教授奥尔格·阿诺尔德·海泽(Georg Arnold Heise)所著的《共同民法体系基础知识——学说汇纂教科书》(1807年第1版,以下简称《基础知识》)。海泽的老师胡戈(Hugo)教授称该书"可能在法学理论史上还没用哪一本书能够如此一锤定音"。[①]

海泽的这本《基础知识》并未对民法加以叙述,而仅仅给出了一个非常详尽的目录。在这本书第一编的《总则》当中阐述,"行为"(Handlungen)紧随"权利"之后。而"行为"一章中,位于有"意思表示"内容之后的一大段有关"特别是法律行为"(Rechtsgeschäfte)的论述。

法律行为的概念形成于18世纪的法律科学,它并非以归纳的方法将各种法律行为类型进行抽象的结果。进言之,18世纪的法律科学始终都在致力于探寻一种概念(Allgemeinbegriff)。这些一般概念被视为独立客观存在,被赋予特定的法律特征,然后这些法律特征再以演绎的方式被适用于一般概念的所有具体表现形式。法律行为这一概念以"人的行为"这一上位概念为基础,被视为这一上位概念之下的一个下位概念。例如,达贝洛(Dabelow)其著作[②]中在"法律的行为"这一标题下阐述:"人的各种行为中的一个主要类型就是人们所谓的法律上的行为(rechtliche handlungen)或者法律的行为(rechtliche Geschäfte)。"人们将其理解为获得许可的人的行为,该行为内容是双方相互的权利和义务。由于法律文献一部分以拉丁语而另一部分是以德语撰写,因此在18世纪,"法律行为"这一术语

---

① [德]胡戈:《论民法文献知识》Ⅰ,第528页,N.1。
② [德]达贝洛:《当代民法体系》第1版,1794年,Ⅰ,§329。

并未得到统一。直到 18 世纪末，才出现"法律行为"（Rechtsgeschäft）[①] 这一术语。但最重要的是"法律行为"这一术语因为《基础知识》一书而不言自明地成为德国法学文献的共同财富。

萨维尼（Savigny）在民法研究中最经典、最著名的表述是关于法律行为理论的，他写道："法律行为是行为人创设其意欲的法律关系而从事的民事意思表示行为。[②]"

二 法律规定

1794 年的《普鲁士普通邦法》作为制定法最早采纳了法律行为的概念，而几乎与其同时期制定的两部法典，即 1804 年的《法国民法典》与 1811 年的《奥地利民法典》都不约而同地没有采纳法律行为的理论。

而近一百年后，1900 年面世的《德国民法典》则不仅采纳了法律行为的概念，并且首次完整、系统、科学地规定了法律行为制度。在这之后，大陆法系许多继承德国民法传统的国家，也都分别在各自的民法典中采纳了法律行为的概念以及相应的规则，如《希腊民法典》、《日本民法典》及旧《中国民法典》等。《德国民法典》的经验甚至影响到了 1922 年出台的《苏俄民法典》以及 1964 年颁布的《苏俄民法典》，这两部法典中也对法律行为制度作了较为完备的规定。

《德国民法典》总则编第 3 章（第 104—185 条）章名为"法律行为"，第 105 条第 1 款、第 107 条、第 116—124 条等条款使用的概念是"意思表示"，而不是"法律行为"。并且第 119、第 120 与第 123 条规定的是可撤销的"意思表示"，而根据第 142 条，所撤销的却是"法律行为"。梅迪库斯认为，"民法典如此跳跃式地混用这两个概念，说明法律行为和意思表示这两个概念之间的区别微乎其微。"《德国民法典》"立法理由书"进一步支持了该判断："就常规言，意思表示与法律行为为同义之表达方式。"但是，我们不得不承认的是"法律行为"的概念的确超越了"意思表示"的概念，至少在法典中的地位，人们更倾向的是使用"法律行为"一词。产生这一状况的原因在于：法律行为一词符合公权力进入司法领域对私法行为进行控

[①] 韦伯（A. D. Weber）在 1984 年《自然之债理论的系统发展》中使用过该术语，第 1 版；胡戈（Hugo）在 1978 年《罗马法律制度》中也使用过，第 1 版。

[②] 萨维尼（Savigny）：《当代罗马法体系》第 3 卷。

制的需要，或者应该说是实定法对法律行为的控制，采用"法律行为"，行为的效力不再依靠当事人之间的合意，必须符合"现行法律的价值"。

《德国民法典》立法理由书中"某项意思表示仅是某项法律行为事实构成之组成部分"的说法成为"附加成分说"的源头，也即法律行为可能等于意思表示，如遗嘱；也可能由多个意思表示共同构成，如契约；而意思表示要构成法律行为，必须与其他法律事实相结合，如交付。

1896年颁布的《德国民法典》用59个有内在联系的条文将其规定在民法总则第三章，使法律行为超越了从属于契约的传统，成为民法的一般规则，完成了法律行为制度史上"从契约到制度"的转化。根据有学者的考证，"法律行为"这一术语的产生只是与德国当时的政治现实和思想存在着某种"选择性亲合"关系。法律行为的概念与浪漫主义和精神科学对"理解"和"意义"的探求有关，而浪漫主义在法学领域推进的结果是历史法学派。最终创造法律行为的是理性法学派的体系化法学方法，因此，法律行为概念的产生有某种必然性。理解了这一点，我们就会更加深刻地理解法律行为的概念，也就会对国内某些学者的所谓更改法律行为的概念的说法作出正确的判断，对所谓的"设权行为"或者是"依法行为"，这些提法都是错误的。法律行为之所以能够成立，是因为"意思表示"这一社会行为的发现。

因为历史原因，我国起草的《民法通则》受苏联的两部法典影响较大。如1986年《民法通则》借鉴《苏俄民法典》的经验，明确界定民事法律行为的概念、要件、无效的民事行为、可撤销的民事行为等。不过与传统德国民法中的概念用语略有差异的是，我国《民法通则》里使用的并非"法律行为"，而是"民事行为"和"民事法律行为"两个用词。"民事行为"是"民事法律行为"的上位概念，其含义与"法律行为"相同，既包括合法的行为，也包括无效和可变更、可撤销的行为。而民事法律行为则都是合法的行为，不包含无效和可撤销可变更的法律行为，仅仅是指能够发生当事人追求的法律效果的行为。① 学者们解释我国法律之所以选择"民事法律行为"这一概念，主要是从立法技术上考虑，首先是为了与其他部门法中的法律行为区分；② 其次是认为"法律行为"概念本身存在

---

① 孙宪忠主编：《中国民法总论》，中国社会科学出版社2009年版，第192页。

② 梁慧星：《民法总论》，法律出版社2001年版，第217页。

逻辑问题：既然法律行为有其生效要件，那么不具备生效要件的"法律行为"是否为法律行为？尽管我国法律创立"民事行为"这一中性概念的做法遭到了很多人的反对，但这种立法选择也无可厚非，只是一个选择问题。① 本书采用大陆法系民法典普遍采用的"法律行为"概念。

第二节 法律行为与意思表示的区别

"法律行为"与"意思表示"的概念在许多情形中常被作为同义词适用。《德国民法典第一草案》的《立法理由书》针对这两个概念在民法典中的适用有如下阐述：人们可以将意思表示理解为法律行为中的意思表示。②

一 单个意思表示构成的法律行为

自主形成（Selbstgestaltung）法律行为，即按照自己的意思设权并能直接产生效力的法律行为。当法律秩序所规定的自主设权行为仅为"一人"行使自决权的表示，即只有"一个"意思表示时，"法律行为"与"意思表示"的概念相重合。例如，单方终止合同的行为就属于这种情形。该终止合同的意思表示是单个的意思表示，这一意思表示表达了要终止合同这一法律行为，故而终止合同的这一意思表示等同于法律行为。

二 多个意思表示构成的法律行为

通常情况下，法律关系的形成需要有多方的合作参与。典型的法律关系是合同关系，合同缔结的各方的意思表示共同构成合同这一法律行为。例如，买卖这一法律行为由买方和卖方的意思表示构成，双方基于这些意思表示而订立买卖合同。因此，由多个意思表示构成的法律行为，如合同，就应当区分"意思表示"和"法律行为"。

三 包含其他事件的法律行为

法律行为有时不仅包括行为当事人意思表示，其构成还可能包含其他

---

① 孙宪忠主编：《中国民法总论》，中国社会科学出版社2009年版，第193页。
② 《德国民法典第一草案》的《立法理由书》Ⅰ，第126页。

事件。比如，动产所有权移转这一法律行为就是由出让人与受让人针对所有权移转达成合意的意思表示和实际交付所构成的。特别是许多法律行为由一个或者多个意思表示和官方行为所构成。这类法律行为被人们称为法律行为的"双重构成要件"（Doppeltatbestand）。因此，房屋所有权移转和涉及房屋权利的设定或者移转，原则上都是通过合意与在官方机构进行登记所完成的。

官方机构能够以直接参与私法自治设权行为的方式参与法律行为，例如结婚，以及一般需官方机构参与需履行形式要件的法律行为，例如法院公证。也有可能出现法律行为要求一个与私法自治设权行为相分离的官方行为的情形，例如房屋所有权移转需在官方机构作登记。后面的这种情形可以看出：私法自治行为属于法律行为，官方行为则是独立的法律行为生效要件。但是，人们也可以将官方行为和私法自治行为一同视为法律行为的双重构成要件。假如某种法律行为属于一种只要欠缺官方行为便不成立的行为，那么这里的司法自治行为与官方行为可以共同视为一个整体法律行为的组成部分，例如登记法律行为中的合意与登记。与此相反的情形是，即使没有额外的官方行为，法律行为也能发生效力。典型的例子是在土地出让合同关系中，法律行为的生效需要官方机构的批准这一行为的实施，此时私法自治行为与官方行为就不是具有双重构成要件的整体法律行为的组成部分，而应当将后者定位为前者的生效要件。例如《德国民法典》第1822条规定，监护人在进行特定法律行为时需获得监护法院的批准。

还有些情形是，法律行为的实施必须取得第三人的认可或同意。比如说，法律上的未成年人实施的法律行为原则上需经法定代理人的同意。那些作为生效前提条件的情形或者事件不属于法律行为，不能被理解为形成性行为的组成部分，因为它们仅能使法律行为发生效力。例如遗嘱，遗嘱人死亡时遗嘱发生效力，人们不能因此将遗嘱人的死亡理解为遗嘱行为（私法自治设权行为）的组成部分。遗嘱人的死亡是独立的遗嘱生效要件。

第三节　法律行为特性和分类

一　法律行为的特性

雅沃伦（Iavolens）在优士丁尼的《学说汇纂》D50，17，202中提出一条原则:"在民法中,任何下定义的行为都是危险的(omnis definition in iure civili periculosa est)。"这条原则显然适用于"法律行为"这一概念。抽象对于法律而言的危险性在于,虽然抽象所包括的现象从抽象概念上来看相类似,但是其实还可能存在着很大的差别,而每一现象的特性都无法在抽象过程中得以彰显。特别是当基于抽象而制定的规则未考虑到抽象概念所涵盖现象的某些特殊性时,进行抽象则十分危险。

倘若仅因为婚约、遗嘱的行为跟买卖合同一样都属于法律行为,从而认为"法律行为"的规范对债权合同,特别是买卖合同而言是"正确的",就同样适用于婚约、遗嘱的行为的观点显然是不严谨的和危险的。

尽管法律上的抽象具有一定的危险性,但是"法律行为"概念的发现仍不失为法学界的一项伟大创举。

"法律行为"概念所抽象的所有法律行为在本质上是相同的,都是以形成法律关系为目的而进行的形成行为。除此共性之外,人们还必须注意到各种法律行为类型所具有的特性。只有当法律行为被理解为对法律秩序所认可的各种类型的法律行为的抽象,而不是法律行为"本身"时,才可能存在注意各类法律行为特性的余地。

二 法律行为的分类

依据德国法的传统理论,法律秩序所认可的法律行为可依据各种方式作不同的分类。有些分类具有互补性,也即涵盖现存的法律行为类型,例如,法律行为可划分为要式法律行为和非要式法律行为;或者划分为多方法律行为和单方法律行为;而有些划分则是将某类法律行为从法律行为的类型中抽取出来,但无法合理地以互补型的分类方式对其余的法律行为类型予以分类,例如处分行为。尽管处分行为大多数情况下与负担行为是相对立的,但这一分类无法涵盖所有的法律行为类型。

(一)按照法律行为规则的内容的划分

按照法律行为所调整的法律关系的不同内容,可以将法律行为划分为物权法上的法律行为、债权法上的法律行为、人身法上的法律行为、亲属法上的法律行为、继承法上的法律行为等。例如,买卖关系属于债权法律行为,所有权移转属于物权法律行为,收养属于人身法律行为,而遗嘱为继承法律行为。

财产法上的法律行为通常与人身法上的法律行为相对立。而财产法上的法律行为，又可划分为给予法律行为和不涉及给予的法律行为。给予可以理解为任何形式使他人获得财产上的利益。给予法律行为又可以进一步划分为有偿给予法律行为和无偿给予法律行为。

（二）按照法律行为主体划分

按照参与法律行为的主体个数，可以划分为单方法律行为和多方法律行为。一般而言，法律行为所涉及的是由多个在法律关系中处于对立面的主体参与的法律关系，典型的合同关系如买卖合同关系中的卖方和买方，所有权转移中的出让人和受让人。根据法律行为理论中的意思自治原理，当事人原则上必须亲自或者通过代理人参与规则的制定，否则就无法实现意思自治，因此，一般情况下涉及的都是多方法律行为，即处于对立面的两方及以上当事人通过意思自治形成法律规则的法律行为。多方法律行为主要指的是合同。

在不涉及他人的情况下，人们可以依据单方法律行为形成法律关系。例如，所有权抛弃。权利的抛弃原则上可以基于单方法律行为进行，尽管其间接涉及他人。例如因权利人放弃权利而使应当承受负担的人获益。我国法律认可基于合同免除债务的行为，我国《合同法》第105条规定，如果债权人已经免除了债务人的全部或部分债务，则合同双方当事人的权利义务全部或部分终止。

遗赠行为也是一种单方法律行为。被继承人可以通过立遗嘱这一单方法律行为对其死后的财产进行处分。当然，接受或拒绝遗产或遗赠的行为也属于单方法律行为。单方法律行为的类型一般由法律直接进行规定。

订立合同的双方当事人各自所作的意思表示行为尽管是独立的，但是合同中的每一方当事人的意思表示行为并不构成独立的单方法律行为，只有合同才构成法律行为，因此，有关单方法律行为的规定一般不适用于以缔结合同为目的而作出的意思表示。

第四节　法律行为的成立要件

一　一般成立要件

法律行为的成立要件包含三个不可缺少的要素：主体（当事人）、客体（标的）与意思表示。法律行为的核心是意思表示，例如，买卖合同，须经双方"当事人"就买卖"标的物"以数个"意思表示"达成合意，方能成立。

二　法律行为的特别成立要件

有时候法律行为除了要具备以上所述的一般成立要件外，还需要加上其他法律行为要素才能成立。

1. 法定或约定的形式：这种情况下的法律行为之意思表示与形式已经融合成为一个整体，意思表示的成立必须具备特殊的形式，例如离婚，根据《婚姻法》第31条，双方除了需要意思表示一致外，还需要到婚姻登记机关进行离婚登记。

2. 一定的事实行为：动产物权的让与，除了物权移转之意思表示合意之外，还需要有交付的行为。例如我国《物权法》第23条规定：动产物权的设立和转让，从交付时起发生效力，除非法律另有规定。不过有时候，交付行为本身就可以认为是"物权移转意思的表达"。例如，到便利店购物，店员没有其他意思表示，一句话都没说把商品交付给顾客，则其交付行为同时也是意思表示。其他如不动产的移转，除了意思表示之外，还须有书面形式并经依法登记。例如我国《物权法》第9条规定，除非法律另有规定，不动产物权的设立、变更、移转和消灭，经过依法登记，发生效力；未经过登记，不发生效力。

第五节　法律行为的生效要件

依据民法原理，法律行为虽然符合成立要件，也并不是一定能产生当事人预期的效果。法律行为由于形态的多样化，各种形态中的当事人资格、行为追求的内容和自主决定的程度往往不尽相同，故民法基于合理性选择，通常仅对那些符合一定标准的法律行为才赋予其积极的意义，允许其确定地发生预期的法律效果，也就是生效。而特殊法律行为则需要符合特殊条件才能够发生预期的法律效果。

一　效力形态的划分

法律行为只是当事人自主意思决定行为的概括性定义，其具体类型非常复杂，分别从其三个要素来考察，包括主体、标的及意思表示，此三要素都可能存在不同的状态。从主体上看，自然人和法人都有行为能力的差别;从意思表示看,有当事人决定程度的差别,有的是当事人充分决定的结果,有的则可能决定的程度很低,具有意思形成的瑕疵或者是意思表示的瑕疵;从标的看,由于当事人具体追求不同,可能具有不同的性质,例如存在"是否确定"、"是否合法"、"是否可能"的差别。故民法不可能做到使一切法律行为都具有确定地创设预期法律关系的效力,而应当基于合理性的考虑,对其作出进一步的区分。

传统民法中有一条区分生效法律行为和不生效条件法律行为的标准,即生效法律行为确定地发生预期效果,需要表意人决定程度充分、主体适格、标的适当;而欠缺生效要件就是那些在某一方面或几个方面不符合法律要求的法律行为。我国《民法通则》第54条中的"民事法律行为"即指称生效法律行为;第58条和59条的"无效民事行为"以及"可变更或撤销民事行为"的概念,指的就是传统民法理论上的"无效的法律行为"和"可撤销的法律行为"。

二 一般生效要件

法律行为的有效要件中,有属于一切法律行为共同的要件,称为一般生效要件。法律行为的一般生效要件,通常要求主体、标的、意思表示等三个要素都符合法律上设定的要求,不存在任何瑕疵。我国《民法通则》第55条就分别从主体、意思表示和标的设定生效法律行为要件:1. 行为人具有相应的民事行为能力;2. 意思表示真实;3. 不违反法律或者社会公共利益。

根据本书研究的重点,对于显失公平法律行为的生效要件判断,主要是基于对意思表示和标的瑕疵判断,因此本书将略过法律行为主体的生效要件问题,只分析法律行为的内容及意思表示的生效要件。

三 内容的生效要件

民法上一项法律行为要发生效力,它还必须在标的或内容上符合法律规定。罗马法与法国法曾把合同及其产生的法律关系,归纳为不同原因类型,因此法律行为内容的生效要件,也可以称为"原因适格"。而在德国法中,则在民法中取消了对法律行为的原因限制,将原因概念取而代之的是抽象的法律行为内容概念。这一立法模式也被我国台湾地区"民法"所继承。德国民法和我国台湾地区"民法"中对法律行为内容的生效要求都是内容之可能、确定、合法和妥当。而根据我国1986年《民法通则》第55条第3项的规定，法律行为的生效，必须不得违反法律或社会公共利益，可见我国民法对生效法律行为也确立了行为内容合法和妥当的要求，但我国民法上没有规定可能性和确定性的要求。

（一）标的合法

1. 合法性审查的范围。现代各国民法对于合法概念通常采取"不违法便为合法"的原则，违法性审查为包括动机在内的法律行为整体。《德国民法典》第134条、《日本民法》第91条、《瑞士债法》第19条第2项及《法国民法》第6条都有法律行为违反强制或禁止性规定者无效的规定。以《德国民法典》第134条为例，其"法律行为违法"的说法意味着法律行为违法性的审查范围不限于内容，可以推及动机。我国《民法通则》第58条第5项也摒弃了法律行为"标的违法"的用语，审查范围也推广到对整个法律行为。我国民法通则的这一规定是符合现代民法的精神的。

2. 违法性的一般范畴。"违法"一词的定义，一种笼统解释认为，它与违反公共秩序同义，指一切违反整个法律秩序一般原则的行为。如果按笼统的解释，违法是一个不确定的概念，易于沦为意识形态或政治秩序的概念。因此，各国民法将法律行为违法概念限定在"违反强制性法律规定的情形"，同时原则上排除了违法概念的笼统化。换句话说，法律上认定法律行为具有"违法性"一般是指违反法律的强制性规定。

学者们对《民法通则》第58条"违反法律的民事行为"这一指称到底是仅狭义解释为不得违反现行法（包括宪法、法律、法规、条例、章程）中的强制性规定[1]，还是广义地解释为不允许违反法律的一般性原则，仍未有定论，只不过在法理学说上通常采纳狭义解释。[2]

从《德国民法典》第134条可以得出，法律行为违法性的一般范畴就是违反法律禁止性规定。该条文规定，违反法律只禁止规定之法律行为无效，但由其法律另生其他结果者，不在此限。德国学理与判例对第134条

---

[1] 例如我国《合同法》第53条规定："造成对方人身伤害或因故意或重大过失造成对方财产损失的免责条款无效。"

[2] 例如我国《合同法》第52条第5项规定，违反法律、行政法规的强制性规定的民事行为，无效。

的解释，有两个要点：

其一，违反法律上的禁止性或强制性规定才构成所谓违法。德国法排除了违法概念的笼统化，也排除了法官任意裁量的可能性。按照德国法的态度，违法概念的界定不能笼统，而应具有具体性（apezialiaet），即只有违反法律上具体的禁止性或强行性规定时，才属于违法。

其二，只要法律有相反规定，违反法律禁止性规定也可能有效。德国民法学界将法律的禁止性规定划分为两类，一是效力规定，二是取缔规定。前者着重违反行为的法律行为价值，以否认其法律效力为目的；后者着重违反行为的事实行为价值，以禁止其行为为目的。两者的区别主要在于其目的。例如，我国台湾地区"民法"中限定物权种类的第757条之规定借鉴德国，禁止当事人任意设定法律所未认许的物权。这一条文的目的就是要将此类物权之设定为无效，因此属于效力规定。而取缔规定，目的在于制裁违反行为，同时并不否认违反行为仍可以在民法上发生预期的法律效果。例如，物价管制类的法律规定，其立法目的并不在于禁止买卖货物，而只是限定货物价格，达到经济管制的目的，因此属于取缔规定。

3. 法律规避行为（Umgehungsgeschaeft, Gesetzesugehung），也称为脱法行为，是指以迂回手段，不直接违反禁止性规定，而是规避禁止性规定的行为。"脱法行为"一词源自罗马法，罗马法谚云："从事法律所禁止者，是违反法律；虽然不违反法律的文字，但迂回法律趣旨者，乃脱法行为。"[1] 被规避的，通常是一般的禁止性规定。

根据我国《民法通则》第58条第（7）项，"以合法形式掩盖非法目的"的民事行为无效。《合同法》第52条第（3）项也规定，以合法形式掩盖非法目的的合同，无效。学理上称之为伪装行为，即行为表面合法，但隐蔽的动机违法。我国的规定与德国民法学理上的脱法行为类似，不过德国在脱法行为上的立法态度比较模糊，而我国民法则明确将之归为无效，与违反强制性规定的效力相同。

（二）标的妥当

1. 妥当性审查包含内容和动机。我国法律行为内容的生效要件，也包括法律行为标的妥当。同样，民法从排除不妥当范围的角度，推定法律行为标的妥当之范围。这种不妥当的审查，也同样不限于内容考察，可以

---

[1] 王泽鉴：《民法总则》，北京大学出版社2009年版，第262页。

扩及法律行为的动机。

2. 我国民法上的法律行为不妥的规定。法律行为不妥在我国法律中的表述，没有像传统大陆法系国家一样使用"违反善良风俗"概念，而是使用了"违反社会公共利益"的概念，学者们认为这一词汇的使用反而容易显现意识形态色彩①。

依据《民法通则》和《合同法》中的规定，法律行为不妥包括以下情形：

（1）违反一般意义上的社会公共利益。《民法通则》第58条第（5）项和《合同法》第52条第（4）项规定，不得违反"社会公共利益"。此处所谓"社会公共利益"，通常应当理解为社会公共利益的一般情形。

（2）违反国家计划，也可归入法律行为不妥。在我国的计划经济时代，国家计划可以视为特殊社会公共利益。例如《民法通则》第58条第（6）项规定：经济合同违反国家指令性计划的，无效。如今，随着我国市场经济主导地位的逐步确立和深化，国家计划对于民法领域的合同行为干预越来越少，在新颁布的民事法律中类似的规定也几乎销声匿迹。

（3）以欺诈和胁迫手段订立的一部分合同。《合同法》第52条所规定的"一方当事人以欺诈、胁迫等手段签订合同，侵害国家利益的，应无效"属于法律行为不妥范围。一般情形以欺诈或胁迫手段订立的合同，只损害合同当事人利益，但是损害国家利益的，则同时构成违反社会公共利益。

（4）串通虚假行为，也属于法律行为不妥。《民法通则》第58条第（4）项，"恶意串通，损害国家、集体或者第三人利益的"行为属于串通虚假行为。《合同法》第52条第（2）项，有恶意串通，损害国家、集体或者第三人利益的，合同无效。串通虚假行为实际上指向为善良风俗。

（5）显失公平的法律行为。《民法通则》第59条第1款第（2）项的规定，我国显失公平的法律行为，属于可变更或撤销的法律行为，也不符合生效要件。由此可见，显失公平法律行为之所以不符合生效要件，在于其法律行为内容属于标的不妥的范畴。

四　意思表示的生效要件

根据传统民法理论，法律行为生效，必须要有健全的意思表示。大陆

---

① 龙卫球：《民法总论》，中国法制出版社2002年版，第471页。

法系的大多数国家民法都具体列举出意思表示不健全，即意思表示瑕疵的类型，通过排除意思瑕疵的方式来确定健全意思表示的概念：不存在意思表示瑕疵的情形，则构成意思表示健全。例如，德国关于意思表示瑕疵的范围，列举了"戏谑表示"、"真意保留"、"虚伪意思表示"、"表示错误"、"受诈欺意思表示"、"受胁迫意思表示"和"重要性质错误"等类型。

而我国《民法通则》第55条第2款，将意思表示符合生效要件称为"意思表示真实"。立法上没有正面解释何为"真实"，学理上通常界定为意思表示无瑕疵。《民法通则》确定的意思表示瑕疵类型，与其他国家的意思表示瑕疵基本类似，只是在类型细分和具体处理上有些差别。归纳而言，我国民法上的意思瑕疵类型包括：受欺诈、受胁迫、受乘人之危的意思表示、重大误解等。

我国民法上的这些意思瑕疵类型与本书讨论的"显失公平法律行为"在法律行为的构成上有差别，至少从这里可以看出，显失公平法律行为是属于生效要件的"内容"上有瑕疵，而上述列举的这些法律行为类型则属于生效要件中的"意思表示瑕疵"。要厘清显失公平法律行为的概念，离不开从理论上辨析显失公平本身与这些相近法律行为的区别和联系。

第二章

显失公平法律行为

第一节 显失公平法律行为的性质

一 多个意思表示构成

按照意思表示仅被作为法律行为构成要件的组成部分这一角度考虑，显失公平法律行为是由多个意思表示构成的法律行为，而非单一意思表示构成。

二 不同分类标准下的性质

第一，从法律行为的规则内容的分类来看，显失公平法律行为属于债权法上的法律行为，区别于物权法上的法律行为，也非人身法上的法律行为；按照财产法上法律行为的划分，其显然还属于涉及给予的法律行为，进一步而言，其属于涉及给予的法律行为中的有偿给予法律行为，区别于无偿给予法律行为。

第二，依据法律行为的主体划分标准，显失公平法律行为属于多方法律行为，最典型的形式是合同，区别于类似遗赠这样的单方法律行为。

三 属于可撤销的法律行为

按照传统法律行为一般生效要件理论，法律行为要求在主体、标的和意思表示上均应符合法律上设定的要求，不存在瑕疵。而就显失公平法律行为而言，其属于"标的"这一构成要素上不符合法律规定的要求，即法律行为的内容欠缺有效要件，因而属于非完全有效的法律行为，在我国法律上被认定为可撤销的法律行为的一种。

第二节 显失公平法律行为的特征

一 从事该法律行为双方当事人权利义务明显失衡

法律行为当事人在私法自治和自由的原则基础上从事的法律行为应当体现公平、平等等私法理念。"公平原则作为民法中的一个伦理性原则,是民事传统以及民事习惯的高度概括和升华,其反映出个人对民法最基本的要求,因而成为民法的最高原则。"[①] 因此公平原则作为私法的原则也同样应该适用于法律行为的规范。而在显失公平法律行为的情形中,当事人双方的权利义务关系存在失衡,一方负担较小的义务而享有较大的权利,而另一方负担极大的义务而享有极少的权利。这种显失公平的状况明显违反民法公平原则,应当得到纠正,以维护交易的公平,实现社会的公平正义。

以显失公平制度来维护交易的公平也是罗尔斯所讲的"矫正的公平"之一。众所周知,交换的公平就是双方当事人在交换的过程中符合交换的基本对等以及相对合理的公平。若当事人之间因为某种原因出现不公平的情况之时,那么就应该依据这种公平的理念对交易中的不公平进行矫正,因而这种公平被称为"矫正的公平"。[②] 此外,我们要注意到,这种权利义务的不公平是在从事法律行为的当时就已经出现的,而并非在法律行为作出之后才出现的。如果显失公平的结果是在双方法律行为完成之后出现,则可能属于情事变更的范畴,而不能以显失公平法律行为来处理。

二 法律行为的一方当事人获得了暴利

人们应当知道在市场经济条件下,交易双方在平等自愿基础上自由地从事双方法律行为(通常指合同),同时承担各自的交易风险。由于市场主体在讨价还价的能力、掌握信息的多少以及在市场交易中扮演的角色等多方面的不同,导致了交易双方的给付与对待给付不可能完全对等,所以市场经济是允许这种有赔有赚的结果的。但是,当出现权利义务的显著不平衡时,一方所得超过法律的限度的情况下,就应当依据显失公平制度予

[①] 赵万一:《民法公平原则的伦理分析》,载《重庆社会科学》2004年第2期。
[②] 同上。

以矫正。

一般认为这种利益极不平衡的现象有两种,一种是主观的不平衡,即当事人主观上认为自己得到的太少或者付出的太多,从而认为显失公平的情形;另外一种是客观的不平衡,也就是交易的客观结果对双方的利益是极不平衡的,从而认定为显失公平的情形。所谓超过法律所允许的限度是指某些法律所规定的具体标准。诸如劳动合同的最低工资标准,民间借贷的最高利率等的规定。另外,例如从美国的司法判例中可以看出,"当合同商品的价格为该商品公平零售价的2.5倍以上时,法院就很可能判定该合同显失公平。"[1]

三 遭受不利益方在订立合同时处于紧迫情况或缺乏经验

换言之,遭受不利益方在订立合同时因为某种困窘、急需或其他的急迫情况,或者因为缺乏交易经验、意志力薄弱、对行为的内容缺乏正确认识和判断的能力而接受了对方提出的条件。"所谓无经验者,如刚迁入生活条件迥异之国家,德国判决也有承认其符合无经验要件者。"[2]

由此可见,显失公平的合同对于遭受不利益方当事人而言,并不是其自愿接受合同条件的,订立的当时该方当事人的意思表示并非出于自愿。王利明认为:利益受到损失的一方没有充分表达其意思使显失公平的合同存在过程中的瑕疵,因而从这个意义上讲,显失公平的合同也能被认为是一种一方表意不真实的合同。[3] 但是,在德国民法和我国台湾地区"民法"中,却并不认为这是一种意思表示瑕疵的行为,而是把它作为违反公序良俗的暴利行为,即内容的违法导致合同的无效或可撤销的行为进行规定的。大陆法系国家对于显失公平的通说也认为,其并非一种意思表示瑕疵,而是行为内容有瑕疵而生效要件不完备的法律行为。

---

[1] 王军编:《美国合同法》,对外经贸大学出版社2004年版,第207页。
[2] 黄立:《民法总则》,中国政法大学出版社2002年版,第351—352页。
[3] 王利明:《合同法研究》(第1卷),中国人民大学出版社2002年版,第692—693页。

第三节　显失公平与相近法律行为的区别

一　显失公平与乘人之危

（一）乘人之危的含义

根据《民法通则意见》第70条，一方当事人乘对方处于危难之际，为牟取不正当利益，迫使对方作出不真实的意思表示，严重损害对方利益的，可以认定为乘人之危。所谓乘人之危，是意思表示存在瑕疵的法律行为的一种。

（二）乘人之危的构成

构成乘人之危需要具备以下几个必要条件：

1. 受害方当事人处于危难处境或急迫需要

危难处境是指当事人因自身原因或者其他原因遭受了无法预料的对当事人或者其亲近的人的不利情况，例如患病急需用钱或者遭受了不可抗力，又如船舶遇到危险急需帮助。急迫需要，指由于紧急的事情发生使当事人某些特定内容继续解决的情况。

2. 利用对方的危难处境提出苛刻条件

这里所说的"利用"意指明知而利用，换言之，行为人有乘人之危的故意。如果在行为人非故意（无论是否有过失）情况下与对方当事人签订了合同，那么受害方的危难处境和急迫事实既不是对方造成的，对方也毫不知情，那么就不能够认定为乘人之危。

3. 受害人被迫接受苛刻条件签订合同

由于受害人处于为难处境或者不利的处境之中，为了解决或者缓解这种为难处境给自己带来的不利状况，不得不接受当方当事人利用自己的为难处境而提出的对自身不利的合同，虽然意思表示上是自由的，但其实是一种不自由，那么这种意思表示就有瑕疵。

4. 受害人因接受苛刻条件而遭受损害

这里的"损害"主要指财产方面遭受的损失，乘人之危一方当事人会因此获得暴利。但很可能不利方当事人遭受的损害不仅限于财产上的损害，非财产上的损害亦应包含在其中，例如，不利方当事人被迫签订了有损人格利益或者限制人身自由的合同，失去人身自由或人格利益受到损害。[1]

（三）乘人之危与显失公平的关系

对于显失公平的规范性质和地位，学界有四种不同的看法：第一种认为其属于欠缺标的公平性[2]，第二种观点认为其属于行为的内容不适当[3]，第三种看法认为其属于意思表示不自愿[4]，第四种认为其属于意思表示不真实[5]。《民法通则》和《合同法》均将乘人之危定性为一种违背真实意思的行为，我国学界也向来如此认为。

民法诸多法律行为类型中，显失公平与乘人之危关系最为密切。人们从司法实践中发现，显失公平的行为起因往往缘自乘人之危，而乘人之危的行为也的确经常会导致后果显失公平。但从法理的具体分析来看，两者又并不能完全等同。原因有二，一是显失公平行为的起因并非唯有乘人之危。凡是一方当事人利用了对方无经验、轻率、缺乏判断力等，都可能造成显失公平的后果。而乘人之危则是特指乘他人危难境地或急迫情形，乘人之危较之于利用他人的轻率、无经验、缺乏判断力等订立的显失公平的合同，行为人的主观恶性较大，过错程度也较重；二是乘人之危并不能必然导致显失公平的结果。因为给付与对待给付之间的不平衡，是以双方所获得的利益可以计量或计算为前提的，但实践中往往存在很多这样的交易，即标的利益或价值本身难以计量或计算，导致很难认定是否存在显失公平问题。比如，张某乘李某的迫切需要而以一定的价格购买了李某家的一个物品（据称是李某家的"传家宝"），由于这种交易物很难以明确的价格衡量，因此人们无从判断当事人之间是否存在显失公平问题，但是行为人的行为明显已经构成了乘人之危，乘人之危的后果可以是人格利益或人身自由方面的损害。因而，《民法通则》将乘人之危规定为无效合同，而将显失公平当作可撤销可变更合同。

佟柔教授主编的《民法总则》一书是在20世纪90年代初期产生过重

---

[1] 王家福主编：《中民法学·民法债权》，法律出版社1991年版，第351页。
[2] 张俊浩主编：《民法学原理》（修订1版），中国政法大学出版社1997年版，第251页。
[3] 佟柔主编：《中国民法学·民法总则》，中国人民公安大学出版社1990年版，第233页。
[4] 彭万林主编：《民法学》，中国政法大学出版社1999年版，第155—156页。
[5] 李开国：《民法总则研究》（第1版），法律出版社2003年版，第284页。

要影响的一部中国民法学体系书，该书对显失公平和乘人之危行为之间的体系关联曾有一段简明的分析。佟柔教授认为①，乘人之危与显失公平在传统民法里，特别是在德国民法里，乘人之危和显失公平是一种行为，前者是行为的发生原因，后者是行为发生的结果。而我国的民法中乘人之危和显失公平是有所区分的，将两者视为两种在法律效果和构成要件上有所不同的行为。佟柔教授认为，显失公平是一种可撤销的民事法律行为，其构成要件只需要单独的客观要件，即法律行为成立时，其权利义务内容依据一般的社会价值和情事衡量，明显有失公平和均衡，并不考虑产生这种明显有失公平的后果之原因如何，换言之，不予考虑主观要件。而乘人之危是一种无效的民事行为，其核心构成要件是，一方需在客观上正处于急迫需要或紧急危难的境地，另一方行为人须有乘人之危的故意。至于行为的后果是否显著失衡在所不问。在判定乘人之危的效力时，若当事人既实施了乘人之危的行为又造成了显失公平的后果，那么这一行为应属于无效的民事行为，而不是可变更或可撤销的民事行为。

而谈到为何乘人之危会被独立地规定为一种无效的行为，佟柔教授认为有三条理由②：一是，乘人之危的行为有时会产生显失公平的后果但也不能确定；二是，合同内容的不适当使法律认为该合同显失公平，而当事人表意不真实时法律认定其构成乘人之危，且这种意思表示是由于相对人采取了违法手段导致的；三是，尽管胁迫行为和乘人之危有相同之处，即均是相对人利用了表意人处于危难境地，不过导致表意人处于危难境地的缘由却差别很大。

上述看法在学术界有颇多争议。王家福教授认为，显失公平只是一个相对的概念，要对其作出准确评价，前提是把显失公平跟作为原因行为的乘人之危结合起来。③ 李永军教授认为，乘人之危也许不能导致绝对的结果方面的显失公平，如果虽然实施了乘人之危行为，却没有造成显失公平的后果，那么法律再对其进行调整就是没有必要的，因而单独规定乘人之

---

① 佟柔主编：《中国民法学·民法总则》，中国人民公安大学出版社1990年版，第233、241、242页。

② 同上书，第241页。

③ 王家福主编：《中国民法学·民法债权》，法律出版社1991年版，第351页。

危，其实是多余的。① 徐涤宇教授认为，乘人之危也好，利用对方的无经验、轻率也罢，两者均是显失公平法律行为主观要件的具体表现形式而已。② 他认为争议的核心问题仍然是行为的结果客观上导致了合同内容的显失公平，因此，他认为绝大多数乘人之危其实无单独存在之必要，完全可以作为显失公平的一种具体类型，由显失公平制度来吸纳和包容。而另外少数的一些未能造成显失公平后果的乘人之危行为，则不会对合同效力有所影响，除非足以构成欺诈或胁迫而导致无效。的确，如果采用主观价值论，在认定是否构成显失公平的问题上，具有因人而异的特性，如不借助其他因素，将显失公平单独作为一种制约合同效力的事由，会对交易安全构成严重妨害。另外，不产生不公平结果的乘人之危，除了可纳入胁迫概念进行处理的一些案件外，也根本无评价的必要。如此推理的必然结论是将乘人之危纳入显失公平体系，相比较于将乘人之危与显失公平进行并行规定，在法律安定性上而言也许更具可取性。

二 显失公平与胁迫

（一）胁迫的概念

在大陆法系国家，胁迫一般是指行为人对表意人或者其亲属施加精神上的压力而使其内心恐惧，从而作出不真实的意思表示。德国学者梅迪库斯与拉伦茨认为，胁迫就是告知当事人自己有能力实现某种危害，不按照胁迫人的意志去做某种危害就有可能实现，当事人从而按照胁迫人的意思去进行表意③。《法国民法典》第 1112 条规定："如果行为的性质足以给正常人造成印象，并使其担心自己的身体或财产面临重大且现实危害的恐惧的，即为胁迫。"《瑞士民法典》第 29 条称之为"恐惧"，显得更为直观。

《民法通则》只规定了"胁迫"这一名词，却没有具体含义。最高人民法院颁布的《民法通则意见》第 69 条对胁迫行为的具体内容作出了解释，只要是以给公民及其亲戚朋友的生命健康、荣誉、名誉、财产等造成

---

① 李永军：《合同法》，法律出版社 2004 年版，第 365 页。
② 徐涤宇：《非常损失规则的比较研究》，载《法律科学》2001 年第 3 期。
③ ［德］迪特尔·梅迪库斯：《德国民法总论》，邵建东译，法律出版社 2000 年版，第 613 页；卡尔·拉伦茨：《德国民法通论》，王晓晔等译，法律出版社 2003 年版，第 546 页。

损失或者以给法人的荣誉、名誉以及财产等造成损害为要挟，强迫对方当事人作出违背真实意思表示的行为，就可以被认定为胁迫行为。《合同法》第54条规定，胁迫是影响合同效力的原因之一，其定义应当适用最高人民法院的司法解释。

（二）胁迫的法律构成

1. 胁迫的事实

胁迫是一种使对方当事人产生精神压力的事实，既可以是语言，也可以是具体的行为。英国的科克勋爵就曾列举了胁迫的各种类型：（1）威胁到生命安全；（2）威胁到身体器官安全；（3）威胁到肢体伤害；（4）担心受到监禁或害怕受到殴打，或担心其货物或类似的东西被掠走或毁坏[①]。而事实上，胁迫的事实远不止以上列举的这些，原本列举的方式也是无法穷尽所有的实施类型。

胁迫的事实有以下几种特征：（1）行为人在胁迫时，被胁迫的要发生的内容实际上还未发生，不利后果只在将来发生，如果一种不利的情况是以前发生的或者在合同签订时正在发生的，那就不属于胁迫的情况，即胁迫的内容具有将来性；（2）胁迫的事项发生与否都由胁迫实施人决定，如德国学者霍恩指出："如果一个人以某种不利后果相要挟，并且他可以控制这一不利后果的发生与否，那么他的这种要挟就可以认定为胁迫。"[②]（3）实施胁迫的人可以是当事人本人，也可以是第三人。

2. 胁迫的非法性

胁迫的非法性是胁迫构成的关键要素，这一点自罗马法以来，素为大陆法系各国民法及判例所接受。在罗马法上，胁迫的构成要求危害需是不合法的。合法行为虽使相对人感到恐惧，亦不能构成胁迫。例如，债权人对债务人声称如30日内不归还欠款，将依法起诉。但如果以揭发犯罪为威胁而索取财物，则属于胁迫，因为人们都有权揭发犯罪，但无权迫使犯罪嫌疑人交付财物。[③]

法国的民事立法以及司法判例均沿袭了罗马法的传统，认为只有胁迫

[①] 王军：《美国合同法》，中国政法大学出版社1996年版，第192页。

[②] ［德］霍恩等：《德国民商法导论》，楚建等译，中国大百科全书出版社1996年版，第86页。

[③] 周枏：《罗马法原论》（下册），商务印书馆1994年版，第593—594页。

行为中的违法性行为才能导致意思表示的瑕疵并受到法律制裁。但不包含以权利的行使为目的的威胁以及因对长辈的敬畏的订立合同。法国民法典第1114条规定:"在不存在胁迫的情况下,当事人因为敬畏其父母或是其他直系亲属所产生的压力而不得不遵照其想法和要求订立合同,不构成合同无效的原因。"①

德国民法典也继受了罗马法,《德国民法典》第123条第1款明文规定了"不法胁迫",因而在德国法上胁迫的违法性也成为一项关键要素。而且在违法性的问题上,德国法区分了三类不同的违法。(1)手段违法:即如果手段是违法的,则无须过问目的是否合法②。例如,甲威胁乙,如果乙不偿还其所欠债务就砍断乙的胳膊,这便是非法胁迫,即使目的是合法的,也必须被认定为非法胁迫。(2)目的违法:手段再合法,如果目的本身违法,不能被认定为合法。例如,甲以告发乙的犯罪行为为手段,要求乙给自己一笔"封口费",便是著名的例子。(3)手段和目的结合时违法:即手段和目的都是合法的,均未触犯法律,但它们相互配合后就变成了不合法的,仍然构成非法胁迫。例如,甲为了要求乙偿还自己的债务,便向警方告发乙的犯罪为威胁,迫使乙偿还甲的债务。告发犯罪和依法要求偿还债务本身都是合法行为,但是两者的结合就变成了违法的情况。若是甲因为犯罪行为破坏了乙的财产权益,那么乙可以通过向警方告发的方式挽回其财务的损失,但是如果甲故意破坏了乙的财物,乙可以向警方告发要求甲赔偿其受损的财物,但是却不能以同一借口相威胁来实现与被破坏财物没有关系的其他内容,例如以此为威胁要求偿还乙借给甲的金钱。同样,乙也不得以向警方告发甲来威胁甲的亲属或朋友以要求他们替甲的违法行为作出赔偿。③ 日本及我国台湾地区的民法学说和理论,也大致同意此观点。④

英美法系国家则略有不同。英美法系国家的法学理论上认为,在订立

---

① 尹田:《法国现代合同法》,法律出版社1995年版,第94页。
② [德]迪特尔·梅迪库斯:《德国民法总论》,邵建东译,法律出版社2000年版,第614页。
③ [德]卡尔·拉伦茨:《德国民法通论》,王晓晔等译,法律出版社2003年版,第547—550页。
④ [日]我妻荣:《新订民法总则》,岩波书店1965年版,第315页;王泽鉴:《民法总则》,中国政法大学出版社2001年修订版,第339页。

合同过程中一方对另一方的威胁是无法避免的，只有当这种威胁超过了一定限度而成为不适当（improper）的时候，才被认定为胁迫。例如，要约本身就可以看作是一种胁迫。货物的卖方提出供给买方一定数量的货物，同时提出了成交的价格及其他条件，该价格和条件如果没有得到满足，货物将出售给其他人，这其实也是一种威胁。但这种威胁在合同中是正常存在的，因为它是恰当的。然而如果是奇货可居，买方又急需这批货物，卖方趁机将价格提到令人发指的高度，结论就完全不同了。在早期的英美法中，威胁是一种违法的行为或至少是一种不当行为，受到威胁的一方只能依据刑法或侵权行为法起诉。但是当威胁的程度比较轻微时，尽管威胁属于不适当的威胁，法院仍会以威胁没有导致受害方接受合同条件为由或以受害方仍有合理的选择余地为理由判受害方败诉。[①] 而在现代审判实践中，美国法院在区别适当与不适当的威胁时，往往采取道德标准进行衡量。不过由于实践中运用道德标准来衡量威胁的适当性问题容易导致主观随意性和不确定性，于是在美国《第二次合同法重述》第176条中，对不适当的威胁分成两类：第一类类似传统观点所确认的不适当的威胁，即这种威胁"如此地令人震惊，以至于法院不用再追究在威胁下达成的交易是否公平或者这种威胁就其本身而言已带有不公平的成分"。第二类是比较现代的观点所确认的不适当的威胁："这种不适当是由威胁的存在和结果的不公平结合而成的。"[②]

3. 当事人的主观故意

进行胁迫的一方当事人是积极主动的，具有主观故意。一般而言，胁迫的构成包括两个意思：一是被胁迫人产生了恐惧的心理，二是被胁迫人因该恐惧心理作出了违背自己真实意愿的意思表示。[③] 换一种角度也可以认为，被胁迫人基于胁迫人的胁迫而产生了恐惧心理，从而不得不作出了违背自己真实意愿的意思表示。

在学者通说上，以胁迫人的故意为必要条件之一。但目前的学说也有不同的见解，例如拉伦茨教授认为，不管胁迫人知不知道其胁迫行为违法或者胁迫人在主观上是否有过错，只要其胁迫具有违法性，那么就构成非

[①] 李永军：《合同法》，法律出版社2004年版，第337页。
[②] 王军：《美国合同法》，中国政法大学出版社1996年版，第194—196页。
[③] 梁慧星：《民法总论》，法律出版社2001年版，第200页。

法胁迫。因为将合同撤销是为了保护被胁迫人的合法权益,而非惩罚或者制裁胁迫人。①

4. 因果关系

民法上胁迫的构成还需要满足以下两层因果关系:一是受胁迫人因胁迫而产生恐惧心理,二是受胁迫人基于这种恐惧心理而作出了违背自己真实意愿的意思表示。若缺少其中的一种要件,即受胁迫人并不因胁迫而恐惧或者虽恐惧但没有作出违背真实意愿的意思表示,就不会构成民法上的胁迫。此外,在因果关系构成方面只需具备事实上的因果关系,不必相对应。换言之,只要产生了恐惧心理并因这种心理作了违背真实意愿的意思表示即可,不必深究通常情况下第三人此情形下的行为。而说到恐惧的程度,则并不以表意人完全丧失选择的自由为必要。

(三)胁迫与显失公平的关系

胁迫行为产生的后果有可能导致显失公平,但胁迫并非显失公平的必要条件。因为胁迫人追求受害人因恐惧而作出不自由的意思表示,其目的无非是追求不恰当的利益,换言之,是以受害人的不利益来换取胁迫人本身的利益。一旦胁迫行为达成目的,则导致的结果通常是双方当事人的利益不均衡、不对等。不过并不是所有的胁迫都能造成显失公平的结果,并不是所有的利益不均衡都受显失公平制度的制约,仅有那些"过分违反等价有偿原则"的行为才受显失公平制度的规范和调整。

根据《合同法》第 54 条,一方以胁迫手段订立的合同,受损害的当事人有权请求人民法院或者仲裁机构予以变更或者撤销。可以得出结论:胁迫跟显失公平法律行为的共同之处在于,两者产生的法律效力都是可变更和可撤销的。

因受胁迫而实施的行为是当事人在意志不自由的状态下而实施的民事法律行为,其效力可变更、可撤销,只有在该行为损害了国家利益时才归于无效。

---

① Vgl. auch Lazrenz/Wolf, Allgemeiner Teil des Burgerlichen Rechts, 9. Aufl., 2004, §37 Rn. 43. 转引自韩世远《合同法总论》,法律出版社 2011 年版,第 192 页。

三 显失公平与欺诈

（一）欺诈的概念

欺诈，按照文义解释就是通过某种手段骗人[1]。从古至今，欺诈都是违法的。从我国古代三国时的魏律到秦汉时的贼律中，发展出"诈伪"。北齐时，曾将"诈伪"改称为"诈欺"，北周时又恢复使用"诈伪"，此后的各个朝代皆继受了这一概念。唐律中首次将"伪诈"列为独立的篇名，到了明代，"诈伪"又被列入刑律篇[2]。我国现代民法理论上的欺诈，是行为人为达成某种目的故意伪造或者隐瞒事实真相，使他人陷入错误的认识，并由此作出了错误的判断和意思表示。[3]

欺诈在不同的国家有不同的称谓，在英美法国家称为"虚假陈述"（或错误陈述、不正确陈述等），在德国与瑞士称为"故意欺诈"（或恶意欺诈），在奥地利称为"欺瞒"，在我国台湾地区称为"诈欺"，在我国大陆民法上称为"欺诈"等。德国法学家卡尔·拉伦茨认为，欺诈是指欺诈行为人通过虚构事实，或者隐瞒真实情况，故意引起当事人的认识错误并持续保持这种认识错误，以期影响受欺诈人决策的法律行为。[4]

德国法上的欺诈（Täuschung），是指有意识地（故意地）引起某一错误。[5] 欺诈可以是积极的行为，尤其是关于重要情况的不符合真相的说法；也可以是不作为，即沉默，但只是当事人在法律上负有说明义务时才存在；而且德国法认为，欺诈必须具有不法性和恶意才能构成。《德国民法典》中对欺诈的法律效果规定为可撤销（第123条第1款），即当事人如果因为受到欺诈而作出意思表示，则表意人有权撤销其意思表示。如果欺诈是第三人实施的，被欺诈的当事人一般不能随意主张撤销法律行为，只有当他知道或者应当知道欺诈的事实时，才可以主张撤销法律行为。因此，第123条第2款规定："欺诈是由第三人实施的，对于另一方所作的意思表示，只有当另一方明知或者可知欺诈事实的，始得撤销。"德国法

---

[1] 《现代汉语词典》，商务印书馆2002年增补本，第993页。
[2] 朱广新：《合同法总则》，人民大学出版社2008年版，第185页。
[3] 梁慧星：《民法总论》，法律出版社2001年版，第198页。
[4] ［德］卡尔·拉伦茨：《德国民法通论》，王晓晔等译，法律出版社2003年版，第542页。
[5] Vgl. medicus, BGB AT, 9. Aufl. 2006, Rz. 788.

上这项撤销权的除斥期间是 1 年，自撤销人发现欺诈之时起计算（《德国民法典》第 124 条）；如果自意思表示作出时已经过 10 年，则不得撤销之。

在法国法中，欺诈被认为是一种民事违法行为，是导致合同无效的原因之一。为了保护被欺诈人的利益，行为人的行为一旦具备欺诈的构成条件，就应该受到制裁。《法国民法典》规定（第 1117 条），因欺诈行为而订立的合同的效力属于相对无效，即当事人有权依法请求确认合同无效，前提是一方当事人认为履行合同直接影响其某种利益。当事人在请求确认合同无效的同时，还可以要求欺诈人赔偿其损失。

英美法中与大陆法欺诈制度相类似的是虚假陈述，但其外延大于大陆法的欺诈。英美法中的虚假陈述（misrepresentation），指定的是一方当事人为了促使合同的订立，而在签订合同之前对相对人所做的不真实陈述。英美法把欺诈称为"欺诈性虚假陈述"（fraudulent misrepresentation）。构成欺诈性虚假陈述需要满足四个要件：一是当事人的表述必须是不真实的；二是表述人必须知道自身的表述是不真实的，或者表述人并不确切了解是否属实的情况下，依旧将其作为事实告诉给对方当事人，并希望取得对方的信任；三是对方当事人的确相信了这一陈述，故而实际上遭受了欺骗蒙蔽；四是当事人因此缔结了一份条件不公平或者他原本未想订立的合同。

各个国家的民法都否定欺诈是因为其明显违反了民法的基本原则之一，即诚实信用原则，且欺诈对受欺诈人的利益造成了不正当的伤害，不利于社会秩序的稳定。

（二）欺诈的构成要件

1. 欺诈人在客观上有欺诈行为

欺诈行为通过虚构或者隐瞒事实使当事人陷入错误认识或者继续保持某种错误认识，而作出与真实事实不符的表意行为。这种表述既可以通过语言，也可以通过行动。欺诈行为通常是积极行为，对于消极的沉默是否构成欺诈，各国的立法各有不同。

积极的虚假表述表现为一方当事人利用某种积极的言谈举止来有意识地诱导对方当事人的认识朝着与事实真相背道而驰的方向发展，导致对方对事实真相的错误印象。积极的虚假陈述既包括主动的虚假陈述，即直截了当地欺骗对方，例如海鲜市场里的一位摊主明明卖的是饲养鱼，却对顾客说这是野生鱼;也包括主动地掩盖隐瞒,即通过伪装的手段阻止对方发现事实真相,例如水果店的苹果烂了一个窟窿眼,老板却故意把价签贴在窟窿上加以遮盖。

在大多数大陆法系国家,法律上规定只有在特定条件下消极的沉默才能构成欺诈行为。这里的沉默是指当事人知道事实真相,且明知对方当事人之错误决定就是依据与事实不相符的错误认识所作出的,却依旧不向对方当事人指出。

长期以来,法国民法上的理念是:道德规范不能强迫当事人对自己不利,因而道德不能强迫当事人将对自己不利的情况告知对方。所以法国法通常不承认消极的沉默构成欺诈,即"不发言就不存在欺诈行为"。但是,法律上规定了当事人具备披露特殊义务的合同例外,即在合同中一方当事人有披露义务时,沉默则构成欺诈。不过在当代法国法的司法审判中,消极沉默常常被认为构成欺诈。法院在具体处理案件时,会适当考虑相对方当事人是否存在明显过错,来确定当事人的消极沉默究竟是否构成欺诈行为[①]。

德国民法中原则上也不认为沉默构成欺诈,只有在一方当事人根据合同的性质、订立环境等负有披露义务时,其沉默才可能构成欺诈[②]。德国学者霍恩认为:"积极行为和不作为都可能构成欺诈,换言之,欺诈既可能是主动描述虚假的事实,也可能是隐瞒事实真相。但是只有在当事人负有告知义务时,不作为才能构成欺诈。"[③] 问题的关键是,何种情况下才能认定当事人负有告知的义务。德国法认为,是否负有通知义务需要依据法律的规定、当事人的合同约定或者交易中的一般习惯来定。

英国法中一般不承认告知义务的存在,不过可以依据普通法的一般规则将某些情况下当事人的沉默或隐瞒认定为欺诈,例如:(1)当合同谈判时所陈述的真实事实,到合同正式订立时已经变得不真实,则陈述人都应当更正该陈述(无论对方是否询问),否则就将成立欺诈;(2)当事人陈述的内容就是真实情况,但若某些限制性因素的存在会改变陈述的真实

---

① 尹田:《法国现代合同法》,法律出版社1995年版,第87—88页。
② 沈达明:《德意志法上的法律行为》,对外贸易出版社1992年版,第145页。
③ [德]霍恩等:《德国民商法导论》,楚建等译,中国大百科全书出版社1996年版,第87页。

性，则该当事人有义务指明这些限制性因素，否则也将成立欺诈；（3）在英国法上称为"要求绝对真诚的合同"（最高诚信合同）中，当事人隐瞒某些事实也构成欺诈。[①] 所谓"要求绝对真诚的合同"，顾名思义，指的就是要求当事人必须绝对诚实地对相关具体事实进行陈述，不能隐瞒的合同。原因是此类合同中一方当事人对合同相关情况的一些事实和内容有着非常充分的了解，而另一方当事人通常无从了解或只能借助对方当事人的告知才能获取相关信息，因而法律规定了知情方当事人负有向对方揭示事实的义务。例如保险和信托关系等。在1967年以前，英国主要通过普通法和衡平法对合同当事人的虚假陈述加以规范，并给予救济。《1967年虚假陈述法》实施后，制定法开始了对虚假陈述的明确规范，在司法实践中凸显的作用也日渐明显。根据英国《1967年虚假陈述法》的有关规定，虚假陈述包括三种类型：第一种是疏忽性虚假陈述（negligent misrepresentation）；第二种是完全无意的虚假陈述（wholly innocent misrepresentation）；第三种是欺诈性虚假陈述。前两类虚假陈述是非故意的，最后一类虚假陈述是故意的。

在美国法中，需要解决的主要问题是在何种情况下当事人一方有义务向另一方当事人披露他所知情的事实。1817年联邦最高法院作出终身判决的莱德劳诉奥根案中，被告奥根在签订买卖合同之前得知了一项重要情报，原告莱德劳以被告未向他披露有关情报为由，诉其实施欺诈行为而主张撤销合同。法官在判决中认为："奥根没有义务将他所知道的告诉对方"，"当事人各自发挥自己聪明才智的情况下，为运用相反的理论限定一个适当的范围太困难了"。根据这一判决，可见美国法通常也认为消极沉默不构成不正确说明，除非有积极掩盖真相的行为。但这一原则在现代的美国法院判决中，已经在很大程度上得到了修正。例如在证券交易领域的所有知内情者有向证券的购买者披露情报的义务；消费者合同中的卖方也同样如此，其在很多情况下有义务向买方披露事实，否则将构成欺诈。

2. 欺诈手段超出必要限度

各国的交易习惯和法律通常允许卖方对其商品在一定限度内的夸大宣传，但如果具体涉及某项性能的夸大时，则有可能会导致欺诈。在英美法

[①] ［英］A. G. 盖斯特：《英国合同法和判例》，张文镇等译，中国大百科全书出版社1998年版，第238—245页。

系国家有个区分是否为欺诈的重要标准性规则，具有宝贵的参考价值和启发意义，即构成欺诈的相关陈述应该是对某些客观事实的陈述，若仅是一些自己主观上理解性的错误陈述则不构成欺诈。例如一个水果商人说："我家的苹果很甜"，这仅仅是一种意见或者自己的见解，不构成欺诈；如果是说："我的苹果很甜，含糖量45%"，就是对一种事实的陈述，如果其陈述与实际含糖量不符，就构成欺诈。正如阿蒂亚所言：法律承认，必须给订约的一方当事人在对其商品广告时享有一定的自由，例如，房地产代理商在其广告牌上写着"一个完美的住所"，这就不算一种事实陈述，因此不能作为错误陈述而起诉。更常见的是对商品做言过其实的吹嘘，由于它不会影响任何有理性思维的人，所以法律不视其为错误陈述[1]。

我国的《反不正当竞争法》第9条规定："经营者不得利用广告或其他方法，对商品的质量、制作成分、性能、用途、有效期限、产地等做引人误解的虚假宣传。"违反这项规定等于超出了法律规定的必要限度，将构成欺诈。

3. 有欺诈的主观故意

欺诈的成立必须要求行为人故意为之，即意图使相对方当事人对事实作出错误的判断并以此判断为基础而订立合同。各国学理及立法一般都采用这种观点，我国的大多数学者也主张欺诈必须是当事人故意为之[2]。我国台湾地区"民法典"第92条规定：欺诈是指意图使相对人陷入错误，故意告知以不实之事，令其因错误而为意思表示。

4. 欺诈与受欺诈人的意思表示有因果关系

欺诈的成立还需要欺诈使受欺诈方产生了合理的信赖，并因此作出了意思表示。英美法的判例坚持合理信赖的规则。一是一方当事人作出意思表示的前提是基于对对方欺诈陈述的信赖；二是这种信赖必须有合理的理由。受欺诈人需要证明，对欺诈人的合理信赖对自身意思表示的作出起了决定性的作用。

我国的《民法通则》和《合同法》在内，都不要求考虑受欺诈人的过失问题。并且在欺诈人的欺诈和受欺诈人的意思表示之间的因果关系上，仅仅要求前者是后者的必要条件，而不要求是充分条件。恰如阿蒂亚

---

[1] [英] P.S. 阿蒂亚：《合同法导论》，赵旭东等译，法律出版社2002年版，第272页。
[2] 梁慧星：《民法总论》，法律出版社2001年版，第198页。

所言：当事人没有必要说明错误陈述是订立合同的唯一诱因，加入不知情的一方至少在部分上信赖了虚假陈述，他就有权撤销该合同。①

（三）显失公平与欺诈的关系

显失公平与欺诈作为两种民法上的法律行为，两者在法律效力上有相似之处，在某些程度上都能造成可撤销、可变更的法律效果。欺诈的成立，除了有恶意欺骗捏造虚假情况或歪曲、掩盖、隐瞒真实情况的行为之外，还需要满足两个条件才能产生请求损害赔偿或请求撤销合同的法律效果：一是对受欺诈方因为欺诈行为遭受了一定的损失，二是受欺诈方在订立合同时表意不真实。我国《合同法》第42条规定的欺诈，实际上是指第一种情况，其强调受欺诈方因为欺诈行为产生一定的损失；《民法通则》第58条和《合同法》第52条、第54条规定的欺诈，是第二种情况，即不强调受欺诈人遭受损失，而强调在签订合同或者其他过程中因欺诈行为而表意不真实②。

欺诈行为是一方故意欺骗他人，使他人基于错误认识订立合同，很可能导致不公平的后果，就是产生民法上显失公平的情况。由于欺诈一方当事人的主观恶意，那么通常受欺诈的一方当事人通常会因此遭受损失，而欺诈方会因此获得更多的利益。但欺诈与显失公平不同的是，一方面，显失公平只是利用了对方当事人没有经验或者轻率等从而作出了错误意思表示，没有主观欺骗的行为发生，而欺诈主要强调欺诈人主观上积极主动的进行欺骗，被欺诈人陷入错误的认识或者持续某种错误认识，签订表意不真实的合同。另一方面，存在欺诈行为的合同中，受害人利益损害结果的造成完全是因为欺诈行为。即受害人只是因为欺诈行为而陷入错误，签订了合同，但是在显失公平的情况下，受害人因自己的轻率或无经验等订立合同，本身也存在过错。例如，受害人在购买商品前，对该商品的型号和性能未加以了解，就以较高的价格购买，显然受害人本身有过失。在实践中出现的各种显失公平，例如一件普通衣服以数万元出售、一杯普通的啤酒索价数百元等，是欺诈行为还是显失公平的行为？笔者认为，如果销售者故意欺骗消费者，以假乱真（如将人造纤维写成天然动物皮毛、将二锅头当茅台酒出售），则构成欺诈；如果销售者并无欺诈的行为，但消费者在不问任何价格的情况下，以茅台

---

① ［英］P. S. 阿蒂亚：《合同法导论》，赵旭东等译，法律出版社2002年版，第275页。
② 我国《保险法》第17条关于虚假陈述的规定，亦可归入此类。

酒价格购买二锅头,则可能构成显失公平,而如果消费者误将二锅头当作茅台酒购买,则可能构成重大误解。

四 显失公平与重大误解

(一) 重大误解的内涵

自1986年《民法通则》开始,我国的民事立法上采纳了"误解"这一概念。误解,就是不正确的理解①。按照汉语的通常理解,误解的对象通常是他人的言辞或行为,也就是说,误解须有特定的相对方,如果某人对某一客观事物发生了不正确认识,则被称为发生了错误。因此,在汉语日常用语中,误解和错误是两个有所不同的概念。而在传统民法上,误解和错误的概念也完全不同,误解是指相对人错误理解了意思表示的内容,如受要约人误将出卖的房屋之要约理解为出租而为承诺;错误则是指表意人无过失的表示与内心真实意思不一致。但是,根据我国《民法通则意见》第71条对重大误解的解释看,我国民法上的"误解"实际上与其他国家民法上错误概念不存在实质差异。如梁慧星教授就认为,误解的含义不仅包括表意人非故意的内心意思与表示不符,也包括相对人对意思表示内容了解上的错误。② 所以本书在讨论我国民法上的"重大误解"时,将其视为与《德国民法典》上规定的"错误"含义一致。

传统德国法认为,错误是指真实意思与表示客观上的"不一致",即表意人的意思表示之内容有错误时,要么是表意人根本没有做该内容意思表示的意愿,或者假设表意人知道其情事并经过合理考虑的话便不会做此内容的意思表示。错误的意思表示当事人享有撤销权(《德国民法典》第119条)。从这里的学理解释和法条规定可以看出,德国法上的错误包含两种情形:一是内心意思形成过程中,因为对情事认识的不正确而导致的意思表示瑕疵;二是内心意思形成过程并没问题,只是在表达该意思时的行为发生了错误。

(二) 大陆法系与英美法系中的错误制度

1. 德国法上的错误

德国法学界的错误理论以萨维尼首先提出的两种不同性质的错误划分

---

① 《现代汉语词典》,商务印书馆2002年增补本,第1339页。
② 梁慧星:《民法总论》,法律出版社1996年版,第169页。

为基础：第一个概念是正统的表示错误。就是只考虑到表示的意思与内心意思不符的情况。这是静态的概念。第二个概念促成意思形成过程的错误，属于动态概念。

《德国民法典》在其第119条及第120条中对错误的两种类型表示错误和内容作出了界定，并规定了错误法律行为的法律后果为可撤销[1]。德国的民法学者们通常认为《德国民法典》第119条仅规定了内容错误与表示错误两种类型，而不包含动机错误[2]。不过学者们也认为，尽管第119条规定的是内容上的错误，但事实上的错误恰恰是起决定作用的动机，而这里的意思表示动机与意思表示性质相结合了。德国司法判例表明，决定性动机中的错误包含意思表示性质的错误，性质错误就表现为某项合同中的约定与真正性质不同[3]。

2. 法国法上的错误制度

《法国民法典》的第1110条中规定了错误在何种情况下才构成无效的原因，也明确了不成为无效原因的错误类型[4]。《法国民法典》中只描述了主要性质的错误，由此可见，错误范围在成文法上已经非常狭窄，加之19世纪法国主流学理对主要性质及当事人资格作纯粹物质的、客观的解释，错误范围就显得更加狭窄。但法国判例一直在努力突破错误概念的狭窄范围，广泛地采用主观错误概念。

法国民法上将错误（误解）主要分为以下几类：

（1）障碍性误解

这种误解因合意不存而导致合同无法成立，是合同订立中最严重的一种误解。它包括以下几种类型：①对合同性质的误解。如一方当事人认为自己

---

[1] 第119条规定："（1）表意人所做意思表示的内容有错误时，或表意人根本无意做此种内容的意思表示者，如果可以认为，表意人若知情事并合理地考虑其情况即不做此项意思表示时，表意人得撤销其意思表示；（2）关于人的资格或物的性质的错误，交易上认为重要者，视为关于意思表示内容的错误。"

[2] ［德］卡尔·拉伦茨：《德国民法通论》，王晓晔等译，法律出版社2003年版，第504页。

[3] 沈达明等：《德意志法上的法律行为》，对外贸易教育出版社1992年版，第123—124页。

[4] 《法国民法典》第1110条规定："错误，仅在涉及契约标的物的本质时，才构成无效的原因。如错误仅涉及当事人一方与订约的他方当事人个人时，不成为无效的原因；但他方当事人个人认为是契约的主要原因时，不在此限。"

在购买房屋,而另一方认为自己在出租房屋,既不存在买卖,也不存在租赁;②对合同标的统一性的误解。如一方当事人认为自己在购买一楼的公寓,而另一方当事人认为自己出手的是四楼的公寓;③对合同原因客观上是否存在的误解。例如一位父亲的独生子已经在战争中死亡,因此将自己的财产赠予某慈善组织。过了若干年,这位独生子又出现了。按照《法国民法典》第1117条的规定,将作为错误的原因对待。[1]

(2) 对标的物本质的误解

学说上对于《法国民法典》第1110条中"对标的物本质的误解"有客观解释和主观解释。客观解释认为,构成标的物的物质材料就是标的物的本质,如误将镀金项链视为纯金项链而缔结合同。主观解释认为,标的物的本质不应该被理解为具有客观的或物质性的含义,其只是主观或者精神的含义。标的物的本质并非标的物物品本体,而是一种决定了当事人是否会订立合同的基本特征。

(3) 对当事人的误解

一般情况下,合同相对人的误解并不必然导致合同的无效,只有在某些特别情况下,合同当事人才具有决定性意义。法国民法典规定,只有当对方当事人被认为是合同的基本原因时,才可能导致合同无效。这种合同,通常称为"基于人的关系而订立的合同"。

3. 英美法上的错误

英美法上,错误是指双方当事人在签订合同之时对交易基础的某些事实存在认识偏差或差别。在《第二次合同法重述》中表述为"与事实不符的信念"[2]。在英美法上,尽管有衡平法和普通法之分,不过两者只是救济措施上有所不同,关于错误的分类并无差异,主要分为:

(1) 标的物的错误。这是指当事人对标的物的同一性、存在性以及质量认识上的偏差。标的物同一性上认识的错误是指双方当事人各自所认定的标的物并非同一事物。例如买方以为交易的标的是一套设备的所有权,而卖方以为交易的标的只是设备的使用权。对标的物存在性的错误意思是双方当事人都认为这种标的物存在或者不存在,但事实并非如此。[3] 比如

---

[1] 尹田:《法国现代合同法》,法律出版社1995年版,第72页。
[2] 王军:《美国合同法》,中国政法大学出版社1996年版,第157页。
[3] 董安生等:《英国商法》,法律出版社1991年版,第99页。

双合同签订时，双方当事人都以为标的物为黑珍珠，而实际上是白珍珠。质量的错误是指对有关标的物的功能、价值等属性的错误认识。①

（2）合同当事人的错误。这一点跟大陆法系国家的理论类似，即英美法的合同法理论认为，在一般情况下，当事人对合同相对人身份的错误认识并不影响合同的效力。只有当相对人身份成为合同的关键要素，换言之，如非此身份不可能订立合同时，才会因当事人错误而导致合同无效。

（3）合同性质的错误。一般来说，当事人应对本人签订的合同承担责任，但是当事人在有些情况下可能会错误地判断合同的性质。此时，当事人可以提出合同无效的抗辩。② 这一原则与上文所述《法国民法典》上的障碍性错误类似。

（4）措辞上的错误。在英美法中措辞上的错误包含两种情况：其一是用来援引的文件中包含错误信息从而导致与合同内容有偏差。假如一方当事人能够证明另一方援引的文件不符合合同约定，可以申请法院予以纠正。第二种是一方不小心说错了或是写错了，如果是单方当事人的错误，则不能导致合同无效。但如果能够证明对方对这种情况是明知的，那么就可以认为该情况已具备合同效力。衡平法的救济原则是：只要履行合同的一方并非没有做可以谴责或者履行是违背良心的，则法律就可以拒绝作出具体履行的判决。

4. 我国民法上的错误（重大误解）

我国民法上的错误（重大误解）概念来自于《民法通则》与《合同法》的规定。《民法通则》第59条规定行为人有权请求法院或仲裁机构对于重大误解予以变更或者撤销；《合同法》第54条沿袭了《民法通则》对重大变更行为法律效果的规定，因重大误解订立合同的当事人有权提请人民法院或者仲裁机构变更或者撤销；而《民法通则意见》第71条对重大误解的范围做了界定，认为重大误解除了"行为人因对法律行为的性质、相对方、标的品种、标的质量、规格和数量等方面的错误认知"，其成立还需要使行为后果造成较大损失。根据以上这些法条的规定，我国学者认为重大误解的构成要件包括以下几条：（1）当事人误解了合同的内容；（2）这种误解属于严重误解，即这种误解客观上实质性地影响到了当

---

① 董安生等：《英国商法》，法律出版社1991年版，第101页。

② 同上书，第93页。

事人的权利义务，从主观上讲，一个理性的商人如果处在误解方的位置上，发现事情真相后，不可能订立合同；(3) 这种误解是当事人本人过失导致；(4) 当事人因为这种误解作出意思表示。[1]

从以上条文中可以看出，我国民法上采取了法国法与德国法上关于合同内容错误的规定。从我国的民法理论上看，我国的意思表示错误可以分为以下几类：(1) 当事人本身的错误，这种错误仅于某些与当事人雇佣、赠予等身份密切相关的法律关系时，才构成意思表示上内容的错误；(2) 标的物本身存在错误；(3) 当事人资格发生错误；(4) 标的物性质错误，不过对于这种错误的判断仅以标的物的性质在交易上是否重要为尺度；(5) 法律行为性质的错误；(6) 数量、价格、履行期、履行地的错误；(7) 动机上的错误，当动机能够显现出来并构成意思表示的部分内容时，才可能构成表意内容错误[2]。

(三) 显失公平与重大误解的关系

从这两种法律行为产生的效力上看，显失公平和重大误解并列属于我国《合同法》第54条明文规定的合同可撤销和可变更的法律行为。因此，从我国的民法理论研究和民法立法实践来看，两者在法律行为效力上有共通性。即都属于效力待定的法律行为，既不能认定为两者所产生的法律效果必然无效，也不能认定为当然有效，都可以通过行使撤销权而导致合同无效或者行使变更权而最终使合同部分有效或全部有效。

显失公平与重大误解的区别也是显而易见的，主要表现在以下两个方面：

首先是主观故意方面：重大误解是建立在当事人由于认识错误或表达错误所产生的客观状况基础上，而受益方并没有任何过错，而显失公平合同，则是在主客观因素的共同作用下形成的。即在显失公平合同中，受益方利用了自己的有利形势或对方的不利情况，存在一定程度的主观故意。

其次是造成的损失后果方面：虽然在多数情况下，重大误解的合同会使误解方受到重大损失，但并非所有的重大误解都会造成重大损失，有的甚至没有造成任何实际损失。可见构成重大误解并非一定要非常严重的损

---

[1] 王利明：《合同法研究》(第1卷)，中国人民大学出版社2002年版，第684—690页。
[2] 梁慧星：《民法总论》，法律出版社1996年版，第168页。

失，只需要实质性地影响到当事人的权利义务或订约目的的实现即可。[1] 而在显失公平合同中，交易双方权利义务的显著不平衡是其基本特征之一，换言之，显失公平的合同中，不利益方所遭受的损失或者不利益是必要条件，也是显而易见的。

五 显失公平与情事变更

（一）情事变更原则的理论变迁

古代法坚持形式主义为首要的价值取向，因此对于依法定程序签订的合同，无论条件发生何种变动，都不能对合同效力产生影响。不过，随着自然法学派的兴起，这种因合同基本条件的变化而引起的权利义务失衡的状态开始受到关注。12、13世纪的注释法学派在《法学阶梯》一书中提出假定每个合同中都有一种隐形的默示的条款，即当这个合同订立或者合同存在的条件产生变化或不存在时，准予变更或解除合同，称谓情事变更的条款。自然法学家科济认为情事变更是整个法律秩序的基本精神之所在。他认为，事物的状态是由多种多样的情事组成的，若这种事物的本质状态发生了重大变化，那么合同的基础会发生改变，合同的义务就需要免除。因为之前订立合同的意义与目的已不复存在，这项原则适用于所有的法律范围[2]。1756年巴伐利亚大帝颁布的民法典就体现了这一原则。1774年《普鲁士普通法》第387条也规定："如果因为此种未预见的改变，可以导致当事人约定或基于法律规定行为性质，便可推知双方当事人不能实现其最终目的时，任何一方当事人均可撤销尚未履行的条件。"

但到了18世纪后期，情事变更理论滥用越来越频繁，以至于危及整个法律秩序的稳定，因而受到非常严厉的抨击并逐渐被立法摒弃。随后兴起的历史法学派更是极力贬低自然法思想的价值。后来兴起的分析法学派更注重形式，更重视契约严守原则及法律秩序的稳定，情事变更学说丧失其重要性。[3] 因而，从1804年《法国民法典》到后来的《瑞士民法典》、《德国民法典》，都未明文规定情事变更原则。但是无论英美法系抑或是大

---

[1] 王利明：《合同法研究》（第1卷），中国人民大学出版社2002年版，第688页。

[2] 王利明：《违约责任论》，中国政法大学出版社1996年版，第336页。

[3] 彭凤至：《情事变更原则之研究》，五南图书出版公司1986年版，第22页。转引自李永军《合同法》，法律出版社2004年版，第480页。

陆法系国家，在理论研究和审判实践中都未放弃情事变更原则，审判时总有适用的情况，其理论依据在各国的名称各有不同，分别有英美法中的"合同受挫理论"以及法国民法中的"不可预见理论"、德国民法上的"客观行为基础理论"、我国台湾地区民法学者主张的"风险合理分配理论"等。

(二) 情事变更的适用条件

情事变更原则的适用可能导致合同效力的变更与否定，因而各国家立法与判例对该原则的适用均较为谨慎。

在英美法系国家，适用合同受挫原则需满足几点：(1) 合同受挫落空是双方未能预见的；(2) 双方均无过失；(3) 受挫的结果导致不可能进一步履行。这种不可能包括法律上、物质上和实际上的不可能三种情形[①]。英国法学家阿蒂亚指出：我们应该记住，无论什么时候将一个明显的合同认定为无效都是有悖于合同的根本目的的（即保护合理的预期或者说合理的信赖）。因此法院必须在挫伤合理预期及合理信赖所带来的不公平与强加给当事人完全没有预料到的风险所带来的不公平之间进行权衡[②]。

大陆法系国家的通说则认为情事变更原则的适用应当具备以下几个要件：

1. 作为缔约基础和环境的客观情况发生了异常变化

德国学理认为，若当事人订立契约之时所依据的相关实际情况或者说客观事实已经发生了重大变化，那么根据此事实作出的相关意思表示也应相应地变化。德国联邦最高法院的判例认为：若订立契约所依据的客观事实发生了翻天覆地的变化，这种变化使合同的履行变得极其不经济、不公正，就不能期待当事人仍然恪守合同的约定[③]。

2. 变更的发生不可归责于双方当事人

情事变更原则建立在公平分配损失的理念之上，若损失的发生是一方当事人的过错或者双方当事人共同的过错所致，那么就不该适用情事变更

---

① 沈达明：《英美合同法引论》，对外贸易教育出版社1993年版，第217页。
② [英] P. S. 阿蒂亚：《合同法导论》，赵旭东等译，法律出版社2002年版，第235页。
③ [德] 迪特尔·梅迪库斯：《德国民法总论》，邵建东译，法律出版社2000年版，第656—657页。

原则,而是应该按照各自过错分配责任。而情事变更原则的适用要件之一则是双方当事人均不存在任何过错。情事变更与不可抗力非常相似,两者存在一定的包容关系。很多情事变更情况的发生是由不可抗力所致,但二者着眼点各有不同,情事变更更加关注这种客观事实的变化有没有使双方当事人的权利以及义务发生根本性变化,更加侧重于变化的结果;而不可抗力作为合同不能履行的发生原因或免责事由,更加侧重于引起变更的原因。[①]

3. 该变更有不可预见性

这一点在两大法系中都得到了认同。情事变更原则无非是一种对于无法预测之风险的分配规则,有时候当事人会在合同中明确约定当某种意外事件出现时,应如何分配该意外事件所带来的风险,这时就无须使用情事变更原则来衡平这种风险的明确分配了。正如德国法学家所言:"应当考虑到实际情况的可预见性,如果当时存在这种可预见性,那么求助于诚实信用原则的要求就并不迫切。"[②] 在订立合同过程中,当事人对于权利义务的判断是以现实的客观条件为基础的,无法对所有的将来可能存在的风险都有所预见,并在合同中做了明确的分配。因此合同并不以当事人对将来所有风险有所预见并在合同中做了明确分配作为生效要件,而是规定了许多对于当事人不能预见到风险之合理分担的救济制度。情事变更便是其中之一。

4. 变更后若再维持原合同的效力将导致显失公平

如果发生情事变更,双方当事人签订合同时划分权利义务所依据的客观事实发生了根本性的改变,从而导致权利义务严重失衡,因此需要采取一定的措施回复平衡。若所变更的情事没有引起权利义务的变化,或者变化不够明显时,就没有必要适用情事更变制度了。

而关于如何判断权利义务发生了变更而导致显失公平的问题,英国学者施米托夫把不同的法律制度分成两类,一类法律制度是,仅在案件实际情况符合法律规范的要求之时,也即在物质上或法律上不能履行时,才能构成合同受挫;另一类法律制度上的合同落空,就需要法官发挥主观能动

[①] 李永军:《合同法》,法律出版社2004年版,第495—496页。

[②] [德]迪特尔·梅迪库斯:《德国民法总论》,邵建东译,法律出版社2000年版,第658页。

性，行使其自由裁量权，确定这种变更是否符合质和量上的标准。第一类为规范性标准；而第二类为定性标准，后者相较更具现代性①。但在现代社会的经济环境和交易环境背景下，无论涉及艰难情事、合同基础还是当事人的共同意思，最为适当的标准还是义务的重大变更②。当义务变更到显失公平的程度之时，才有可能适用情事变更原则予以救济。关于显失公平的衡量标准，将在后面的章节中予以论述。

（三）情事变更与显失公平的联系

从上述情事变更的概念和使用条件的阐述分析中可见，情事变更与显失公平的交叉联系是比较密切的，但两者依旧是两种不同的法律制度，虽然情事变更的结果最终能导致显失公平，但两者构成要件上差异很大。

两者之间的区别主要体现在以下几个方面：

1. 双方当事人对于结果发生的主观态度不一样。在情事变更，是由于双方没有预料到的不可抗力等原因导致的变更，结果的发生不可归责于任何一方；而在显失公平，则是有一方利用自身优势、对方无经验等主动促成了结果的发生。换言之，显失公平的认定通常需要对交易过程中当事人是否存在缺陷进行考量，即一方当事人在其中是否利用了对方的缺陷，如缺乏经验、不了解行情或者轻率。而适用情事变更的前提是双方当事人均无过错，且该情事变更不可归责于双方。

2. 适用的阶段不同。情事变更原则通常适用于合同成立之后，履行完毕前的这段时间。即是在履行合同阶段，由于客观事实发生变化导致继续履行合同将引起权利义务的严重失衡；而显失公平合同是从合同订立当时的市场环境、交易习惯等来判定。通常在订立合同之时，一方当事人就能够明显地认识到或者意识到合同的签订可能会出现显失公平的结果，但是其却希望发生这种结果，甚至通过言语或行为诱导这种结果发生。因而，合同成立后因客观事实发生改变而使合同继续履行会导致不公平结果发生不适用于显失公平制度。

3. 情事变更和显失公平合同的法律效果不同。对于前者，不利益方

---

① ［英］施米托夫：《国际贸易法文选》，赵秀文等译，中国大百科全书出版社1993年版，第307页。

② 同上书，第318页。

可以请求变更或解除合同。由于双方当事人均无过错，因而即使合同不再继续履行，也不用承担违约责任。而对于显失公平，法律规定可以请求变更或撤销合同，其最终的后果是按照各自的过错程度承担责任。因此，不同的法律救济方式导致了两者适用的法律效果不同。

第三章

显失公平制度的历史考察

第一节 罗马法中的"非常损失规则"

显失公平制度的历史并不能追溯至古罗马法。众所周知，古罗马法在合同形式上采取严格形式主义原则，即只要求当事人的意思表示真实自愿，就不会追问双方的实体权利义务公平与否。双方在订约过程中只要不存在欺诈、胁迫等非法情形，那么合同一经订立，就进入"法锁"状态，必须严格履行合同。但随着社会的发展，在罗马后期的立法中，出现了对价金条款进行干预的一些条款，这种立法被学者称为即"非常损失规则(the doctrine of laesio enormis)"，这一规则的确立被视为"显失公平"制度的萌芽。

"非常损失规则"的产生与发展

据学者考证，罗马法[①]的"非常损失规则"最早来源于戴克里先帝（284—305年在位）发布的两个针对个案的敕令[②]。后来优士丁尼承将该规

[①] 本部分所谓罗马法，是以优士丁尼《国法大全》为标本进行讨论的。下文的标题，依现代罗马法研究的通用规范，D表示《学说汇纂》、I表示《法学阶梯》、C表示《优士丁尼法典》，以下数字依次代表编、章、片段、头段。

[②] C.4, 44, 2 戴克里先帝及马克西米帝致大区长官奥莱里奥·卢保："如果你或你的父亲以较低的价格出售一件价值较高的物品，下列作法是合乎情理的，要么你把钱退还给买方，并在审判员的主持下收回售出的土地，要么在买方同意的情况下，支付你按实际价值（iusta pretium）计算少收的部分。这里所说的支付少收的、应由买方补足的部分，是指所付款项尚不足应付款项一半的情况。" C.4, 44, 8 戴克里先帝及马克西米帝致奥莱利娅·艾瓦蒂："如果按照你的愿

则收入《敕令汇编》作为实际有效的法律,自此该规则被认为是显失公平制度的起源。在戴克里先帝之前,"古典时期一般不允许以非常损失为由撤销契约,这是由于契约领域采取形式主义,而奉行个人主义、自由主义的古典罗马法是以低价买进、高价卖出这一经济活动的基础为利益取向的,这一行为并不被认为违反诚实信用原则"。① 换言之,即国家只保证合同签订过程的公正,在程序公正的前提下,达成的结果自然被推定为公正的。在合同订立过程无明显瑕疵的情况下,即使交易价格与市场价格相去甚远,罗马法私权观念也绝对不许干预合同订立结果。在 C.4,44,8 敕令中,其前半段仍然在强调:要宣告买卖无效,就必须证明"欺诈"、"威胁"、"肉刑"这些足以导致意思表示瑕疵的事实;仅仅根据价金低于实际价值这一点不足以宣告买卖契约无效;讨价还价的缔约过程足以保障价金符合双方利益;最后得出结论,没有任何正当的理由对一个立刻达成合意或者经过双方合力商讨即将达成合意的买卖合同宣告无效。而后,戴克里先帝语锋陡然一转,在这一敕令的最后一句说,"除非双方协商的价金尚不足订立契约时被出售标的物品实际价值的一半,而购买方又不愿意支付差价",在上文刚刚明确了"没有任何理由"可以宣告一项经公正程序缔结的买卖契约无效之后,立即抛出一种相反情况,中间未予任何过渡,也未加任何解释,颇令人费解,以至于后世的法历史学家颇有人怀疑这一敕令经过篡改,最后一句的作者实为优士丁尼。② 尽管目前还无法确认该敕令是否有篡改,但"非常损失规则"的产生可以从当时的社会经济背景中寻求解释。

望,在你的儿子出售了你的土地后,你想宣告买卖无效,那么就必须证明买方使用诡计和阴谋进行了欺诈,或是揭露买方曾经以残废向威胁,或曾经使用了肉刑。因为,仅仅根据低于实际价值售出了土地这一点,并不足以宣告买卖契约的无效。要是你设想一下买卖契约缔结的过程就不难发现:买方总是想以较低的价格买进,而卖方又总是想以较高的价格卖出。但在多次讨价、还价之后,双方终于接受了这一契约:卖方适当地降低了要价,买方也相应地提高了买价,并在某一价格上达成了一致。无疑,你会懂得,不仅是买卖契约所依据的善意不允许,而且也没有任何理由宣告一项无论是立即达成合意还是在经过一番讨价还价之后确定了价格并达成了合意的买卖契约无效。除非商定的价格尚不足订约时被出售物品实际价值的一半,而买方又不愿支付差价。"

① Ourliac et Malafosse, Supra Note 5. No. 113. 转引自〔日〕大村敦志《公序良俗と契约正义》,有斐阁 1995 年版,第 66—67 页。

② 对于"肯定篡改"和"否定篡改"的观点一直未有定论。参见〔日〕大村敦志《公序良俗と契约正义》,有斐阁 1995 年版,第 67 页。

戴克里先帝即位时，庞大的罗马帝国已经开始走向衰败。由于外族入侵和相应的频繁军事活动，财政负担沉重，同时与东方贸易的商路又被波斯人切断，种种困境使罗马帝国的国际贸易量迅速缩减，加上国内经济凋敝，土地被大量抛荒，国家税源严重不足，整个经济陷入深刻的危机。国家大量加派赋税，但由于税款征收不到，国库依旧一贫如洗。国家不得不靠大量发行货币来过日子，造成了恶性通货膨胀。[①] "物价不断上涨，货币之贬值到了史无前例的程度，古代的税收制度已经紊乱而又没有任何新制度，造成国库空虚。因此，在这个破落的帝国中，到处充满着可怕的混乱。"[②] 为救时弊，戴克里先帝采取一系列手段干预经济，"戴克里先以简单化的理性主义为根据，试图通过国家的戏剧性干预来补救因物价不断上涨而产生的可怕形势，他发布了《关于被卖物价格的告示》（edictum de pretis rerum venalium），为商品规定了一般的官价，这种官价是固定的；如果违反为商品和劳务规定的官价标准，将受到严厉的制裁"。[③] 前述公元293年的敕令就是一系列限价措施的一部分，只不过它是以限制最低价为目的的。

戴克里先是罗马帝政专权时期的第一位皇帝，他既保留着罗马盛世时的自由商品经济思想，而与此同时，为了阻止和应对帝国所面临的"可怕的混乱"，又不得背弃自由主义原则，亲手制定限制商品自由流通的"限价法令"。这种理想与现实的冲突、认识与行动的差距，也不难理解 C.4, 44, 8 这条矛盾的敕令的出台。

以上两条敕令被优士丁尼收入《优士丁尼法典》，以这两条敕令为核心，形成了后期罗马法中的"非常损失规则"。后期罗马法买卖契约的价金要件中，就有了适当性的要求。[④] 不过，在罗马法上，"非常损失规则"的适用范围被严格限制在土地买卖契约中，并且只赋予了土地买卖契约的

---

① [俄] 狄雅可夫、科瓦略夫：《古代世界史》（古代罗马部分），吉林师范大学历史系世界古代史教研室，祝璜、文运译，高等教育出版社1959年版，第301页。

② [美] 罗斯托采夫：《罗马帝国社会经济史》（下册），马雍、厉以宁译，商务印书馆1985年版，第688页。

③ [意] 朱塞佩·格罗索：《罗马法史》，黄风译，中国政法大学出版社1994年版，第390页。

④ 周枏：《罗马法原论》，商务印书馆1996年版，第694页。

卖方以诉权。①

在东西罗马帝国分裂之后，东罗马帝国的法学理论和立法受希腊哲学和亚里士多德的学术思想的深刻影响。其正义体系中的"交换正义"思想成为"非常损失规则"的一个理论支持点。依据亚里士多德的观点，正义是分配性或者交换性的。分配正义遵循几何比例，全体公民依据各自功绩按比例获得。但是矫正正义和交换正义却是遵循算术比例的。一个人太多而另一个人太少。他在非自愿交易中享有的太多利益是因为他占有了属于别人的东西，在自愿交易中则是交换了价值不等的东西。这种交换就是一方当事人用一定数量的物品来交换对方当事人等量的物品，从而使正义得以实现。

第二节 中世纪法中的"公平价格理论"与"禁止高利贷"

一 公平价格理论

公平价格理论的产生与发展

公元313年，基督教被定为罗马帝国国教。在教会法中，契约是发展人民之间的友爱关系、增进有益于众人的财货交易的工具。在12世纪商业复兴之前，神学者与教会法学者均对商业采取敌视态度，较为现实者则认为虽然商业本身值得肯定，但对其产生的不正当利益、金钱欲、高额利润应予以统制。

在古希腊哲学和基督教精神的双重滋养下，神学者、教会法学者在"非常损失规则"的基础上发展出了"公平价格"理论，"物品的价格，不是来自个人的意愿或效用，而是来自一般人的意愿或效用"②。阿库修斯解释说，公平价格不是两三个人愿意支付的价格，而是可以向一般人出

---

① 周枏先生认为，优帝一世基于人道主义将非常损失规则扩大适用于所有的买卖。参见周枏《罗马法原论》，商务印书馆1996年版，第694页。但周先生并未注明材料出处。而罗马法上对该规则的适用范围采取严格限制态度是多数学者的观点，参见［英］巴里·尼古拉斯《罗马法概论》，黄风译，法律出版社2000年版，第185页；［日］大村敦志《公序良俗と契約正义》，有斐阁1995年版，第67—69页；徐炳《买卖法》，经济日报出版社1991年版，第198页。

② "Pretia retum non es affect nec utilitate singulorum sed communiter funguntur"．（D. 35. 2. 63. Similarly, D. 9. 2. 23.）

售的价格。① 既然公平价格是一般价格，那么公平价格就可能今天与明天不同，此地与彼地不同。② 阿库修斯还认为，一个以低于一般购买价格的价格出售物品的人无权请求救济，因为"事情可能是……当这一物品向他出售时，比他现在出售时更值钱"③。这种观念渊源于亚里士多德及将前者思想进一步明确化的托马斯·阿奎那。阿奎那认为，公平价格是根据共通的评价（communis aestimatio）决定的。进而，在偏离公平价格一定幅度内设立"最高公平价格"（summum justum pretium）与"最低公平价格"（jnfimum justum pretium），卖主在最高公平价格以上卖出、买主在最低公平价格以下买进均不允许。衡平的要求不应当仅限于买卖契约，在公平贷款和利息禁止中也得主张公平价格。

于是，原本只在后期罗马法的部分领域中得到承认的非常损失规则，在深受教会法理论影响的中世纪罗马法学中得到了很大发展。《优士丁尼法典》中，该规则仅对不动产卖主适用。经过注释法学派和后注释法学派的努力，非常损失规则的适用范围得到了相当广泛的扩展。注释法学家将货物的公平价格等同于它的市场价格。根据罗马法的文本"物品的价格，不是来自于个人的意愿或效用，而是来自于一般人的意愿或效用"④。阿库修斯解释说，公平价格不是两三个人愿意支付的价格，而是可以向一般人出售的价格⑤。既然公平价格是一般价格，那么公平价格就可能今天与明天不同，一个地方与另一个地方不同。如阿库修斯说："由于地方的不同，货物的价格也就存在差异。"⑥ 公元8世纪，巴托鲁斯（中世纪著名的法学家）又扩充了非常损失的概念，教会法以公平价格理论为基础，从反对暴利行为和维护公平交易的角度进一步普及了非常损失规则。

亚里士多德在其出版的两本著作《伦理学》和《形而上学》中，将

---

① Accursius, Gloss to C. 4. 44. 2. to autoritate iudicis; to D. 35. 2. 63. to fungunturl to C. 4. 44. 6 to non est.

② Accursius, Gloss to D. 13. 4. 3 ［vulgate 13. 4. 4］ to varia.

③ Accursius, Gloss to C. 4. 44. 4 to autoritate inducis.

④ "Pretia rerum non ex affect nec utilitate singulorum sed communiter funguntur". (D. 35. 2. 63. Similarly, D. 9. 2. 23)

⑤ Accursius, Gloss to C. 4. 44. 2 to autoritate iudicis; to D. 35. 2. 63 to funguntur; to C. 4. 44. 6 to non est.

⑥ Accursius, Gloss to D. 13. 4. 3 ［vulgate 13. 4. 4］ to viria.

平等原则提升为狭义上的正义的核心问题，主张将公平归结为两个有关同等对待的问题，一个是如何公正地进行平衡，另一个是如何适当地分配利益和负担。平衡正义涉及在法律交往过程中对有关利益进行公正地平衡的问题，例如在买卖、贷款或租赁当中利益的平衡。平衡原则以数学上的相等为基础，换言之，任何一方都不应受有利益或损失。这一标准不以"个人的地位"为转移，例如一升油的价格对于百万富翁和穷人都应当是一样的。实现平衡正义的工具是货币，它作为价值尺度可以对各种事物进行度量。由此，各种用于交换的利益的价值就可以得到平衡。而分配正义则不能按照数学上的平等概念加以分配，即不是对每个人给予相等或相同的东西，而是给予适合或属于他/她的东西。正如柏拉图（Gesetze）所说，这一平等原则赋予重要者以更多的东西，赋予较不重要者以更少的东西，使每个人都得到与其性质相适应的东西。并且负担也是根据每个人的状态，即其"地位"加以分配的。例如富有的人应当比穷人缴纳更多的赋税，老态龙钟的人不应当和年轻人负担同样的兵役义务。换言之，这一原则要求对相同者做相同对待，对不同者做不同对待。托马斯·阿奎那吸收了亚里士多德区分两种正义的思想，并把他们分别归入个人和共同体，如同部分和整体之间的两个不同方向的关系之下。个人之间的关系，也即一个整体的某一部分与另一部分的关系，由交往正义（justitia commutativa）来调整；而整体与其组成部分之间的关系则是由分配正义（justitia distributiva）来调整。此外，有关公正分配的问题不仅发生在国家和其公民之间，而是也出现在较小的共同体当中，比如一个家庭及其成员之间的关系。由于托马斯·阿奎那还将亚里士多德的哲学思想系统地应用于基督教神学之后，后注释法学家们（以14世纪意大利法学家巴尔托鲁和巴尔都斯为代表）才能够进一步构筑出可以称之为"契约"的一般理论的学说，而不仅仅是对罗马契约法进行综合。可以说，14世纪的后注释法学家们所发展出来的契约理论，不仅仅是以通过亚里士多德的概念、范畴以及定义而审视的12世纪和13世纪罗马法学家的法律科学为基础，而且也是建立在12世纪和13世纪教会法学家的法律科学及法律体系的基础之上的。

根据亚里士多德和托马斯·阿奎那的看法，交换正义的行为要求对等，后期经院哲学家们将其与罗马法进行了整合。注释法学家们通过揭示罗马法为极不公平的交易提供了救济。意大利法学家巴尔都斯曾认为这一救济建立在"自然公平"的基础之上。后期经院哲学家对于罗马法给予救济的原因解释为交换正义的要求。契约法上的"公平价格"意味着契约要"合理"和"平等",即当事人双方受益和损失的均衡。该术语本身,即 pretium isutum,是取自《学说汇纂》中的一节,该节规定如果一项地产(fundus)的卖方只收到他可以向买方索取的"公平价格"不足一半的价款,那么他可以保留对免于履行契约义务的方法的选择(假定或者通过付清余款,或者通过解除契约)。① 这项规则(该规则表面上看是对没有得到价款的卖主的救济)第一次在西欧重新出现是在12世纪早期的一本罗马法教科书《罗马法纲要》(Brachylogus)中,该书中,它被有代表性地扩大使用于各种买卖契约。② 同一原则被教会法学家广泛使用。③ 通过详细阐述,公平价格学说就被发展成为一种检验任何契约有效与否的首要原则。

于是,确定什么是"公平价格"成为问题的关键。无论是罗马法学家还是教会法学家都认为,"公平价格"是普遍估价,也就是市场价格。④ 公平价格并不被认为是一种固定的价格,它要根据时间和地方的差异而有所变化。如果是土地买卖,就可能难于确定一种市场价格,这时,公平价格可能通过考察土地收益而确定,也可能通过比较临近土地出售价格而确定,如果这些方法都失败了,还可以通过询问对地方价格极为熟悉的人们的意见而确定。

二 禁止高利贷

除了公平价格之外,教会法学家们还关心契约一方当事人所得到的超

---

① Just., C. 4. 44. 8. 拉丁文全文及英文全译和对它的分析,载 Kenneth S. Cahn, "The Roman and Frankish Roots of the Just Price of Medieval Canon Law", *Studies in Medieval and Renaissance History*, 6 (1969), 1。

② Eduardus Bocking, ed., *Corpus Legum sive Brachylogus Iuris Civilis* (Berlin, 1829), pp. 98-99, quated in Cahn, "Roman and Frankish Roots", p. 18, n. 15.

③ 教皇亚历山大三世(1159—1181)的一项教令涉及一起博韦教士会成员将一片森林卖给 Chaalis 修道院的案件,阿拉斯(Arras)地方主教官宣布买主所付价款低于正当价格的一半,但教皇教令规定买主无须(如主教所判决的那样)索回价款并返还财产,而是提供了一种可选择的方式,即付清正当价格的差额部分。Gregory IX, *Decretals* 3. 17. 3, cited by Cahn, "Roman and Frankish Roots". p. 25, n. 40。

④ J. R. Gordley, "Equality in Exchange", *California Law Review*, 69 (1981), p. 1640.

额利润问题。12 世纪的教会法并不谴责获取利润本身，在许多情况下，以低价买进、再以高价卖出被认为是正当的。如果当事人买入一项财产之后价值上涨，他以涨后的价格卖出并没有什么问题。如果一个手工艺人通过他的手艺而提高了一件物品的价值，他就有权以高于购买该物品时的价格出卖。不过即使没有提高其价值，例如一个商人以重新卖出获利为目的而购买商品，只要动机不是贪婪财富，而是维持他本人和靠他抚养者的生计，教会法学家也认为这种利润是正当的。[①] 教会法所谴责的是追逐"无耻的"利润（turpe lucrum）即所谓的"不义之财"，后者被认为是贪得无厌的商业手法。确定这种行为也需要部分地根据它们是否背离正常的商业惯例。

与"公平价格理论"并行的还有教会法的另一项原则，即"禁止高利贷原则"。《旧约全书》与《新约全书》都明确了高利贷的不正当性，从早期开始，教会一直进行谴责。[②] 不过，高利贷的概念却从来没有清楚的界定，总处在变化之中。有时候不论其目的或形式，似乎任何从放贷中取利的行为都是高利贷。在农业社会里，土地耕种者必须度过收获和出售农产品之前的饥饿时期，所以专门为得到利息而存在的放贷者应运而生，这些放贷行为既为人所需要，又遭人憎恶。到了 9 世纪、10 世纪及 11 世纪早期，即商业大复兴之前的西欧，当借贷行为几乎全都是为了消费而非生产与投资的时候，教会宣布了许多禁止高利贷的禁令。但是，到了 11 世纪晚期和 12 世纪早期，经济形势发生了翻天覆地的变化。这时候，人们为了正当地进行大规模的经济活动筹措资金需要借贷，教会本身的大规模军事行动也需要筹措资金。与此同时，正如约翰·诺南指出的那样："许多教会和修道院接受了大量捐款，因而持续承受着为它们的资金寻找适当的投资机会的压力。事实上，修道院乃是那些参加十字军的贵族们的主要借贷人。教会以及慈善机构的年金收益规模巨大……教廷本身便经常有数额巨大的限制款项存在银行中。"[③]

正是在这种情形下，教会法学家们第一次对高利贷法律进行系统化。

[①] John T. Gilchrist, *The Church and Economic Activity in the Middle Ages* (New York, 1969), p. 274.

[②] John Noonan, Jr., *The Scholastic Analysis of Usury* (Cambridge, Mass., 1957), p. 11.

[③] 同上书，第 506 页。

他们先是对"高利贷罪孽"的概念进行了确定。格拉提安对它的定义是"任何要求超过本金之外的金钱的借贷",并指出如同盗窃犯一样,高利贷者也必须归还他所索取的超过借款之外的金钱。[①] 但是与此同时,数量众多的各种筹款机构和信贷设置却被宣布为不属于高利贷。如果利息是作为对因借款而导致债权人损失的赔偿,也是可以收取的。此外,如果借款人未能按照协议规定时间偿还借款,便要付出违约金,当事人之间订立的这样的协议也是有效的。到了13世纪后半期,最终确立了这样的规则,即如果借贷的结果使贷款人遭受了损失或失去了假如不借贷他便可以获得的利益,那么赊销交易便可以要求比现金交易更高的价格。至此,教会法学家第一次援用了罗马法上的"利息"(interesse)一词来表示贷款人可以索要的合法收益,以区别于高利贷罪孽。

教会法中对利息的禁止是否也适用于犹太人,这在中世纪存在争议。至少可以肯定的是,城市的当局与领主允许犹太人收取20%—40%的年利率(P. a[②])。金钱借贷的工作是犹太人唯一的生存机会,原因在于他们几乎被禁止从事手工业与农业。而犹太人必须将其利息收入的一大部分以及高额税收的形式交给基督教的城市当局与领主。

中世纪对于利息额度的记录极其不同:在意大利的城市,自12世纪以来年利息约为10%—20%。北法国地区特定的汇兑业务,可以收取60%的迟延利息。德国的利息约为5%—7%。但也有记载显示在德国收取30%—50%,甚或是80%的利息。

利息的高低取决于多个因素。下列所述的情况必须支付很高的利息:较低的额度、短期借贷、少量担保品或者债务人社会地位较低。对于额度较大、长期性的或者以土地所有权或者其他方式提供良好担保的借贷,以及对于城市或领主或其他贵族的借贷,通常利息非常之低。

16世纪时,多位著名的法学家曾对禁止收取利息加以评判。此外,国家也希望借此来促进经济,因此取消一般性的利息禁止的禁令。取而代之的是对于利息上限的设定。

[①] Decretum, C. 14. q. 4 and 46, cc. 9 and 10.

[②] P. a 为拉丁文 Per Annum 的缩写,意思为每年。

第三节　近代法中显失公平制度的变迁

一　18 世纪以来大陆法系中显失公平制度的雏形

18 世纪以来，商人逐步摆脱最高利率之限制，他们彼此间可以任意的条件相互借贷。此外，立法的波动很大。例如，1789 年法国大革命中利息的禁令被取消了，并且确立了利率的界限，之后利率的界限又被废止，然后又再度得以实施。拿破仑在 1804 年的《法国民法典》中允许合同利率超过法定利率。但他在 1807 年再度将最高利率确定在 5%。

中世纪教会法对罗马法学中"非常损失规则"的广泛适用开始，近代以来的法国法、德国法在这一制度上开始了各自独立的发展历程。[①]

大陆法系的民法体系中，显失公平制度作为合同自由与社会平衡冲突的产物，存在于民法诸多环节中，但在各个大陆法系国家中的称谓都不一样，没有加以统一。在法国民法中称为"合同损害制度"，德国民法称为"暴利行为"或"背俗行为"。我国大陆地区的民法也一直尝试从各个角度规范造成显失公平的行为，用法律规定将形成不公平条款的前提条件作为界定的依据，并对这些前提进行规制。

（一）法国民法中的"合同损害制度"

法国在起草拿破仑法典时，对于是否承袭古罗马法的公平价格理论发生了激烈的争论。持否定观点的学者们认为，物价本身并无真实价值可言，唯有通过买卖双方当事人的讨价还价才能显示出来，所以反对采纳公平价格理论。而另一部分持肯定观点的学者们则认为，只要是市场上的商品，就应当有市场价格，大多数物品都应当可以依据当时的市场价格确定其价值，如果当事人之间签订的合同价格过分低于或高于该价值，法律上应当赋予当事人以提请撤销的权利。争论的双方互不相让，难以达成一致，最后只好提交给拿破仑来定夺，拿破仑一锤定音，最终同意在《法国民法典》中采纳公平价格理论，不过该公平价格仅适用于不动产买卖的范围[②]。由于在起草法国民法典的时代是盛行契约自由理念的时期，《法国

[①] ［日］大村敦志：《公序良俗と契约正义》，有斐阁 1995 年版，第 69 页。

[②] 《法国民法典》第 1674 条："如出卖方因低价所受损失超过不动产价金十二分之七时，有权请求取消买卖。"

民法典》又是人类历史上第一次将契约自由当作法律原则加以规定的一部法典，因此"合同损害"这种看似限制合同自由主义理念的制度之适用只能限定在极其狭窄的范围之内。《法国民法典》第1118条规定，合同损害一般情况不是合同无效的原因；合同损害仅对"不动产的出售或分割"合同或者未成年人可构成合同无效的原因（《法国民法典》第1305条：未解除侵权的未成年人因订立契约单方面受损害者，有权为其利益而取消其所订立的一切种类的契约）。对于认定是否构成合同损害的标准，则是看当事人支付的价金是否比应得的价格数量少四分之一以上（《法国民法典》第887条）；不动产的买卖合同则是看出卖人是否因低价所售损失超过不动产应得价金的十二分之七（《法国民法典》第1647条）[1]。

从上述介绍可以概括出《法国民法典》中的"合同损害"（Lalésion）的含义，是指订立合同的双方当事人在合同的利益分配上严重失衡，其中一方遭受严重损失。从该含义的表述上可见，法国民法中的"合同损害"与"显失公平"的含义和内容基本上是一样的。举例来说，在土地出让合同中，如果土地出售价格太低，出卖方就遭受了合同损害；反之，如果土地出售的价格太高，买方就遭受了合同损害。尹田教授研究了《法国民法典》的合同损害制度后得出结论：合同损害制度既适用于双务合同，又适用于有偿的单务合同[2]。举例而言，在房屋租赁合同中，如果租金价格规定过高，则承租方便遭到合同损害。也有学者认为合同损害是因当事人之间对待给付价值上的不平等而为一方所造成的损失，故合同损害仅存在于双务合同中。[3] 从立法安排上看，法国民法将合同损害制度放在其他意思表示瑕疵类别如误解、欺诈及胁迫等条文之后，可以推导出，合同损害也是当事人意思表示瑕疵的一个原因，因而，很多法国学者在研究中习惯性地把合同损害制度纳入"同意的完整性"。[4] 但是也有部分学者认为，合同损害反映的主要是合同关系中对待给付的不平衡，故将其列入"标的价值"问题中加以研究。[5]

---

[1] 尹田：《法国现代合同法》，法律出版社2009年版，第125页。

[2] 同上书，第122页。

[3] Carbonnier, Les obligations, p. 156.

[4] Carbonnier, Les obligations, p. 102.

[5] Flour et Aubert, Les obligations, p. 189.

《法国民法典》刚颁布时期，合同利益的不均衡基本只出现在私人交易之间，随着工业和商业的高度发展，很多实力强大的大型公司及集团之间也出现了不均衡。若双方当事人经济实力非常悬殊，谈判地位极端不对等，导致双方协商的不可能性体现得尤为明显，最终导致合同双方当事人的利益失去平衡。因此进入20世纪以后，法国法中"合同损害原则"对于涉及适用合同当事人的范围，因合同损害而变更或撤销的合同范围进一步作了明确规定，这些补充规定使"合同损害原则"不断完善。

值得一提的是，法国对消费者的保护格外重视。从19世纪70年代初开始，法国相继公布各种保护消费者的立法，对造成显失公平合同条款的可能性予以限制，以消除消费者与商品经营者之间的各种不平衡。

(二) 德国民法中的"暴利行为"制度

《德国民法典》制定于1896年，19世纪末20世纪初，正值资本主义由完全自由竞争阶段向垄断竞争的过渡时期。合同自由主义的弊端在垄断竞争环境下体现得愈加明显。由于垄断企业与普通消费者之间，或者垄断企业与小企业之间市场地位的极端不对等，完全的意思自由导致的结果是弱势的个人或小企业的利益不可避免地受到损害，因此德国民法从保护社会公平的角度加强了对合同自由原则的限制，从而将显失公平制度正式纳入制定法中，成为一项独立制度。

德国法中的显失公平制度通常称为"暴利行为"规则。《德国民法典》将"暴利行为"规则作为违反善良风俗的特殊情形之一作出了规定。这一规定显然区别于法国法将显失公平作为意思表示瑕疵原因之一的立法精神，德国民法中将暴利行为归入了法律行为内容（标的）不妥的范围，并且德国民法中的显失公平规则普遍适用于存在给付与对待给付关系的双务合同，而不似法国民法典中的合同损害制度仅适用于特定的当事人和特定的合同中。在《德国民法典》第138条第2款中，也对暴利行为的构成要件和法律效果作出了规定："当事人利用对方当事人处于急迫情事、缺乏经验、欠缺判断力或行政管理的意志薄弱，以法律行为使该相对人就某一项给付，向自己或第三人约定或给予该项给付明显地不对等的财产利益的，该法律行为无效。"

根据德国民法的相关规定，如果仅是结果显失公平的合同并非当然无效，因为在德国法中，结果显失公平的合同并非无效的法律行为，因为如果仅是给付内容显失公平的法律行为本身并不一定违反善良风俗，因此，除了具备结果显失公平外,还需具备下列要素:(1)客观上,对方必须处于窘境。例如没有经验或处于缺乏判断力的意志薄弱状态;(2)主观上,一方必须是有意识地利用了他人的急迫情事、轻率或缺乏经验。由上述分析可以得出结论,德国民法中要适用显失公平规则的前提必须是两个条件同时满足,即须将客观结果的显失公平与当事人主观上利用了相对方的急迫情事、轻率、无经验等相结合,才可能以显失公平规则来认定合同无效,这一标准相对明确,可以限制显失公平规则的适度适用。

(三)中国台湾地区"暴利行为"

我国台湾地区的"民法"继承了德国民法的立法传统,在条文中明确定义了显失公平法律行为。在"民法"第74条第1款规定:"法律行为,系乘他人之急迫,轻率或无经验,使其为财产上之给付或为给付之约定,依当时情形,显失公平者,法院得因利害关系人之声请,撤销其法律行为,或减轻其给付。"该条文虽然没有像德国民法第138条第2款规定那样,明确规定双方给付的失衡关系,而且文字极为精简,但其解释上仍然仅限于有给付交换行为这一点,并无争议。换句话说,在双方对待给付之间必须明显地有失均衡和公平,所以不存在对待给付关系的,例如无偿法律行为就不应当归入暴利行为的范畴。

通常而言,对于从事合同法律行为的当事人只有主观地认为,他所收到的比他付出的更有价值,或至少双方的给付具有同等价值时,才会缔结合同。原则上,法律只要求此种主观的均衡。至于客观的价值关系,在受到特别重大侵犯时,才例外地事后给当事人维护合同均衡的机会。其相互给付关系在客观上的不均衡,应当依据客观标准,斟酌总体情况予以判定。

二 18世纪以来英美法系中的显失公平制度

传统英美法系强调合同的解释,若地位平等的交易双方出现了不公平的合同结果,那么该合同的条款仍然有效。在司法实践中,结合诚实信用原则,只要程序不存在问题,即双方交易地位相当,且都经过完全自愿的、有意义的选择,意思表示完整,合同结果公平与否就不那么重要了。

(一)英国法中的显失公平制度

早期的英国法明显倾向于保护合同自由。法官们在判例中不愿意让合同自由这一至高无上的原则受到显失公平规则的触动和挑战。传统英国法院的观点是，只要订立合同的双方当事人交易地位相当，他们就有权按照各自的意思自治签订合同。所以，即使合同条文中约定一方同意另一方违约也只负担极小的责任甚至不负任何责任，只要合同明确的条款允许，无论违约都多严重，法院都认可该明示条款的效力，不问结果是否显失公平。可见合同自由理论在英国法中的深刻影响。

尽管英国法中缺乏允许解脱合同中明显不利一方的一般原则，但英国法中也存在一些零散的规则，在特定的前提条件下保护弱小一方当事人。因此，合同一方如果在达成不利交易时处于特别困难境况下，有时可以"经济胁迫"为由寻求保护。而且根据某些日期可以追溯到18世纪的古老判决，一方在其由于缺乏经验或困惑而以微不足道的金钱放弃其财产或据"狮子条款"[①] 而将其抵押的情况下，允许其撤回其处分行为。典型案例是：一个家世良好但没有收入的公子哥，为了偿付其生活费用或赌债，以微不足道的价格出卖其继承权。类似这种可认定为合同无效的案例，在现代也存在。例如在格雷斯维尔诉波特案中（Gresswell v. Potter）：一个幼稚的接线员在其婚姻即将破裂时，为了她丈夫允诺不让其再负担抵押责任而放弃她在共同财产中的份额。

二十世纪70年代后，英国法院才开始承认交易地位是影响合同内容和条款实质性公平的先决条件。当遇到合同的违约诉讼之时，如果法院经过对双方当事人缔约情况的衡量，认为对一方当事人有明显的不公平时，则可以根据公平原则反驳另一方当事人的诉求。

（二）美国法中的"显失公平规则"

美国作为英美判例法系的代表国家之一，法院的判例传统与英国类似，长期以合同自由原则为根本原则，即通常认定人们自由缔结的合同具有强制约束力。直到近代以来，美国的法院在考量维护合同自由和维护实质公平之间的轻重缓急之后，才列举了一部分合同自由原则的例外规定，即因错误（Mistake）、胁迫（Duress）、欺诈（Frauds）、公共政策（Public Policy）等行为而导致的合同瑕疵的规范。除了判例中列举的这些原因之外，即使法院知晓或者当事人提出因为其他原因导致的合同条款不合理或不公正的，当事人也无法得到法律救济，可见此时的显失公平规则依旧受到合同自由原则的压制。

---

① 狮子条款：是结合同一方当事人可被免除合同义务的条款。

直到 19 世纪末,美国法院的这种严格执行合同自由原则的做法,已经无法适应现代工业社会的现实需求,从而受到了公众的严厉批评。垄断资本主义经济的残酷现实已经将合同平等观念这种合同自由原则的基础变成了仅存在于抽象理论范畴中的概念。正如学者所说:"与那些为了换取不足以维持生计的报酬而出卖血汗的人谈合同自由,完全是一种尖刻的讽刺。"①

众所周知,1870 年美国最高法院在对 Scott v. United States 案②作出的判决被认为意味着美国法院固守合同自由的立场开始有所松动。Scott v. United States 这个案例是一个有承运合同的纠纷。甲方是美国军队,乙方是车马出租商,合同内容是运载通过小石城和斯密斯堡间的所有军队物品。诉讼产生的原因是,运送美国军队货物的船在从出发地圣路易斯到目的地史密斯堡之间路经小石城,但没有上下客货。车马出租商根据合同要求军队支付运费,被最高法院驳回诉讼请求,理由为"对于双方当事人存在相似错误理解的合同,衡平法将拒绝执行"。法院尽管对该案中的合同作出了因错误不被强制执行的判决,但学者在该案的"附带意见"(Dictum)的陈述中发现了显失公平制度的萌芽。法院认为:"如果一个合同条款是不合理和显失公平的,但又无法作出因诈欺而无效的判决,普通法院对于诉请损害赔偿的一方,不能根据合同文本进行补救,而只能给予公平的补救。"但在这一判决中,美国最高法院仅稍微提及了下显失公平,此时显失公平的法律概念并不明确。

从 1920 年往后的 30 年中,美国法院判例开始干预显失公平的合同,并且涉及的案例逐渐增多,这种干预多是通过对合同表述作相反的解释,或者是通过把有关合同条款认定为与合同的目的或公共政策相悖,又或者是通过调整要约和承诺的规则等途径来实现,即卢埃林教授所谓的"遮蔽工具"。

美国《统一商法典》第 2—302 条的规定正式创制了英美法现代意义上的显失公平制度。该条文的出台意味着英美法系国家也首次将显失公平规则明确规定为一项独立的合同法原则。

---

① 伯纳德·施瓦茨:《美国法律史》,王军等译,中国政法大学出版社 1990 年版,第 210 页。

② Scott v. United States, 79 U.S. (12Wall.) 443, 445, 20L. Ed. 438 (1870).

美国《统一商法典》中的这一著名的条文（第 2—302 条）规定了两款内容：第一款是，如果法院从法律上认定，合同或合同条款在订立之时是显失公平的，法院可以拒绝强制执行，或只执行没有显失公平的合同剩余部分，或者用此种方法限制适用显失公平的条款，以避免显失公平的结果；第二款是，如果法院认为或当事人主张合同或者合同中的某项条款是显失公平的，应赋予当事人出示有关合同订立的商业背景、目标与效力的证据的合理机会，以协助法院作出决定。

该条文旨在使法院能够明确控制其认为显失公平的合同或条款。过去这种控制是通过合同语言作相反的解释，巧妙地利用卢埃林教授所谓的"遮蔽工具"，即作出某项条款违反公共政策或者不符合合同主要目的的判决而实现的。该条文出台之后，意味着法院有权直接对合同或者合同的某项具体条款是否显失公平作出评判和法律结论。美国法院所依据判断之基本标准，通常是根据一般的商业情事或某个具体行业的商业要求，合同的条款是否明显偏向一方当事人，从而导致该合同在订立当时存在的客观情形显失公平。第二款清楚地表明，法院审理就这些问题出示的证据并无不正当，所遵循的原则是那种禁止强迫与防止不公平的意外的原则[①]，而不是要打乱因优越的谈判势力而造成的风险划分。

---

① Campell Soup Co. v. Wentz,《联邦法院判例汇编》第 2 辑，第 173 卷，第 80 页，第三巡回区上诉法院 1948 年。

第四章

两大法系显失公平制度的比较考察

第一节 英美法系的显失公平制度

一 英美法显失公平制度的演变

（一）衡平法上显失公平的先驱

显失公平制度在英国衡平法上基础颇深。根据传统的英美法中的合同自由理念，即便合同的条款内容对一方当事人极不公平，也不能当然地使已经订立的合同丧失通过法院强制执行的效力。普通法院在监督交易实质是否公平方面持消极态度，衡平法院则不然，尽管仅凭"对价不充分"的事实并不必然会得到衡平法院的救济。[①] 但当一个合同"不公正"（inequitable）或者"显失公平"（unconscionable）的程度达到了"令法院所持的道德信念受到震动"的程度，就必然不能衡平法上的强制执行力。

1948年，美国联邦第3巡回区上诉法院在审理坎普贝尔羹汤公司诉温兹案（Campbell Soup Co. v. Wentz）时遇到这样的情节：根据坎普贝尔公司和温兹兄弟订立的合同，坎普贝尔公司购买这一季在温兹兄弟农场中15英亩的土地上所种植的所有臣特尼胡萝卜（Chantenay carrots），价格是30美元每吨，约定1月交付。但由于天气条件的不利，臣特尼胡萝卜基本上

---

① 埃尔顿勋爵（Lord Eldon）阐述了传统观点："价款不充分并不会成为问题。……除非价款的不足达到了违反道德的程度，……否则这一事实本身并非拒绝判予强制实际履行的充分理由。" Cole v. Trecothick, 32 Eng. Rep. 592, 597（Ch. 1804）. 参见 Sanger v. YellowCab Co. 486 S. W. 2d477（Mo, 1972）（"合同自由包括了达成一个不合算的交易的自由"）。关于价款不足问题的比较法研究，参见 Dawson, Economic Duress and the Fair Exchange in French and German Law, 11 Tul. L. Rev. 345（1937）; Gordley, Equality in Exchange 69Cal. L. Rev. 1587（1981）。

绝收，这使这种胡萝卜的市场价格飙升到每吨 90 美元。温兹兄弟开始把胡萝卜卖给其他人。坎普贝尔公司诉请禁止这些出售行为并且要求强制实际履行。第 3 巡回上诉区法院审查了这份由坎普贝尔公司提供的印刷本合同中的条款，首先，认为它是由服务于买受人专业起草人所拟就。其次，合同中有一条很不公平的约定，即当发生了被认为是坎普贝尔公司无法控制的特定情形时，坎普贝尔公司可以不接受胡萝卜并无须负责，但是却禁止温兹兄弟在未获得坎普贝尔公司允许的情形下将胡萝卜卖给其他人。最后，该法院得出这样的结论，从整体案情出发，虽然合同中的这条约定与对方明显不利的成交价格没有必然联系，但是合同之中所有条款的构成的这种交易不公平简直让人无法容忍，因而法院从良知出发，对坎普贝尔公司的诉讼请求不予支持。该上诉法院在其判词中指出："当一方当事人提出如此苛刻的合同文本并顺利地得到另一方同意时，该当事人就不应向一位衡平法官来申请强制执行该合同的条款，因为衡平法上不执行显失公平的交易。这一原则已得到如此牢固的确立，以至在引用这一原则时不必再费笔墨。"[①]

虽然传统的衡平法不承认合同强制执行力的理由可以是合同内容的显失公平，但是衡平法法院并不会草率地做出此类判决。首先，仅有合同的不公平程度对于超出法官良知所能容忍的极限，法院才会作出拒绝承认强制执行力的判决；其次，如果仅仅是因为合同内容的不公平这一个理由，一般还不足以使法院根据依据衡平法来否定合同的强制执行力。埃尔登勋爵（英国）在 1804 年审理科尔斯诉特雷科西克案时说："价格的悬殊根本不是一个问题……除非价格的悬殊触动了法官的良知，否则，这种悬殊本身并不足以成为拒绝实际履行合同的理由。"不过值得一提的是，通常来说，一个交易所存在的问题不止于实体上的不公平。在典型情形下，还会伴有谈判能力的欠缺，但是尚未达到欠缺行为能力的程度；或者伴有对缔约过程的滥用，但是尚未构成虚假陈述、不当影响或者胁迫。著名衡平法

[①] 172 F. 2d 80, 83 - 84 (3d Cir. 1948). 根据坎普贝尔公司和温兹兄弟之间达成的协议，坎普贝尔公司受领了全部的胡萝卜，把每吨 30 美元的价格支付给温兹兄弟，又另外把相当于每吨 60 美元的金额交给法院，以根据诉讼的结果决定是否支付。由于法院的判决，温兹兄弟实际得到了每吨 90 美元的价额。"专业的起草人"后来修改了坎普贝尔公司的格式文本，并使它在 Campbell Soup Co. v. Diehm. 111 F. Supp. 211 (E. D. Pa. 1952) 中抵御了类似的挑战。

学者波默罗伊认为：这样的交易通常是通过"从事狡诈或无耻的活动、进行哄骗、实施诡计、不正当地利用某人的处境、不披露重要的事实或者采用其他显失公平的手段"来达成的。① 法院有时会将此类行为认定为"推定欺诈"（constructive fraud），只是该概念在法律上还没有得到明确。② 总而言之，那些基于上述理由而拒绝判予衡平法救济的判决，和相信那些具有健全判断力的人如果没有被强加这些行为的话就能够在缔约过程中维护自己利益的信念，是一致的。

乌鲁姆斯诉霍斯里案（Woollums v. Horsley）在这方面具有启发意义。霍斯里诉请强制实际履行一个合同：乌鲁姆斯根据合同应当将其在肯塔基山脉的大约200英亩农场上的全部采矿权以每英亩40美分的价格出售给他，尽管这些权利被证明在初审时价值大约接近每英亩15美元。肯塔基州最高法院驳回了强制实际履行的请求，并解释道："衡平法不应当帮助这样一个苛刻的交易。"但是，法院也注意到了双方谈判能力的问题。乌鲁姆斯"大约60岁了，没有受过教育，罹患疾病并且因此无法工作"，并且"他对商业世界中所进行的事务毫无认知"。而霍斯里"在商业领域中具有广泛的经验，他那时正在这个地方购买几千英亩的土地上的采矿权，他显然知道在这一地域正在发生的所有事情"。法院还注意到缔约过程的某些情形。霍斯里"对这一地域中土地上矿藏的价值的一般状况完全了解，并且对当时正在进行或者即将进行的开发完全了解"，包括"在不久的将来在当地建造铁路的可能性"。但是，他向乌鲁姆斯保证，后者"终其一生都不会再被该合同所困扰"，并且"哄骗他相信，过去岁月中在这里的瑞普·凡·温克尔之梦（Rip Van Winkle Sleep）将会继续下去"。③ 衡平法上因为援引显失公平规则而拒绝承认合同的强制执行力的案例大多数涉及不动产交易，因此大多数拒绝给予衡平法救济的判例（比如乌鲁姆斯诉霍斯里案）所涉及的也是土地买卖合同，因此一位学者说，

---

① J. 波默罗伊（J. Pomeroy）：《衡平法原理》（*Equity Juris Prudence*），1941年英文第5版，第1405a。

② "推定欺诈指的是这些行为或者合同：尽管并非源于实际存在的邪恶企图而构成积极的欺诈，但是由于当事人有欺骗他人的倾向，……或者违反了……信任关系，或者损害了……公共利益，因而被认为和积极欺诈一样具有可谴责性……" J. Story, Commentaries on Equity Jurisprudence 258（lst ed. 1836）。

③ 20 S. W. 781, 781, 782（Ky. 1892）.

土地"是比较天真的人所拥有的唯一一种值得被骗走的东西"。[1]

原则上说,依据衡平法提出的请求被拒绝或驳回之后,还无法确定能够获得普通法诉讼上的损害赔偿,虽然依据衡平法败诉的原告似乎并不经常去主张这种替代性的救济。偶尔,法院也会作出一个衡平法上的裁决,比如解除或者撤销合同,从而排除了普通法上的救济。比如,弗吉尼亚州最高法院确定,妹妹有权获得一个裁决以撤销她向哥哥让与土地的契据(这块土地上的木材的价值超过合同价款10倍多,合同价款为275美元,而木材价值超过3000美元)。弗吉尼亚州最高法院认定该案存在"推定欺诈,由于该合同的双方当事人之间存在'信任关系',并且'价款严重不足'",虽然双方在订立合同时还都不清楚土地上存在价值贵重的木材。[2]

从以上的分析可以看出,英美法系的法院在衡平法上也不能够轻易采用显失公平的前驱制度,因为衡平法上对评判合同显失公平的标准并不是很确定,且衡平法上的显失公平制度的适用范围很狭窄。

(二)显失公平制度的诞生

随着英美法系衡平法中的显失公平制度不能满足经济社会发展的需要,显失公平制度产生了从一种隐秘的良心裁判制度转变为可适用于各类合同且公开的一般性法律制度的需求。

1. 显失公平制度诞生的必要性

首先,现代社会对法律诉求的巨大变化。从自由资本主义时代盛行的强调保护私有财产权和合同自由理念,到垄断资本主义时代开始转向强调保护社会公共权益。

其次,现代社会经济生活中大量运用标准化格式合同,传统合同自由原则受到极大挑战,合同领域出现显失公平的可能性大增。格式合同,是指由合同的一方当事人提前起草并印刷好的由标准化的条款构成的合同。标准化格式合同适用于很多情形,涉及保险合同、贷款合同以及度假合同等合同模式。标准化格式合同有时候规定得比较简单直接,但往往规定条款冗长复杂。一般而言,标准化格式合同几乎完全是由一方当事人提前拟

---

[1] Leff, Unconscionability and the Code—The Emperor's New Clause, 115 U. Pa. L. Rev. 485, 536 (1967). 作者认为,不动产的特殊性不仅是因为每块土地都具有独特性,而且因为这种协议可能代表了一种对一方或者双方当事人来说具有经济上重要意义的"一生一次"的交易。

[2] Jackson v. Seymour, 71 S. E. 2d 181, 184 (Va. 1952).

写的,因而极易出现对拟写方有利而对不确定的相对人不利的条款,而格式合同的不确定相对人对合同的条件没有或仅有微乎其微的讨价还价余地。

现代社会中社会分工日趋细化、办公条件实现电子化以及交易频率不断加快,是导致格式合同产生和得到大量运用的直接原因。对于专业化、规模化经营的生产商或服务商而言,格式合同的采用毋庸置疑可以提高工作效率。但与此同时,格式合同也极易出现起草方将自己的意志强加给对方的情形。

1971 年,印第安纳州最高法院审理了著名的有关格式合同的案例——韦佛诉美国石油公司案。

案情:上诉人韦佛经营从被上诉人美国石油公司那里租到了一个加油站。租赁合同中存在一条免责条款,承租方韦佛将免除出租方美国石油公司所有发生于该出租加油站上的过失行为的责任。合同签订后,有一次,美国石油公司的雇员操作失误,将汽油喷到了韦佛及其助手的身上,致使他们身体被烧伤。美国石油公司为了确定韦佛依据合同应负什么责任,先提起了这一诉讼。

印第安纳州最高法院写了如下判词:该格式合同由被上诉人美国石油公司提交给交易的弱势方——韦佛。对于中学尚未毕业的韦佛而言,其并不能读懂有关专业法律技术性条款的含义,而被上诉方的代理人也并未予以必要的解释。因此,双方交易地位显然有失平衡和对等。

本案的事实表明,如果该格式合同中有争议的免责条款是有强制约束力的,那么将导致韦佛先生需要支付几千美元来赔偿并非因为他的过失而造成的损失。而韦佛每周即使辛苦经营 7 天,一年所得的总收入也不过5000—6000 美元。本案的各项证据还表明,合同中的该免责条款使用的印刷字体是小号的,且没有任何标题,无法使人辨认出该条款为免责条款。上诉人韦佛作为一个受教育非常低的人来面对由美国石油公司律师起草的格式合同,除了完全接受该合同之外,也只有放弃这一种选择,这个结果是可悲的,显然是对社会正义原则的亵渎和挑战。

多数学者对本案的评释认为:在本案中,印第安纳州最高法院否认该租赁合同中的免责条款的效力的基本理由是,当事人双方并没有就这一条款达成真正的一致。得出这一结论的主要根据有三条:

第一,从经济上看,这一条款使承租方承受了太重的负担。它强加给该方的风险与该方能够从该合同获得的经济利益相比,显然是太大了。

第二,从交易地位上看,该租赁合同对于承租方来说是一项关系生存和生活必需的就业机会,因此承租方因为生活所迫,在面对格式化条款时只能选择全盘接受合同条件,因此双方的合同交易地位是完全不对等的,出租方美国石油公司占有绝对优势。

第三,从双方签订该合同的过程来看,承租方实际上没有机会理解该免责条款。在得出这一结论时,该法院考虑的因素包括:合同是不是一方事先起草的格式合同;如果合同是一方提供的格式合同,另一方的文化程度是否会影响他对该合同的理解;双方在签订合同之前是否曾经对合同的条件进行过协商;提供合同的一方是否对另一方解释过合同中包括的重要条件,以及是否曾建议另一方找律师进行咨询;那个有争议的条款的文字是否显赫,使人容易注意到,比如是否使用了斜体字或较大的字体。

2. 显失公平制度的雏形

通常认为,英美法尤其是美国法现代意义的显失公平制度的正式创制始于1948年《统一商法典》(U.C.C.)[①]的颁布。该制定法的第2-302条[②]将显失公平制度从衡平法扩展至普遍运用的一般制度,使法院有权根据显失公平制度公开干预当事人的合同行为。

尽管《统一商法典》第2-302条并非法典的一般性规定中的一条,并且严格来说仅仅适用于"货物交易"(transactions in goods),然而事实上,在审判实践中,这种规则已经被视为美国合同法上的一般规则,且已适用于除货物交易外的许多类型合同。美国《第二次合同重述》第208条规定:"假如一个合同或者合同中的有关条款在订立时存在显失公平的情况,法院可以拒绝执行该合同;抑或只执行除显失公平条款之外的其他剩余合同条款;抑或为避免产生显失公平的结果可限制适用显失公平条款",也是仿自《统一商法典》,它一般性地适用于各种合同,并且有好几个统

[①] 法恩斯沃思:《合同法》,1982年英文版,第307页。

[②] 《美国统一商法典》第2-302条规定:(1)如果法院从法律上认定,合同或合同条款在订立之时是显失公平的,法院可以拒绝强制执行,或只执行没有显失公平的合同剩余部分,或者用此方法限制适用显失公平的条款,以避免显失公平的结果;(2)如果当事人主张或法院认为合同或合同某项条款是显失公平的,应给予当事人出示有关合同订立的商业背景、目标与效力的证据的合理机会,以协助法院作出决定。

一法中包括了可适用于各自范围的类似规定①。这些制定法有时会对《法典》中的规定增加一些细节。

《统一商法典》第2-302条很清楚地说明，显失公平的认定要由"法院作为一个法律问题"来决定，而不是由陪审团认定②。由于显失公平规则在历史上是一个衡平法规则，而衡平法上并无陪审团，因此也有法院认为，《统一商法典》的第2-302条规定并没有剥夺当事人取得陪审团审判的权利。③

尽管《统一商法典》第2-302条认为显失公平的合同或合同中显失公平的条款不可强制执行，但没有界定显失公平的含义。但该条文的官方评论则认为第2-302条背后的原则是"防止压迫和不公平意外事件（surprise）的原则"④。

关于适用该原则，威廉姆斯诉沃克—托马斯家具公司案（Williams v. Walker-Thomas Furniture Co.）是最早且被广泛引用的案例。在5年的时间内，威廉姆斯夫人与沃克—托马斯家具公司签订了一系列购买家用商品的合同。每一份合同中，威廉姆斯夫人同意对其购买的家具商品在一段时间内进行分期付款，并且威廉姆斯夫人仅是从沃克—托马斯家具公司租赁了这些商品，在分期付款结束后可以取得商品所有权。因此，根据合同的条款，沃克—托马斯家具公司在威廉姆斯夫人分期付款期间仍然保留商品的所有权。合同的这些规定本身并不具有攻击性。这种合同和沃克—托马斯家具公司在支付商品价款期间保留商品所有权的行为被称为购物款担保利益，依据《统一商法典》第9章的规定可以强制执行。但问题是，沃克—托马斯家具公司并不满足于取回威廉姆斯夫人仍未付款的商品。合同

---

① 例如：《统一消费信贷法典》（Uniform Consumer Credit Code）第5；108条；《统一消费性销售法》（Uniform Consumer Sales Practices Act）第4条；《统一土地交易法》（Uniform Land Transactions Act）第1-311条；《统一住宅出租人与承租人法》（Uniform Residential Landlord and Tenant Act）第1；303条；《纽约州不动产法》（N. Y. Real Prop Law）第235-c条（不动产租赁）。

② 《统一商法典》第2-302条之评注第3条（"本条是针对法院来规定的，应当由法院作出认定"）。

③ County Asphalt v. Lewis Welding&Engrg. Corp.，444 F. 2d372（2d Cir. 1971）"根据大法官的良心（conscience）来决定是否判予衡平法上救济的自由裁量权……清清楚楚地属于法院在衡平法上的权力，而不属于普通法上的权力"。

④ U. C. C. § comt. 1 (2001); See also Restatement (Second) of Contracts § 202 (1981).

还规定了一个"交叉担保"条款,保证沃克—托马斯家具公司在全额支付商品价款之前可以取回已向威廉姆斯夫人出售的商品。因此,如果威廉姆斯夫人"租赁"了8件商品,期限为5年,总价款1000美元,如果未能支付最后一件商品的最终债务25美元,则托马斯公司可取回所有8件商品。这种交叉担保条款可能给威廉姆斯夫人带来巨大的经济影响,即威廉姆斯夫人存在立即失去所有所购买商品的风险。更为糟糕的是,由于商品的自然消耗而造成商品的贬值,取回商品并出售的费用和市场对二手物品的需求有限,沃克—托马斯家具公司不太可能会从威廉姆斯夫人处取回的商品上获得真正的经济收益。交叉担保条款的最可能动机是用彻底取消交易来威胁威廉姆斯夫人,督促其按时付款。

法院参考了几个年代比较久远的显失公平制度案例之后,得到了一些启发,依据《统一商法典》第2-302条,得出结论:通常认为,显失公平意味着一方当事人缺乏实质的选择余地,而对另一方当事人具有不公平的有利程度。因此,该合同中的交叉担保条款因显失公平而不能够获得强制执行。

二 英美法显失公平的构成

正如 Williams v. Walker - Thomas Furniture Co. 案所界定的一样,显失公平的理论构成存在两个基本因素。一方面是程序性显失公平(procedural unconccionability),另一方面是实质性显失公平(substantial unconscionability)。实质性显失公平指的是订立合同时合同的内容或某些条款不合理地有利于一方当事人而不利于另一方当事人;程序性显失公平则是指,在订立合同的过程中一方当事人根本没有给对方作出实质性选择的余地。

(一)实质性显失公平

实质性显失公平是指当事人所签订的合同具有单边的、压迫的、苛刻性质的条款。这一方面的因素是判定合同或合同条款是否存在显失公平的必要条件。法院在无法判断是否存在实质性显失公平时,就不能对合同或其条款得出是否能适用显失公平规则的判定。

实质性的显失公平很难准确定义,因为缺乏事实要素,法官关注的焦点只能是合同条款是否不合理地有利于其中一方抑或不适当地给另一方以繁重的负担。在判断合同是否存在显失公平时,法院通常会考察过高的价格条款(excessive price term)、附加条款(add - on clause)、任意终止合同条款（termination – at – will clause）等合同条款，以及对申请期限或者损害赔偿进行限制的条款。

有关实质性显失公平典型案例是1969年纽约州最高法院审理的"琼斯诉明星信贷公司案"。

案情：原告是一个社会福利金领取人。他从一家商店订购了一台价格为900美元的家用制冷设备。并通过贷款模式还贷，共计需要支付1234.80美元，截止到原告起诉时，原告已经支付了619.88美元。但根据初审阶段已经由法院认定的有效证据表明，该买卖合同中涉及的商品的市场最高零售价大约是每台300美元。

受理该案的纽约州最高法院在判决书中写道：本案的争议是，这一交易以及与之有关的合同能否被认为符合《统一商法典》第2－302条的含义之中的显失公平的交易与合同。纽约州最高法院认为，该合同条款构成了显失公平。从常理上分析，市场售价的300美元本身已经是包含了合理的利润空间的，而900美元的合同定价则明显已经超出了合理的利润范围，对买方而言是极不公平和极不利的价格条款。所以该价格本身导致纽约州最高法院判令该合同构成显失公平。

为了购买这个300美元的冷冻设备，买方已经支付了600多美元。显然，被告已经得到了充分的补偿。纽约州最高法院认为，按照制定法的规定，法院应当干预和限制合同中的支付条款，判定买方仅需支付已经支付的价款。

本案同帕特森诉沃克—托马斯家具公司案的有个共同点，就是都涉及了买卖合同中的价格过高问题。本案与帕特森诉沃克—托马斯家具公司案的不同是：买方是一个福利金领取者，即美国社会中最贫困的成员。基于多种理由，该法院认为，对他们应给予关注。本案判决引用了《统一商法典》第2－302的规定。法院在判断实践中的买卖合同的定价是否过高时，首先要考虑市场定价与合同约定价格的背离程度。在琼斯诉明星信贷公司案中，合同价900美元几乎等于市场公平价的3倍之多，因此审理的法院认为，合同价昂贵得过分了。

但是，也并非所有的合同价格过高就一定能使法院作出显失公平的判决。与上述案例相反的有个典型案例是1984年堪萨斯州上诉法院审理的"雷姆科企业公司诉豪斯顿"案。

案情：1980年9月13日，雷姆科企业公司（原告）与豪斯顿（被告）签订了一个彩色电视机租赁合同，该合同中还附带了购买选择权。合同约定，只要豪斯顿能每周支付17美元，并且连续支付104周的款项，则其就能合法拥有这台彩色电视机的所有权。1982年1月23日，当继续付款36周即可拥有这台电视机的时候，被告停止了付款，也没有退回该电视机。于是，原告于1982年2月1日向法院起诉，要求被告豪斯顿向其返还彩色电视机，同时要求豪斯顿支付尚未支付的租金。

受理该案的堪萨斯州上诉法院在判决中陈述：《堪萨斯州消费者保护法》明确规定：合同中的内容或条款是否显失公平是一个要由法院来评判的问题，评判的前提是，法院应当了解和考量合同销售方在签订合同时知道或理应知道的某些事实情况，且不限于这些事实情况：一是消费者由于无知、文盲或者生理缺陷等因素无法理解合同语言，因而无法维护自己的合法权益，而销售商恰恰利用消费者这一不利情况；二是该消费者与销售商在进行交易时，其交易价格远远超过了市场中类似消费者在类似交易中获得相似财产或者服务所需支付的价格。

被告声称，市场中该批电视机的批发价格为500美元，而在合同中的价格为1768美元，超过了市场价格的3倍多，该租赁协议应属于实质性显失公平。

然而，法院在判决中通常考量的不是一种商品的批发价格，因为批发价并不是每个普通消费者能够在日常的消费交易中容易获得的价格，而考量的是商品的零售价格，后者才是普通消费者能够经常获得的价格。而在判定合同规定的价格是否显失公平方面，没有规定明确的比例，而由法官依据司法实践和案件情况自由裁量。美国某些州的合同判例表明，当事人在签订合同时商品价格高于市场价格的2.5倍时，很可能会被判定为显失公平。在雷姆科企业公司诉豪斯顿案中，合同规定被告豪斯顿应支付1768美元，而该电视机的零售价为850美元。这相当于原告可以从合同中获利918美元，或者说该合同价格将电视机的公平零售价提升了1倍以上。不过审理法院在综合考量了合同签订时的客观情况，包括合同的商业背景、目的和实际作用之后，法院并没有感到把价格提高1倍多应使人良心不安。

尽管被告豪斯顿支付了比其他用现金购买的顾客多1倍以上的价款，但与此同时她也从中享受了多项利益：首先是无须负责该电视机的维修费用，其次是无须一次性支付价款，无论是信用卡还是现金，最后她还被赋予一周后的任何时候向销售方退还该电视机并取消合同的选择权。最为重要的是，她得到的利益是她本来可能无法得到的。尽管回想起来，这对她似乎不是一次好交易，但这一价格差异并没有高到显失公平的程度。

堪萨斯州上诉法院的判决是，被告可以在以下两种方案之中进行选择：要么按合同规定支付已经到期但尚未支付的租金，并依其选择退回或留下该电视机；要么接受原告给予她的选择权，按案件审理之日的公平市场价值付款。

学者们认为，这是一个依堪萨斯州议会制定的《消费者保护法》决定在特定的情况下价格过高是否构成显失公平的案例。该制定法的规定是对《统一商法典》第 2－302 条的具体解释和运用，从而使法官在决定是否存在显失公平时有了更加具体、明确的评判标准。

这一判决似乎认为，价格过高本身就可以成为证明存在显失公平的理由，即价格过高可以构成合同条件的实质性瑕疵，而实质性瑕疵本身就可说明合同显失公平。

（二）程序性显失公平

程序性的显失公平与条款成为合同内容的方式与程序有关，通常合同成立程序上存在的瑕疵是由于一方当事人缺乏有意义的选择。

合同成立中的程序瑕疵，单独来看，并不足以成立胁迫、欺诈或者非适当影响的诉讼。例如上文所述的 Williams v. Walker－Thomas Furniture Co. 案中，沃克—托马斯家具公司未因交叉担保条款而向威廉姆斯夫人说谎，也没有采取进攻性的劝说方式或不公平地利用其与威廉姆斯夫人之间的信任关系，仅通过标准化格式合同中比较隐晦的一条条款，而威廉姆斯夫人确没有机会协商合同的语言或进攻性条款的效果，而只是向其提供了一份"要么接受要么离开"的合同，即"附意合同"。

同样，交叉担保条款本身并不违法。立法没有禁止在合同中规定这种条款，这种条款也没有因违反任何普通法法则而无效。

但，合同成立的程序让威廉姆斯夫人不能明白无误地理解合同的含义，或争取到更为有利的条款，也无法意识到这些条款所带有的破坏性力量，因而法院有充足理由认定该条款无效。

造成合同的当事人无法作出有意义的选择，即成立程序性显失公平往往有以下几点原因：

1. 双方的交易地位完全不对等

从前文"韦弗诉美国石油公司"案中可以看出，在现代经济社会，占据强势经济地位的大公司和大企业往往无可辩驳地比普通个人拥有更为强大的交易权。类似美国石油公司这样的大公司往往采用标准化格式合同跟其他合同相对人来谈判，对于处于弱势地位的合同相对人而言，要么接受标准化格式合同，要么放弃签订合同，因为由于某些自然或者人为的垄断情事，市场上所有的竞争者往往都使用了相同的合同条款。因此对于合同当事人而言，在订立合同时没有讨价还价的余地。美国法院在判断合同一方当事人能否有余地作出决定时会从以下几个方面进行考量：合同一方当事人根据合同提供的商品或者服务对于另一方当事人而言是否为不可或缺的？如居民生活必需的水、电、天然气等产品。如果答案是肯定的，则法院认定该合同或条款在程序上显失公平的可能性就很大。科罗拉多州最高法院1981年所审理的"琼斯诉德雷斯尔"案就是个典型案例。

案情：1972年11月17日，当时年仅17岁的琼斯与被告——自由飞翔运动航空公司订立了一个合同。合同的主要内容为被告航空公司使用飞机将原告琼斯送到空中一定的高度，琼斯可以使用航空公司提供的娱乐性延缓张伞空降设备进行自由飞翔。值得注意的是，合同中包含了一个免责条款：禁止向法院起诉并免除被告航空公司责任。

1973年12月28日，琼斯年满18岁。1974年10月19日，他乘坐的为被告所有的飞机在起飞后不久栽落下来，使琼斯受到了严重的伤害。

1975年11月21日，即在琼斯成年后将近两年的时候，他以过失和有意的胡作非为从而导致飞机坠毁为由对被告起诉，被告中包括了飞机的所有者、飞机驾驶员、飞机场和自由飞翔运动航空公司。初审法院依合同的免责条款判被告胜诉。上诉法院维持了原判。

科罗拉多最高法院在判词中指出，原告提出了推翻原判的三点理由：第一，他在成年之后一段合理的时间内通过提起诉讼否认了合同的效力；第二，从公共政策的角度考虑，该免责条款是无效的；第三，原告受到的伤害是飞机坠毁所致，造成伤害的过失责任不在双方协议的范围之内，对于该协议中的免责条款应作严格的解释，以防协议的一方规避过失责任。

一个未成年人可以在成年之后的一段合理的时间内否认他在未成年时订立的合同；他也可以在达到法定年龄之后通过承认该合同的行为认可这一合同。

初审法院确认，当琼斯在1974年10月19日使用被告公司跳伞设备时就接受了该合同的利益，从而认可了该合同。这一决定是正确的。

琼斯主张，该免责条款基于公共政策的考虑是无效的。对于一个企图使当事人一方免除对他自己的过失负有的责任的免责协议，必须进行认真的审查。如果一种权利主张是针对有意的和妄为的过失而提出的，那么，在任何情况下，都不应允许把此种协议作为这种行为的庇护伞。在决定一个免责协议是否有效时，必须考虑到四种因素：

（1）是否对公众负有责任；

（2）提供之服务的性质；

（3）合同签订得是否公平；

（4）当事人的意图是不是用清楚的毫不含糊的语言表达的。

通过权衡这四种因素，我们的结论是，初审法院的判决是正确的，即作为一个法律问题，该免责条款是有效的。对公众的责任，在本案中并不存在。从以上分析来看，我们可以得出结论，琼斯与自由飞翔运动航空公司之间的合同并不属于影响着公共利益的合同。

琼斯声称，该被告公司在接受他支付的基金和向他提供一架以便把他送到空中时是作为一个公共承运人从事经营活动的。他的话有一部分说对了，即"所有的法院都判决，由一个公共承运人签发的飞机票上的弃权声明或对责任的限制是无效的"，可是另一部分却说错了，即他认为，根据《联邦管理法典》（C.F.B）第14卷、第135.1（a）（3）条以及第1.1条的定义，该被告公司是一个公共承运人或正从事"商业性经营"。

该法典的上述条款规定："商业性经营者"指为了得到报偿或收到租金而从事从空中进行运送人员或财产等商业活动的人，而不仅仅是一个空中承运人或外国的空中承运人或得到本篇第375部分（part）的授权的人。在难以确定一种经营是否属于为得到"报偿或受到租用"而进行的经营时，应当采用的标准是，该空中运输是仅仅从属于这个人其他的经营活动的，还是这个人谋取利润的主业。

在本案中，事实清楚地表明，自由飞翔运动航空公司并非公共承运人，其从事的空中运输业务仅从属于该公司的所有权人。另外，该公司提供的服务并非公众所必需，故该公司提供的不是一种不可或缺的服务内容，因此该公司与原告琼斯交易时未能拥有决定性的优势。

最后，当我们考虑在决定一个免责协议的有效性时必须考察的其他因素时，我们注意到，该合同是公平地订立的，当事人双方之间并不存在意见分歧。该协议用清楚的毫不含糊的语言明确表达了双方的意图。

我们的结论是，该免责协议并不因对公共政策的考虑而无效。

本案与本书前述的"韦弗诉美国石油公司"案均涉及合同中的免责条款的有效性。然而，这两个案件的判决结果却完全不同。造成这种差异的主要原因是：在本案中，被告向原告琼斯提供的并不是一种不可或缺或至关重要的服务，从而合同双方当事人的交易地位并没有不平等。

2. 当事人一方无可归责地不能理解合同内容

现代社会中，常常会出现因不可归责于当事人本身的原因而导致当事人无法理解合同内容的情况，人们认为这主要是因为现代社会中标准化格式合同的大量采用。

首先，现代社会中很多标准化格式合同是由一些专业律师精心制定的，合同中包含的具体条款往往具有很强的技术性和专业性，普通的合同当事人很难有能力去完全理解其中的法律上的含义。典型的例子如前文提到的美国石油公司与韦弗的租赁合同，该合同是由美国石油公司的专业律师起草的，对于韦弗这样文化水平不高的承租人而言，既不能理解其中的技术性条款，也不能明白其中的法律免责条款。

其次，很多标准化格式合同在起草时，往往采取了一些投机取巧的方式，例如起草人会将对相对方当事人不利的条款隐藏在合同的文字中，令相对方很难看到该条款或察觉出不利。

现代的判例法和制定法为了避免格式合同非起草方在无可归责的情况下接受格式合同起草方显失公平的合同条件，制定了一系列规则来限制格式合同或者免责条款等的约束力。

（1）不利于格式合同提供方或起草方的规则。根据这项规则，如果格式合同或某个免责条款存在模糊之处或存在疑点，或者是双方当事人对格式合同或免责条款的理解相悖，法院将会根据不利于提供方的原则加以解释。

例如在英国判例法上的 Hollier v. Rambler Motors 案中，上诉法院就使用了该原则。Hollier v. Rambler Motors 案中的原告在 5 年内只有 5 次要求被告维修自己的汽车，表明维修并不是经常性的。原告还被要求填写了一份表格，表格中有一个条款指出："对消费者的汽车因火灾引起的损失，公司不承担责任。"最后一次，原告的汽车出了问题后，原告把汽车留在被告处进行维修时，且此时原告并没有被要求填写表格。结果，维修过程中，汽车由于被告的过失引起火灾，导致原告遭受损失。原告提起诉讼，而被告援引了这个免责条款。上诉法院判决原告胜诉，判令该免责条款不能适用。上诉法院认为，合同中的先前行为不能纳入合同中，因为合同中采用的词语和表述并不充分，不能解释为免除过失责任，因此要按照对将该条款引进合同的被告不利的原则进行解释。

通常来说，法院在判定合同当事人是否因为不可归责的原因没能理解格式合同内容时，会考虑诸多因素。例如当事人的受教育程度、交易经验、交易身份以及合同内容是否专业性和技术性很强、格式合同提供方是否向相对方提示了合同争议内容或条款、是否建议相对方咨询律师、是否给予相对方足够的认真考虑的时间等等因素。

例如，如果双方当事人都是大公司，那么当事人之间先前所作的行为或者根据商业管理所做的行为，就有可能被结合进来考虑。如英国判例法中的 British Crane Hire Corporation Ltd v. Ipswish Plant Hire Ltd 案中，被告从原告那里租用了一台起重机，原告是起重机的所有人。他们达成的协议是口头协议，尽管在合同订立之后，被告收到了原告打印好的表格，并且含有相关条件。其中的一个条款规定，在与起重机有关的使用费用方面，起重机的租借人有义务补偿起重机所有人的费用。被告在表格上签名前，起重机陷入了沼泽地，不过这并非由于被告过失。原告在维修起重机的过程中支付了一些费用，现在起诉被告，要求根据合同作出补偿。被告辩称，这种补偿约定并没有规定在口头租借合同中。法院认为，被告的交易实力与原告是平等的，而且被告确实知道，打印好的条件条款存在于原告在通常商事交易中所采用的合同形式中。因此，基于当事人双方的共同理解，这些条件属于口头合同的组成部分，因此原告胜诉，可以获得补偿。

（2）不利条款不醒目则无约束力规则。如果合同中存在对一方当事人不利的条款，却非常隐蔽，不醒目程度达到不利当事人不易发现时，则法院通常认定该条款没有约束力。有关该规则，美国《统一商法典》第2–

316 条和第 1-201 条中对这类不利条款的醒目要求有相应的规定①。

关于"醒目"一词的含义，在肯塔基州上诉法院 1970 年审理的"奇尔德斯—文特尔斯商行诉索沃德斯"一案中得到了清楚的阐释。

案情：奇尔德斯—文特尔斯商行是一家经销汽车的企业。该企业把一辆用过的运煤卡车卖给了索沃德斯。后者发现了这一问题后拒绝付款，前者向法院起诉。

双方签署的有条件销售合同是一个印制好的格式合同。该合同在开头部分规定："本合同的买卖双方根据下文及本合同背面规定的条款和条件买卖下述财产。"其中，"及本合同背面"几个字用了比其他文字更粗的文体。该合同背面的上端用大写文体注明了"合同规定"的字样。下面共有 11 段话，每段都加了顺序号，第 8 段位于这一页的中间，其内容是："双方都意识到并表示同意：（a）不存在商销性的默示担保或适用于特定用途的默示担保"。

肯塔基州上诉法院在判词中说，索沃德斯主张，该排除担保的语言写在了文件的背面，这不符合《统一商法典》关于排除担保的语言必须书写得醒目的要求。

在习惯上，商业机构在印制合同时如果感到把全部内容放在纸张的一面有困难，就使用正反两面。《统一商法典》的起草者对此并没有熟视无睹。如果他们认为，为了使合同中的语言"醒目"，必须使它们出现在文件的正面或当事人签字的那一面。他们只需这样表述就行了。

索沃德斯说，他只在这些文件的空栏处签了字，并没有读它们，因为他完全信任了买方。索沃德斯的律师说，要想使该排除担保的条款约束买方，卖方至少应提醒买方注意。然而，我们不能忽视《统一商法典》的这样一种基本目的，即通过使商业文件按照其规定的条件得到执行并因此而使其值得信赖，促进商业交易的发展。如果当事人事后主张，双方在订立合同之前或订立合同之时还说过什么或做过什么，并可以以此为理由修改

---

① 美国《统一商法典》第 2-316 条："……要排除商销性的默视担保或其任何部分，其语言必须提到商销性；在采用书面形式时，其书写必须醒目。要排除或减轻适合于特定用途的默示担保，必须采用书面形式，且书写必须醒目……"第 1-201 条："一个条款或一句话，如果其书写方式使其针对的通情达理的人在阅读时不致忽略，即为醒目。一份表格中的语言，如果使用了较大的字体、与其他文字形成对照的字体或有颜色的字体，即为醒目。"

或规避书面的规定,上述目的就无法实现。

对于该案的判决,学者们得出结论:合同中的免责条款必须书写醒目,否则程序上就可能是显失公平的。这一点在美国的制定法与判例法中已得到了普遍的确认。本案解释了《统一商法典》规定的"醒目"一词的含义,但同时本案判决也表明,法院在强调保护交易中的弱方的同时,并没有忽视另一种重要利益,即通过执行已经订立的合同,保护业已达成的交易,从而促进社会经济的发展。

(三)程序性显失公平与实质性显失公平的关系

根据上文的分析和论述,在英美法系的显失公平制度中,程序性显失公平和实质性显失公平作为显失公平的构成要素,是缺一不可的。这一问题可以从1971年哥伦比亚特区上诉法院审理"帕特森诉沃克—托马斯家具公司"案中得出结论。

案情:1968年,帕特森太太从沃克—托马斯家具公司通过分期付款的方式购买了共计597.2美元的家具。但在支付248.4美元之后,上诉人帕特森太太并没有按照合同要求继续付款。沃克—托马斯家具公司因此向法院提起诉讼。上诉人帕特森太太在初审中辩称:她已经支付的248.4元价款已经超出了她从被上诉人家具公司购买的所有商品的公平价值。由于被上诉人沃克—托马斯家具公司对这些家具的定价过高,直接导致了她与其签订的买卖合同显失公平,所以该买卖合同不应具有强制执行力。

初审法院认为单纯以交易标的价格过高为由主张合同显失公平的辩护不成立,因此判决上诉人帕特森太太败诉。

哥伦比亚特区上诉法院在判决中认为:我们并不全然排除商品定价过高作为显失公平的一项因素作为答辩理由的提出。但是必须明确的是,商品价格作为不合理的合同条件,只能用来佐证合同存在显失公平的证据之一。

在该案中,当事人签订的买卖合同是否公平不能仅通过判断价格的高度来衡量,应当同时考量上诉人帕特森太太在签订家具买卖合同时,是否做了有意义的选择。

上诉人帕特森太太在辩护陈述中,首先是除了认为价格过高之外,没有指出合同的其他条件有显失公平情况;其次她也没有明确说因为对方当事人的关系自己没有做过有意义的选择。我们认为显失公平的成立需要同时满足两个要件:一是合同内容或条款很不合理地有利于一方当事人,二是另一方当事人没能作出有意义的选择。在要求一个商人公布其定价政策之前，对于这两项条件的存在必须详细地加以说明。

于是，该案的上诉法院支持了初审法院的判决，即认为该案中的合同因缺乏构成要件的支持而不构成显失公平。

本案的判决表明，要想认定合同属于显失公平，除了证明合同的某些内容或者条件对对方不合理的有利外，还必须证明自己一方未能作出有意义的选择。

第二节 大陆法系的显失公平制度

一 法国法的合同损害制度

（一）民法典前的"非常损失规则"的传承

学者们通常认为，作为大陆法系的代表法典之一，1804年的《法国民法典》沿袭了传统罗马法上的很多制度，其中也部分继承了"非常损失规则"。罗马法上的非常损失规则，原本只是固定在极其狭窄的范围内被适用。直到中世纪，在注释法学派和注解法学派学者们的努力下，才将非常损失规则的适用范围扩大到除土地买卖之外的合同关系中。不过在16—18世纪，由于商品经济和罗马法复兴的大背景影响，非常损失规则的适用范围又逐渐受到限定，当时编纂的习惯法、国王敕令等都对非常损失规则进行了限制。从立法学说到立法实践，这个时期对于非常损失规则的否定观点明显占了上风。

（二）《法国民法典》的立法争议

法国民法典在编纂过程中，对于是否采纳非常损失规则是有激烈的争论的。以Portalis为首的赞成派和以Berlier为首的反对派围绕着非常损失规则的理念、实态、技术等各方面展开了详尽激烈的讨论，双方的观点截然相反。赞成派认为，从历史发展来看，非常损失规则在罗马法及法国古法时期都得到过肯定，而共和历三年十月十四日法律对非常损失规则的废止只是一种临时措施。赞成者认为非常损失规则的合理存在有衡平原则、合意瑕疵以及原因欠缺等作为理论依据。而反对派的观点则正好相反，他们认为共和历三年的法律并非临时性政策，而是具备永续性和妥当性的。而且契约应当通过成年人的当事人以共同的合意确定，所谓非常损失并非契约瑕疵，在此时仅对不动产卖方承认具有撤销权是不公平的。而且所谓正当价格的计算确定本身又很有难度，这种撤销权会成为交易秩序混乱的源泉。在双方针锋相对的争执中，拿破仑一锤定音，确定《法国民法典》继承非常损失规则，但其适用范围仅限于不动产买卖，在法国法上被称为"合同损害制度"。

（三）"合同损害"制度的立法背景探析

法国的合同损害制度跟罗马法相比较而言，对不动产卖方的保护力度加大了。首先，《法国民法典》要求不动产价格低于实际价值的7/12，大约58.3%时，出卖人可以撤销合同，比罗马法上的低于1/2即50%才可以撤销的规则对出卖人的保护力度更大。其次，罗马法中的非常损失规则仅限于适用土地买卖，而法国法则将合同损害规则的适用范围扩展到了包括房屋在内的不动产，适用范围显然有所扩大。最后，在《法国民法典》上，即使不动产出卖人在订立合同时明确放弃撤销权，甚至声明赠予买受人超出价款的价值，只要受到了低价损失，《法国民法典》就可以强制撤销合同，而不会顾及出卖人的真实意思，这显示出《法国民法典》特别关切不动产所有人的利益。而法国究竟为何会在短暂废止非常损失规则之后，又将其重新纳入立法，并且对不动产所有人的利益给予如此强烈的关切？对于这一问题的解答，需要从当时的历史大背景中寻找答案。

法国大革命之前，"地产因为代代相传而不加分割，因此每个家庭的声望几乎完全是由土地来体现的。家庭的姓氏、起源、荣誉、势力和德行，需要依靠土地而永久流传下去。土地既是证明家庭的过去的不朽根据，又是维持其未来的确实保证"[①]。然而，由于经济结构的变迁，资本主义的发展，封建贵族作为原土地所有者的势力逐渐衰落，其土地所有权逐渐转移到新兴第三等级手里。法国大革命爆发后，废除了贵族爵位，颁布了新的土地法令，将逃亡贵族的土地分块，通过分期付款的方式卖给农民。这一时期的法国立法表现出积极的资产阶级革命姿态，对于此时的主要不动产所有人——封建贵族并没有予以特殊保护。

但是，法国大革命胜利之后的结果却是拿破仑称帝了。拿破仑称帝后，又逐渐恢复贵族制度，建立了新贵族制度，元帅、帝国大勋爵、亲王、侍从官等成为新的贵族阶层。《法国民法典》正是在此时准备制定和出台，势必导致此时的立法重点保护新贵族阶层的利益。事实上，《法国

---

① ［法］托克维尔：《论美国的民主》（上），冯棠译，商务印书馆1991年版，第65页。

民法典》对新贵族阶层的保护的制度之一就是通过"合同损害"制度保护不动产所有权。公允地说,《法国民法典》还是巩固和确认了资产阶级革命的部分革命成果的,但同时又在相当程度上恢复了封建制度,能看出来是进步和保守的结合产物。此时的"合同损害"制度中对于不动产利益的特殊保护,也是体现了这一特点。

(四)两种价值论的并存

由于《法国民法典》中的"合同损害"制度是在论战中产生的,法典起草中已有主观价值论与客观价值论的对峙,其对于保护不动产所有人的立法意图贯彻得很明显,对于不动产保护要求适用"合同损害"制度;而对动产买卖仍适用前期罗马法的自由定价原则。于是,就有了两种价值观在《法国民法典》这一法典中同时存在的奇特现象:对于不动产买卖,实行客观价值论,适用"合同损害"制度;而对于动产买卖,则实行主观价值论,适用自由定价原则。

不过这种矛盾现象的并存也并非无迹可寻。因为在19世纪初的法国,自亚里士多德时代以来推崇的"公平价格理论"在此时已经受到了部分动摇,于是自由定价原则在动产的买卖合同中得到普遍适用。中世纪,奥古斯丁、托马斯·阿奎那等教父学者继承了亚里士多德的经济思想,并作了相当变通,阿奎那对于商业的态度已不同于亚里士多德对同一问题的态度。在阿奎那之前,中世纪教会作家对于以赚取利润为目的的商业持否定态度。他们认为商业是一种贱买贵卖的行为,其罪恶甚至超过盗窃。但自11世纪中叶以后,商业在封建社会内部逐渐发展起来,于是教会作家不得不改变自己对商业和商业利润的态度。于13世纪出现的托马斯·阿奎那(Thomas Aquinas,1225—1274),同意早期教父关于商业和赚取利润是一种罪恶的观点,并援引了亚里士多德的见解作为论据。按照这种见解,存在着两种交换:一种是"用物品交换物品,或用物品交换钱币,以满足生活的需要";另一种是用物品交换货币,但"不是为了满足生活的需要,而是为了获利"。第一种交换值得称赞,"因为它有利于自然的需要";而第二种交换是商人的事情,"就其本身来说是不光彩的"。但阿奎那的结论不如亚里士多德那样绝对,他断言,赚取利润虽然"并不包含任何诚实的和必要的目标,然而它也并不包含任何有害的或违反道德的事情"。由此他拐弯抹角地承认了商业的合理性。

在阿奎那看来,一个人从事贱买贵卖在两种情况下可以免受道义的谴责。第一，他把收入用于某种必需的或正当的用途，例如，"一个人用他在商业活动中赚取的利润来维持家庭开销，帮助穷人"。第二，他合法地用高于买进的费用来出售一件物品，如果他原来买进时并无转手卖出的意图，而只是后来才希望卖掉它，并且在这个时期内，"他曾对这物品作了一些改进"，或"由于买卖的时间与地点发生了变更"，或"由于时间地点的改变而价格有了变动"，或"由于把这件物品从一个地方运到另一个地方时承担了风险"。阿奎那认为从这样一些商品中赚到的利润是一种劳动报酬，是合理的。

由于对商业态度的改变，阿奎那对亚里士多德的"公平价格理论"也作了相应的修正。亚里士多德的"公平价格理论"要求价格与价值完全相符，阿奎那则允许价格与价值存在背离。他通过两个途径建立了自己的不同于前贤的"公平价格理论"。首先，他承认价值的主观性，认为："'公平价格'取决于从商品本身所能获取的利益的大小，换言之，公平价格不是取决于这种物品在自然中地位或者是经过多久形成的，其只取决于对人类用处的大小。"因此，阿奎那认为，"物品的公平价格不是绝对固定的，而是取决于某种评价"，"物品的卖价比市场价格稍微高一点或者低一点，并不破坏民法中要求的均衡和平等"。这是用效用说来解释价值问题的尝试。其次，阿奎那承认供求关系对价格的影响。他写道："当一个卖主把小麦拿到粮价较高的地方以后，发现还有很多人带来更多的小麦。"因此，由供求关系决定，价格会围绕着价值上下波动。① 这是以稀缺说来解释价值问题的尝试。

综上可知，与亚里士多德的客观价值论不同，阿奎那的价格理论有相当程度主观价值论色彩，承认标的物的价值并非在与任何人的关系中都是绝对同一的，由于需求强度的不同以及供求关系的影响，价格可以背离价值。而"他对价格和价值所作的区分，不是价格与某种非价格的价值之间的区分，而是个别交易中支付的价格与估计价格之间的区分，估计价格存在于公众对商品的估价中，指的只不过是正常竞争价格，或指的只不过是存在正常竞争价格的情形下，这种价格意义上的价值"。因此，阿奎那承认了物品价值出卖人的主观价值因素，于是人们认为他在继承亚里士多德的哲学理论的同时，在主观价值理论方面较亚里士多德而言有所创新和超

---

① 鲁友章、李宗正主编：《经济学说史》（上册），人民出版社1983年版，第51、47页。

越。这就为承认为客观价值论所否认的某些"不公正交易"提供了可能。在阿奎那之后,许多教会学者不再对商业模式和商业利润进行批判,之后的经济学者们试图"不把公平价格等同于通常的竞争价格,而认为应等同于任何竞争价格。只要双方当事人能够支付和接受的价格,就都应当被认为是'公平的',而不论交易后果如何。对于交易的客观后果,如果交易双方因为该市场价格而获得利益,这当然是利好的消息;但如果交易双方因为达成的交易价格而遭受损失,也只能是个人应当承担的风险或因个人能力欠缺而承受的惩罚"①。考虑到阿奎那的巨大影响,在起草《法国民法典》时出现了主观价值论的声音,就并不奇怪了。

此外,在《法国民法典》产生之前的 16—17 世纪,法国的工场手工业已经有了一定的发展,国内外贸易也发展起来,商业资本有了更大的增长,法国的重商主义也就在这种基础上产生了。重商主义从人文主义思想出发,抛弃了通过神学来观察社会经济生活的方式并主张从人自身角度出发,就是从商人的角度出发来研究和观察这个社会。他们反对古代思想家和中世纪经院哲学家维护自然经济和反对货币财富的观点,主要集中在对商品货币关系发展有关的"世俗利益"进行论证。这一时期法国的重商主义以孟克列钦(A. Montchrétien,1575—1622)和柯尔培尔(Jean Baptiste Colbert,1619—1683)为代表。孟克列钦认为商业是国家的基础。当时占统治地位的封建贵族蔑视第三等级的利益,孟克列钦则公开宣称这个等级是最值得注意的,而且强调商人是这种等级中占有最重要的地位。他还极力为商业利润进行辩护,认为商业利润是正常的,正是因为利润的驱使,人们才甘冒路上、海上的各种风险,出生入死。柯尔培尔是路易十四的财政大臣,在他当政期间,坚决采取和推行重视商业经济的一系列经济政策,因而这个时期法国的重商主义又被称为柯尔培尔主义。② 他于 1664 年创办了西印度公司,并造成路易十四时代这样的社会风气:做生意似乎并不使人降低身份、失去体面,豪门巨宅也仿效国王,在各家公司入股。③ 柯尔培尔还在 1673 年和 1681 年制定了商事条例和海上条例。这些重商主

---

① [美]熊彼特:《经济分析史》(第 1 卷),朱泱等译,商务印书馆 1991 年版,第 146、154 页。

② 鲁友章、李宗正主编:《经济学说史》(上),人民出版社 1983 年版,第 69、76 页。

③ [法]伏尔泰:《路易十四时代》,吴模信等译,商务印书馆 1982 年版,第 421 页。

义的立法，成为1807年《法国商法典》的基础性材料。①

"公平价格"内容的变化，重商主义的兴起，使1804年的《法国民法典》建立在不同于后期罗马法的观念基础上。由于这些原因，《法国民法典》对动产买卖不适用"合同损害"制度，这是相对于后期罗马法的一个进步。

不过，《法国民法典》尽管对不动产买卖仍适用"损害规则"并提高了对不动产出卖人的保护水平，但仍然将不动产买受人排除在该规则的适用范围之外。要分析这一立法现象，还得从法国当时的不动产交易现实为出发点。

众所周知，《法国民法典》又称《拿破仑法典》，是在拿破仑的主持下制定的，其中的显失公平制度的确立也是缘于拿破仑的"一锤定音"。拿破仑是由西哀耶斯（Emmanuel‐Joseph Sieyes，1748—1836）请出来结束法国革命的将军。在法国革命之前，封建势力的盘踞是社会前进的巨大阻力，因而成为革命爆发的原因。那时的不动产出卖人，主要是封建贵族；不动产的买受人主要是新兴的第三等级。在当时的社会结构下，地产是最能传承和证明一个家庭历史的永久性根据，又是维持一个家庭未来的确实的保证。贵族家庭的荣誉和势力，主要依靠土地这一固定资产得以永久传承。② 因而，毋庸置疑，土地财产或者不动产，本身是贵族阶层安身立命的保证，也是封建社会阶层和社会关系的象征。在法国大革命前，因为贵族阶级的好逸恶劳，已陷入贫困的地步。而第三等级由于从事实业，积累了大量的财富。1755年，一位贵族悲伤地写道："若干世纪以来，法国贵族不断贫困化，尽管享有一定特权，但许多贵族每天都在破产、消亡，第三等级却在不断地占有财富。"③ 为了改善自己的社会地位，第三等级积极地购买地产，在当时的法国，"下层阶级的所有积蓄，不论是放给个人还是投入公积金，都是为了购买土地"。④

法国大革命的爆发，教士阶层的全部土地和贵族的大部分土地被出

---

① 江平：《西方国家民商法概要》，法律出版社1984年版，第19页。
② [法]托克维尔：《论美国的民主》（上卷），董果良译，商务印书馆1991年版，第55页。
③ [法]托克维尔：《旧制度与大革命》，冯棠译，商务印书馆1992年版，第117页。
④ 同上书，第66页。

售，封建关系从土地这一根本财产上受到彻底涤荡。1789年12月2日，法国各个教会的财产被国家没收后予以出售；1793年6月3日，法国颁布了土地法令，把逃亡贵族的土地分成小块，并出售给农民，并允许农民以分期付款的方式支付价款。① 研究《法国民法典》的法学家们都认为，历史地看，如果法国的民法典在这时正式制定和颁布，则对于以贵族为代表的不动产所有人的保护措施是不太可能列入法典条文的。

但后面的革命形势发生了颠覆性的变化，拿破仑在革命胜利后，决定称帝。于是为了巩固其政权和争取旧贵族的支持，其对革命时期采取的各种措施和政策包括立法，进行了逐步取消和废除，意图恢复封建制度。1802年4月6日举行了教务专约的签订仪式，拿破仑作为第一执政，乘坐旧日宫廷的马车，带着旧日君主的扈从和仪仗去参加典礼："礼炮轰鸣，宣布了旧传统的恢复和集权制度的开始。"戴尔马将军当着拿破仑的面评论此事道："这是一次无聊的宣教仪式，只不过少了一百万人参加，这一百万人牺牲性命去推翻的，就是您今天所恢复的东西。"拿破仑在1804年12月2日称帝，恢复了大革命前的封建贵族制度。此时正逢《法国民法典》的诞生，在这种历史背景下颁布的民法典，其条文内容明显表现出对不动产的保护的特别关注，这种立法背后的动机同样是拿破仑为了保护帝国的新贵族阶层的利益。② 拿破仑不过是采用一种古老的方法维持土地特权。这种方法在亚里士多德时代就有了。亚里士多德就说："同样地，另有些法制禁止人们出售财产：譬如洛克里城就有这样的禁令，本邦人户在未能确实证明他曾经遭受意外的重大损失前，不准出卖他的产业。又有些律例，用意就在于维持各家的世业，使不致丧失政治地位。"③ 这段话是理解拿破仑时期立法举措的最好注释。

毋庸讳言，《法国民法典》是一部结合了完全对立的两种特色的法典。一个方面，它体现了法国资产阶级大革命的一部分成果，确立的私法自

---

① 北京大学历史系编：《简明世界史》（近代部分），人民出版社1974年版，第84页。

② 拿破仑也给里昂科学院写过这样的话："你们不要接受只是几个人能占据一切的民法；少数公民占有土地，必然导致所有其他公民在政治上处于奴隶地位。凡是发生这种情形的地方，就根本没有公民。在那里，我只看到受压迫的奴隶和压迫人的奴隶，而压迫人的奴隶比受压迫的奴隶更卑鄙……这两种人都拴在铁球上：一个是脖子上套着铁球；另一个是手里拿着锁链！"转引自［法］泰·德萨米《公有法典》，黄建华、姜亚洲译，商务印书馆1982年版，第238页。

③ ［古希腊］亚里士多德：《政治学》，吴寿彭译，商务印书馆1965年版，第69页。

治、合同自由等原则使其超前于当时欧洲各国的立法；而另一个方面，该法典又因为维护新贵族阶层利益的偏好而体现出复辟封建制度否定民主共和成就的倾向。① 民法典对不动产的特别保护，就是它具有反动倾向的一面的反映。当然，相比较动产而言，不动产具有明显的稀缺性，对所有人显得尤其重要，因而民法典会特别关注对不动产的保护。

尽管《法国民法典》由于受到阿奎那和重商主义价格理论的影响，承认了动产买卖上的自由定价，只对不动产实行客观价值论，但由于价格理论中"边际革命"的发生，西方经济学的主流开始被主观价值论所占领。因此，当代法学家仍然对《法国民法典》中的"合同损害"制度提出了严厉的批评。

尽管有各种批评攻击"合同损害"制度的声音存在，但这一显失公平制度仍然保留在《法国民法典》中。

二 德国法的"暴利行为"制度

德国民法上，对于显失公平制度的称谓，如前文所述，为"暴利行为"，也称为"显失公平行为"或"高利贷行为"。《德国民法典》第138条第2款规定了暴利行为，作为违反善良风俗的一种典型形式。1978年修正为："特别是，法律行为系乘他人穷困、无经验、缺乏判断力或意志薄弱，使其为对自己或第三人的给付，作财产上的利益的约定或担保，而此种财产上的利益比之于给付，显然为不相称者，该法律行为无效。"②

（一）暴利行为非意思表示瑕疵

德国法明确将暴利行为归入违反善良风俗，而不是意思表示瑕疵，因此，在法律效果上，并不同于罗马法时代那样仅作解除或调整处理，而是直接将法律效果认定为无效。原因在于，在德国法中，暴利行为的构成，主要着眼于考量物质因素（即客观因素），即只考虑相对给付之间的不平衡，而对于意思表示本身（即主观因素）则不加考虑。德国法认为，即使当事人从事的利用了他人的急迫、无经验或者欠缺判断力和意志力的行为

---

① [法]乔治·勒费弗尔：《拿破仑时代》（上卷），河北师大外语系翻译组译，商务印书馆1985年版，第151页。

② 第138条第2款的德文原文 sich versprechen lassen 的含义有两种：曾要求对方作出允诺；曾接受对方的允诺。因此承诺也可能构成乘人之危下的暴利。

并取得了"过分利益",但行为人的意思表示还不构成瑕疵,该暴利行为的取得"过分利益"本身,仍然明显违反了善良风俗。显然,这是按高标准判断而不是按低标准判断,不要求行为人另外具备构成意思瑕疵。在这种情形下,即使利用他人的急迫、无经验或欠缺判断力和意志力的程度非常明显,但只要没有产生不正常的不平衡的结果,法律行为仍被认为有效,除非当事人的行为构成诈欺或胁迫;相反,如上述利用他人的急迫、无经验或缺乏判断力和意志力的程度不很明显,属于比较一般,但当事人因此取得的"过分利益"很高,就足以构成暴利行为,导致法律行为无效。如果同时存在暴利行为和因诈欺、胁迫的意思瑕疵,则适用暴利行为规则,使法律行为无效,不必再加撤销。当然,第138条第2款也考虑了部分主观因素,即"施压意思",但这里并不是受压力的意思瑕疵,而是施压力的意思。因此,德国学者荷尔德(Holder)说:"法律所打击的不是不平衡本身而是施压者的行为。"

(二)暴利行为的成立要件

根据《德国民法典》第138条第2款的规定,德国法学家们整理出暴利行为的成立应符合以下要件[①]:

1. 给付与对待给付之间,客观上显失平衡。原则上法律的平衡概念,只要求法律行为达到主观的平衡(subjektive Aequivalenz),即只要当事人主观上认为有同等价值,不问客观价值如何,法律上就认为是平衡的。当然,也有例外,法律在一定情况下也考虑客观的不平衡。认定客观的不平衡,法官应以交易观念为判断,而不能以一方当事人的主观利益为基础,并应计算风险利益。对于双方当事人客观的给付和对待给付"明显的不成比例"、但究竟"明显的"不成比例在什么时候发生,则不可能予以概括;德国法没有采取罗马法时代的"短少逾半规则"那样的固定的价值比例,而是采取抽象的"显失公平"标准。不过,在司法实践中,德国的法院判断的标准通常会是对待给付达到2倍,或者利益失衡达到50%标准,同时斟酌合同订立的总体情况。例如,对待给付有显著风险的法律行为类型(如保险),就不得认定为显失公平。[②] 判断一项贷款的利率是否属于

[①] [德]梅迪库斯:《德国民法总论》,第536页。

[②] 德国联邦法院判决 BGH LM Nr. 1 zu §138,见黄立《民法总则》,中国政法大学出版社2002年版,第349页。

高利贷，通常要考量当时银行法定贷款的利率水平，以及放贷者所承担的风险大小和当时金融市场的基本情况和提供贷款担保的程度等因素[①]。举个例子来说，如果市场上的资金特别缺乏，或者提供贷款将具有特殊风险时，则即便是利率定为10%也完全可能是正常和合理的；但如果排除以上特殊情况的存在，则10%的利率就很有可能被认定为高利贷。跟着相似的情况，如果这涉及一个买卖合同，合同所涉及的某种标的物的价格是以合同签订时和合同签订地常见的价格规定，这里仍然要考虑到，标的物出卖人是否提前考虑到他在这种情况下可能遇到的特殊风险，或者这是否涉及一个投机行为以及其他行为等。关于"特别"不成比例可以这样规定，即这个不合理关系显然超出了根据所有情况作出的有关这方面的界限。利息偏高，可以成立暴利行为。但《德国民法典》制定时认为，由于无法设定利息的法定界限，应由实务依当时的资本市场情况与个案的风险而定。因工资和报酬过低也可发生暴利行为，应在总体上依工作时间、难度，参考类似工作的适当报酬标准，需考虑的不仅有工资、报酬，还应将其他精神上的要求一并纳入，如对工作条件的要求、精神的必要调节的要求等。

2. 一方当事人因穷困、无经验、欠缺判断能力或意志力而为法律行为。1900年《德国民法典》曾使用了急迫、无经验和轻率的表述用语，1978年修正为"穷困、无经验、欠缺判断能力或意志力"。

（1）"穷困"又称"受强制的情况"（Zwangslage）。1900年《德国民法典》曾使用"急迫"（Notlage）一词，判例在立法修正前作出广义解释，指自然人或法人经济生存上的暂时不便的情况。如水管破裂，影响合理的经济运用。[②] 1978年修正为"穷困"后，学理上认为，穷困的认定，应以被害人原来的生活水平方式为判断，以个人的急迫为准，与一般市场的发展情况不利无关；[③] 穷困必须是现实的、实际的。"受强制的地位"既包括经济上的困难，还包括每一种真正的困境，这些困境使接受暴利行

---

① 德国《联邦最高法院民事裁判集》，第80卷，第153、162页；第98卷，第174、178页；第99卷，第333—335页。

② Muenchener/Mayer – Maly, a. a. O., Rz. 124 zu §138, 见黄立《民法总则》，中国政法大学出版社2002年版，第350页。

③ Sorgel/Hefermehl, a. a. O. Rz. 47 zu §138, 见黄立《民法总则》，中国政法大学出版社2002年版，第350页。

为者必须接受上述行为，并将其作为两害相权取其轻的解决方法①。

（2）无经验。德国法上的"无经验"（unerfahrenheit），在判例中认为指欠缺一般生活经验或交易经验，例如年龄太轻、智商能力不足等，而那些仅仅是对特定行为、特定领域欠缺经验或知识的，则不能构成"无经验"。② 换言之，对受害人无经验的判断，必须依据受害人一般的情况为标准。在极特别的情形下，德国法院也有承认对特定行为、行业欠缺了解的人，可构成无经验，如当事人刚刚进入生活条件迥异的国家。③

（3）欠缺判断能力或者明显的意志力薄弱。1900年，《德国民法典》使用了"轻率"（Leichtsinn）一词④，1978年修正为欠缺判断能力或明显的意志薄弱，包含了"轻率"的内涵。判断能力欠缺（mangel an Urteilsvemoegen），指直接采取达成目的的途径，完全没有考虑其他可替代的选择。那些据以判断的因素，例如运用信息的能力太弱、信息不完全、年纪过大或知识层次太低等，均可能导致欠缺判断能力；任何行为主体从事与其财力或需求不成比例的采购时，也是同样地会缺乏判断能力。相反，如果当事人仅仅是因为没有注意到他人提供的信息和资讯，则不能构成判断力欠缺，例如他人告知一当事人土地受自然保护，但该当事人不注意这一信息，以相对高价购买，则既不构成轻率，也不构成判断能力的欠缺。⑤

---

① 例如，帮助逃跑合同一般都要求有一个"强制情况"。"高利贷的"则仅指这样一些合同，即所协商的报酬相对于逃跑帮助者所付出的劳动如风险等，很不合理。逃跑者（或第三者）和协助逃跑者之间订立的合同根据第134条既违反善良风俗，又属无效，因为根据原东德的法律，出国原则上是不允许的，并有可能受到刑事制裁，在原东德，《基本法》（第11条）是不被尊重的。请参见丽泽冈（Liesgang）：《法学家报》，第77卷，第87页；文格勒（Wengler）：《法学家报》，第78卷，第64页；《联邦最高法院民事裁判集》，第69卷，第295页；联邦最高法院判决，《法学家报》，第68卷，第64页；对需要形式要求的合同的具体原因参见《联邦最高法院民事裁判集》，第69卷，第302页，也即《法学家报》，第78卷，第62页。

② 德国联邦法院判例 BGH LM Nr. 2 zu §138，见黄立《民法总则》，中国政法大学出版社2002年版，第351页。

③ 德国 OLG Hamm JMBI, NRW 1974, 33 波兰移民案，见黄立《民法总则》，中国政法大学出版社2002年版，第352页。

④ 德国帝国法院判决 RG JW 1908, 142，将"轻率"理解为受害人在订立法律行为时，毫无考虑，对法律行为的细节并未深知，导致行为时不知真实价值关系，但不以受害人是轻率之人为必要，见黄立《民法总则》，中国政法大学出版社2002年版，第350页。

⑤ 德国联邦法院判决 BGH WM 1976, 926, 927，见黄立《民法总则》，中国政法大学出版社2002年版，第351页。

意志力薄弱，通常表现为法律行为主体精神上受到的客观制约，例如嗜好吸烟、吸毒、酒精成瘾等因素导致对其本身判断力的不利影响。而生活中常见的受广告诱惑，则不能构成意志薄弱。明显的意志薄弱，相比较"判断能力欠缺"而言，更注重当事人的习惯倾向。

3. 另一方当事人利用了他人穷困、急迫、缺乏判断力或意志力的情况。相对人明知他人有上述弱点而加以利用（bewusst zunutze marcht），构成的行为通常称为"乘人之危"。相对人的乘人之危行为不以有过分利益的取得之企图为必要。这个构成要件是辅助性的，即便乘人之危的程度很严重，但如果没有不正常的不平衡的结果，就不能构成暴利行为；反之，如果乘人之危的程度属于一般，但相对人取得的过分利益很高，则依然构成暴利行为。

对于德国法暴利行为的成立要件，主要为以上三条，前两条为主要构成要件，最后一条是辅助要件。法律规定的以上要件共同构成暴利行为的前提条件，如果缺乏这些前提条件，上述行为仍能根据第138条第1款的规定成为完全无效的行为。①

（三）暴利行为的效力

德国法将暴利行为规定为典型的或者是较为严重的违反善良风俗行为，因而归于无效。其他国家态度有所不同。《瑞士债法》第21条对"过分利得"（Uebervorteilung）进行规定，体系上没有归入违反善良风俗，而是作为相对无效处理，受害人得在合同成立时起1年内宣告无效。这与合意的瑕疵处理相近。我国台湾地区"民法"第74条与《瑞士债法》的规定相似。

对于给付与对待给付之间特别不成比例是否能单独构成第138条第2款所规定的问题，联邦最高法院曾在一个否决斯图加特州高级法院的判决②作出了否定的回答。③。因此，对一个生效的、高于100%的年息的贷款，没有必要在所有的情况下，以及在每一个案件中都去证明它是违反善良风俗的。事实上，更常见的情况是，法院需要判断贷款者是否或多或少地利用了接受贷款者的第138条第2款规定的情况。对违反善良风俗作出

---

① 德国联邦最高法院判决，《法学家报》，第85卷，第958页。
② 德国《新法学周报》，第79卷，第2409页。
③ 德国《联邦最高法院民事裁判集》，第80卷，第153页。

判决必须是一个"总的评价",它必须是对"贷款行为的内容和目的,以及对所有其他行为条件的总的评价"。因此,如果不发生错误,"明显的不成比例"在这里具有一种特殊的意义。如果暴利行为的构成要件不符合上述法律规定的成立要件,那么也就没有必要继续审查,这个行为根据它的内容、动机、目的等的总和得出它的"总的特点"是否违反善良风俗。法律规定,从接受高利贷方看,不单单是负担行为,而且履行行为也是完全无效的。这样一来,法律保护接受贷款一方的目的,将在更大的范围内得以实现。但是法律条文和法律目的都没有要求,高利贷者给予接受高利贷者的贷款完全无效,法律只是规定了把对高利贷者的请求权限制在不当得利偿还范围内。

根据德国法,违反善良风俗是法律行为无效的原因之一,且还会要求返还不当得利。依第812条第(1)款第1项,无法律上的原因而受领他人的给付,应返还所受利益。但给付人也有违反时,相对人可以保留给付,或拒绝为对待给付,学理和判例解释上认为这里适用制裁说和拒予保护说。制裁说认为,这是对于给付人的制裁①;拒予保护说认为,双方违反善良风俗,任何一方都无法得到国家法律的保护。② 如处分行为因违反善良风俗无效时,德国判例 BGHZ 39,87,917 认为物权并未移转,依物权保护规定,给付人仍可行使物上请求权。

三 我国台湾地区法的"暴利行为"制度

我国台湾地区"民法"作为大陆法系的民法的一员,在"民法"上规定了显失公平制度。其"民法"第74条规定:"法律行为,系乘他人之急迫、轻率或无经验,使其为财产上之给付,或未给付之约定,依当时情形显失公平者,法院得因利害关系人之声请,撤销其法律行为,或减轻其给付。前项声请,应于法律行为一年内为之。"

台湾地区"民法"由于继受了德国民法的显失公平制度,因此也可称为"暴利行为"制度。暴利行为也作为违反公序良俗的法律行为之一予以规制。其构成要件与《德国民法典》中暴利行为的规定非常相似,但在效

---

① 德国帝国法院判决 RGZ 95,347,349。
② 德国联邦法院判决 BGHZ 9,333;Esser/Weyer, Schuldrecht Ⅱ,§49/1V/1;Laernz, Schuldrecht Ⅱ,§69/Ⅲ/6:双方违反时,任何一方均无法得到法律保护。

力的规定上有所区别。

（一）暴利行为的构成

1. 主观要件

（1）须暴利行为人对于他人的急迫、轻率或无经验的利用有故意存在①。但这里利用上的"故意"，并非必须是欺诈、胁迫的意思表示，偶然中利用机会也算作"故意"。需要注意的是，若行为人已经有欺诈或胁迫行为时，应适用台湾地区"民法"第 92 条的特别规定，该 74 条有关暴利行为的规定，势必经常与第 92 条有关欺诈、胁迫及第 205 有关最高利率限制等规定，发生适用上的竞合问题。台湾地区"民法"第 74 条被视为民法为特别规定之帝王式的衡平规定。

（2）这里所谓他人，不以为给付或为给付约定之相对人为限，例如利用双亲或配偶急迫之他人，也包括在内。

（3）须有利用他人之急迫、轻率或无经验的情况。急迫的意思，涵盖经济上的困难或生命、健康、名誉的危急；轻率的意思，是指行为人对其行为结果没有正确认识，例如张某认捐红十字会某基金 100 万元，李某为表示支持，在其签名下也签了自己的名字，但对自己签名的法律意义没有认识，哪知道要负连带认捐责任。但是这与无意识的行为不同，因为无意识的行为虽有意思表示，但并无表示的行为意识存在，例如被强制下无自由意识的行为，在法律上而言，并无行为存在。无经验，通常是指欠缺一般的生活及交易经验，例如一般住户向开发商购买预售房屋，对内外管线及面积计算，均欠缺经验。

2. 客观要件

（1）使相对人为财产上的给付，或为给付的约定，因此单纯的身份行为不包括在内。②之所以不适用身份上的财产行为，是因为台湾地区"民法"第 74 条规定所衡平的对象，在于对待给付的价值是否公平，而不是在双方给付所之利用。本条规定的财产上的给付，应当指的是已履行债务

---

① 台湾"最高法院"1998 年度台上字第 2810 号判决："法院依民法第七十四条第一项规定撤销法律行为或减轻给付，需行为人有利用他人之急迫、轻率或无经验，而为法律行为之主观情事，始得因利害关系人之申请为之。"

② 林诚二：《民法总则》（下册），法律出版社 2008 年版，第 310 页。

的物权行为，而所谓给付之约定，指的是债权行为，二者均在撤销范围之内①。

（2）依当时情形显失公平，意味着：首先，需依当时情形判断是否显失公平，例如美元、股票或不动产，虽事后因外在因素有升降而失公平，但如果依据当时情形并不失公平者，不适用该条款。其次，需依行为当时的不公平程度判断是否"显著"，如果行为虽有不公平，但并不显著，不适用该条款。例如购买古董，价格虽然很高，但与一般复制品的价格也不相上下，这种情形不适用显失公平条款。但如果是对古董有所误认，则又属于错误的范畴，也非本条暴利行为而得撤销或减轻给付的问题。至于是否显失公平，则按照主张有利于自己事实者，应负举证责任之原则（台湾地区"民事诉讼法"第 277 条），应由原告负举证责任。

台湾地区"民法"要求法律行为必须同时符合客观要件和主观要件，才能成立暴利行为。例如下列这些案例：①某甲趁某乙之急迫需要、个性轻率或毫无经验，把 100 元价值的物品以数千元卖给某乙，这里虽然是买主乙自由意志购买，卖主甲并未使用欺诈手段，但卖主甲仍是抓住了他人的弱点，获取暴利，显然有失公平，买主可以依据台湾地区"民法"第 74 条的规定，声请法院撤销买卖，或减轻给付。②某甲溺水，在河中大喊救命。某乙趁此机会，先与某甲谈判，以百万元报酬作为救命的条件，某甲为了保全自己生命，一口允诺，某乙于是把某甲救上岸，这种乘人急迫所订立的百万元酬劳合同，显然也构成了台湾民法典上的暴利行为。③趁他人家属需开刀做手术、住院或为办理丧事急需用钱，放高利贷给他人的行为，除了会构成台湾"刑法"第 344 条的重利罪之外，在"民法"上，债务人可以依据台湾地区"利率管理条例"第 5 条的规定，按当地"中央银行"核定之放款日折算给付利息，对于超出部分的利息有权拒绝给付，如果已经给付，还可以依据暴利行为的规定请求法院救济。④第一次进城的农村人到台北市乘坐出租车到某地，这位司机故意不走近路，而是在街市上绕远，最终才到达目的地，车费比正常打车多了十几倍，这种行为在台湾地区"民法"上同样构成暴利行为，可以请求减轻给付。

（二）暴利行为的效力

符合以上要件的法律行为，利害关系人不能直接主张撤销法律行为或

---

① 林诚二：《民法总则》（下册），法律出版社 2008 年版，第 311 页。

减轻给付,只能声请法院来撤销或减轻给付,是否准许取决于法院的自由裁量权。

依据"民法"第74条的规定,要取得法律上可撤销或可变更的效力,必须首先依当事人的声请。所谓利害关系人,依照前述主观要件,并不以相对人为限,只要为给付或给付约定之行为人即可满足,因此保证人也包括在内。

其次,以诉讼方式提出声请,并经法院为形成判决①。台湾地区"民法"上撤销权的行使,有多种情形:有以行政处分为之,如法人违反设立许可条件者,主管机关得以行政处分撤销其许可(台湾地区"民法"第34条);有以意思表示撤销,例如因错误、被欺诈或被胁迫而为意思表示的,表意人依据意思表示予以撤销(台湾地区"民法"第88条、第92条);有必须以诉讼方式为之,例如本条(台湾地区"民法"第74条)、台湾地区"民法"第244条或其他身份行为的撤销等。

(三) 关于暴利行为效力的批评意见

如前所述,在台湾地区的暴利行为依据"民法"第74条,其法律效果为"经利害关系人之申请,撤销其法律行为,或减轻其给付"。换句话说,如果给付与对待给付之间显失公平,但不符合第74条的构成要件时,该行为有可能因违反公序良俗而无效,但对于经过多重考验才符合第74条之严格构成要件的情况,其法律效果反而弱于一般条款,其立法技术上有值得商榷之处。台湾民法学家们认为,将这里可撤销可变更的法律效果直接修正为无效,就能避免这一缺失。②

四 其他大陆法系国家的显失公平立法例

除了以上有代表性的大陆法系国家在民法典或债法典中对显失公平制度作出规定之外,还有以下这些大陆法系国家的民事立法例。

(一) 瑞士债务法

在《瑞士债法典》的第21条中,规定了"不公平合同"条款。

---

① 台湾"最高法院"1981年度台上字第174号判决:"因显失公平而依民法第七十四条请求撤销其行为或减轻给付,为形成之诉。上诉人不起诉为之,而仅在本件被诉中作此抗辩,尚非可采。"

② 黄立:《论公序良俗与暴利行为》,载《政大法学评论》第41期,转引自黄立《民法总则》,中国政法大学出版社2002年版,第354页。

第 21 条（不公平条款）：因一方当事人占有抵押物、缺乏经验或者不顾相对方的需要等，导致合同双方当事人之对待给付明显不公平的，利益受损害的一方可以在一年之内请求撤销合同，并可要求返还已经支付的对价。

《瑞士债法典》有关显失公平的规定显然是受了《德国民法典》的影响，其对于暴利行为的相关规定，在很多方面都是借鉴了德国的立法模式，但在显失公平法律行为的要件方面跟《德国民法典》有显著差别：一是《瑞士债法典》将暴利行为的法律效果由"无效"改为"可撤销"；二是对相对人的撤销权行使设置了除斥期间，为一年。此外，《瑞士债法典》中的暴利行为并未与公序良俗原则之间建立直接联系。

（二）奥地利民法典

1811 年《奥地利民法典》第 934 条规定与法国合同损害制度相类似。

第 934 条：在双务行为中，若一方当事人未获得给予相对人之物的一般价值的一半，受损害一方有请求撤销并回复原状的权利。但是，若相对人填补了对方一般价值的损害，可以维持该行为的效力。

相较而言，法国的合同损害制度只适用于不动产买卖中的卖方，奥地利则普遍适用于双务合同。然而，由于与一般价值的差额可以被认定为权利放弃或赠予，因此该制度在实践中没有太大或者太多的作用。因此，奥地利在 1916 年修订民法典时新设了第 879 条第 2 款。

第 879 条：违反法律上禁止及违反良俗的合同无效。

下述合同尤应无效。……（4）一方当事人利用相对人的轻率、强制状态、理解力薄弱、无经验及情绪不稳定，使其对自身或第三人为给付或为给付的约定，相对人给付的价值与其所获利益相比存在显著的不均衡。

《奥地利民法典》增设该条款时并未删除原规定的第 934 条。因而，在奥地利，德国的暴利行为制度与法国的合同损害制度是并存的。在司法实践中，若双方当事人签订的合同的程序与内容符合了暴利行为的主、客观要件时，可以根据该法典第 879 条第 2 款宣告合同无效。但若仅存在客观给付的失衡，则利益受损方可以根据第 934 条要求撤销合同。

（三）意大利民法典

1865 年制定的意大利旧民法典采取了与《法国民法典》类似的规定，1942 年的新民法典则采取了以下规定。

第 1448 条：如果一方与他方之间的给付是不均衡的，并且这一不均衡是在一方利用相对方的需要乘机谋取利益的情况下发生，则遭受损害的一方得请求废除契约。

如果损害没有超过被损害方给付或者于契约订立时承诺给付的价值的一半，则前款规定的权利行使不被接受。

损害的考虑应当截止到提出请求时。

射幸契约不得以损害为由被废除。

有关废除分割的不同规定除外。

根据以上规定，一方面，从其中包含的所适用的契约类型的范围、受害人的穷迫、加害人对受害人不利状态的利用这些要件等方面来分析，《意大利民法典》的规定与《德国民法典》比较接近。但是，另一方面，从该法条第 2 款规定的撤销权的存在与否，取决于损害是否达到给付价值的"一半"这一客观要件来看，则该法典仍然延续了罗马法和法国法的传统立法思路。

如上文所述，《奥地利民法典》的做法融合了法国法和德国法的特色，即在同一部民法典内分别各用专条规定了法国式的合同损害和德国式的暴利行为制度；而《意大利民法典》则在同一个条文吸收了法国式合同损害与德国式的暴利行为的若干要件，是另一种法式与德式的混合，也是一种特色。

（四）荷兰民法典

1838 年《荷兰民法典》采取法国式的法典编纂模式，在给付失衡方面的规定与法国法相类似。但是，需要特别说明的是，荷兰自 1947 年以来在修订过程中形成的"新民法典"在显失公平制度问题上，设立了独特的所谓"状况滥用"制度。

第 3.2.10 条第 4 款

一方当事人，以与他方当事人缔结对他方有害的行为为目的，滥用了相对人的必需状态、从属、轻率、异常的精神状态、无经验，则可认定为存在状况滥用。存在显著不均衡的损害时，若必需状态、从属、轻率、异常的精神状态、无经验得到证明，则推定为状况滥用。

《荷兰民法典》的这一规定与《意大利民法典》第 1448 条类似，任何种类的合同都可以适用暴利行为，并规定了得益方以及受损方的主观要件，这些都是与德国法的做法相近似的。但《荷兰民法典》的以下三种做法与德国法不完全一样，存在较大的差异：一是利益受损者主观要件的规定比较宽泛；二是设立推定规则以判定得益方的主观要件；三是可撤销暴利行为的法律效果。受害人宽泛的主观要件与可撤销的法律效果这两点与瑞士民法典是相似的，而对加害人主观要件的推定在瑞士法中也不存在。

由上可见，《荷兰民法典》中"状况滥用"包括两类：一类是"认定滥用型"，构成这类暴利行为需要三个条件，第一是加害人具有主观故意，第二是受害人出现不利状况，第三是加害人滥用了受害人的不利状况。这一类型并未对受害人是否受损及在多大程度上受损作出规定，而主要从加害人与受害人的主观状况上进行判断，因此这种规定实际上已经非常接近于意思表示瑕疵了。另一类是"推定滥用型"，这一类型也有三个要件，其一为受害人的损失显著，其二受害人出现不利之情形，其三是加害人利用了受害人的不利情形。须注意的是，第三个要件是从第二个要件中推定得出的，只要受害人有不利状况，就可推定加害人对之有滥用。因此，后面这种"推定滥用型"的判断标准主要依据受害人的"显著损失"及"不利状况"，即判断标准在很大程度上属于客观标准，这一判断标准的应用极大地增加了受害人在受到重大损失的时候得到保护的可能性。但是还需注意的是，这种由受害人的不利状况作出的加害人"滥用"的推定，是一种可被"推翻"的推定，加害人只需有相反的证据即可予以推翻。

这种在暴利行为内部进行两分的做法，与我国《民法通则》及《民法通则意见》中将"乘人之危"与"显失公平"相区分的做法有很大的相似之处。

（五）比利时、卢森堡法

比利时、卢森堡的现行法采取的是与法国相似的合同损害制度，但最近法律修订中的立法草案有了新的动向。尤其值得注意的，是比利时1971年7月14日有关商业行为的法律修订草案与卢森堡在消费者保护立法中对民法典的修订草案。

第58条第8款（比利时）：现行法的适用中，若契约条款在消费者的权利义务之间产生对消费者显著不利的不均衡，则此契约条款必须被理解为滥用条款。

修订第1118条（卢森堡）：契约成立之时，合同损害使当事人一方的给付与相对人的对待给付之间产生显著不均衡，并且，这种不均衡是基于一方当事人滥用自己经济、心理、知识上的优势，并故意滥用相对人的穷迫、轻率、无经验产生的，则合同损害使契约产生瑕疵。证明责任由主张受损者承担。然而，受害人亦可请求在合同损害产生的债务减额后继续履行契约。

比利时的立法草案与法国 1978 年的法律接近，卢森堡的立法草案可以看作处在合同损害的延长线上，从中可以窥见滥用规制的条款与合同损害的亲近性。卢森堡的立法草案与现行法第 1118 条的规定（现行法与法国法相同）相较，可谓有了一百八十度的转变，在主观要件上同时强调"滥用优势"及"滥用穷迫、轻率、无经验"两方面，可谓颇有特色。

（六）日本民法典

第一篇总则、第四章法律行为、第一节总则：

第 90 条（违反公序良俗行为无效）：以违反公共秩序或善良风俗的事项为标的法律行为，为无效。

《日本民法典》继承了德国式体例的立法模式，也规定了公序良俗的事项为标的不法的法律行为，但没有将行为原因界定为非法。但《日本民法典》并未完全沿袭德国，在法典中明确暴利行为，而仅在法律解释中承认暴利行为是违反了"公序良俗"的一种表现。同德国法一样，日本法在判例学说上也要求成立暴利行为需同时具备主观要件和客观要件。但是日本民法中暴利行为的适用比德国法要更灵活，因为日本民法的条文中并没有明确规定构成要件的组成，因此司法实务中，法院也对某些只具备客观要件的案例认定为成立暴利行为。

（七）俄罗斯民法典

第一编总则、第四分编法律行为与代理、第九章法律行为、第二节法律行为的无效：

第 169 条（无效法律行为之一）：以故意违反法律秩序或道德为目的而订立的法律行为自始无效。

这种法律行为的双方均存在故意时，若双方均已履行了法律行为，则双方依据该法律行为所获的全部所得均应予追缴，收归俄罗斯联邦所有；而在一方已履行时，则向另一方追缴其全部所得和另一方作为补偿应付给履行方的全部对价作为俄罗斯联邦收入。

在法律行为中仅有一方存在故意时，该方依照该法律行为所获的全部所得应返还另一方，而另一方已得到的或作为补偿已履行部分应付给他的全部对价应追缴收归俄罗斯联邦所有。

在理论上，标的不合法与原因不合法是两个问题，一个法律行为可能在内容上违反法律或一般道德，但目的并不违法，如一个暴利行为合同，其合同内容因给付严重失衡而违反公序良俗，但它并无违法或违反一般道德的目的；反之，内容违法的合同目的未必违法，如一个为黑社会团体筹集资金的合同，在内容上可能是个普通的买卖契约。从此条的立法意旨来看，应理解为原因不合法的规定。在对原因不合法的法律行为的规制问题上，俄罗斯采取了严格规制的态度，这种严格体现在：首先，无论是单方存在故意还是双方存在故意，法律行为均为无效。其次，在无效的后果上，双方均为故意的情况下，双方已经履行或应履行的部分均收归国有；只有单方存在故意的情况下，故意一方应返还因该法律行为全部所取得给非故意一方，而故意一方已履行或应履行的部分收归国有。但是，《俄罗斯民法典》虽有原因不法的条文，却无标的不法的规定。仅从民法典上来看，这种立法例还是存在一定的问题的。

（八）澳门特别行政区民法典

《澳门特别行政区民法典》的暴利行为制度制定得非常精细，自成体系，独具特色。澳门法上的暴利行为制度由三部分构成。

第一部分：位于第一卷总则、第二编法律关系、第三分编法律事实、第一章法律行为之第二节"法律行为之标的及暴利行为"。涉及暴利行为的条文有3条。

第275条（暴利行为）

一、有意识地利用他人之困厄状况、无技能、无经验、轻率、信赖关系、精神状态或性格软弱，而使其承诺给予自己或第三人利益，或使其给予自己或第三人利益，且根据具体情况，上述利益系过分或不合理者，有关法律行为得以暴利为理由予以撤销。

二、保留第553条及第1073条所定之特别制度。

第276条（暴利行为之变更）

一、受害人得声请按衡平原则[①]之判断变更暴利行为，而不请求撤销该行为。

二、撤销经声请后，他方当事人可就该声请提出异议，并表示按上款之规定接纳该法律行为之变更。

---

① 除法律、条约与习惯外，澳门民法典还承认衡平原则为其法律渊源之一，法院可以在法律之外以衡平原则裁判案件，这在大陆法系是个特别现象。参见《澳门民法典》第3条。

第 277 条（犯罪性暴利，略）

第二部分：位于第二卷债法，第一编债之通则，第三章债之类型之第七节"利息之债"。

第 553 条（高利贷利息）

第 1073 条之规定，适用于在给予、订立、续订、贴现某信贷或延长某信贷之延长还款期之法律行为或行为中，又或在其他类似行为中，有关利息或其他利益之订定。

第三部分：位于第二卷债法、第二编各种合同之第五章消费借贷。

第 1073 条（暴利行为）

一、在消费借贷合同中，如订立之利息高于法定利息之三倍，则视有关合同具有暴利性质。

二、如通过违约金条款就因未返还借用物而按迟延时间定出之损害赔偿，高于法定利息之五倍，则亦视有关合同具有暴利性质；如属狭义强迫性之违约金①条款，则有关处罚金额不得高于法定利息之三倍。

三、如订定之利率或定出之赔偿金或处罚金额超过以上两款所定之上限，则视为减至该上限，即使不符合立约人之意思亦然。

四、对本条所指上限之遵守，并不影响第 275 条至 277 条规定之适用。

从以上法律规定来分析，《澳门民法典》第 277 条第 1 款系暴利行为的一般规定，该条款位于总则卷中，理论上得适用于一切法律行为。该条款明显参考了《德国民法典》总则第 138 条第 2 款中暴利行为的规定，也将暴利行为的构成要件分为主观与客观两个方面。其中主观要件为"有意识地利用他人之困厄状况、无技能、无经验、轻率、信赖关系、精神状态或性格软弱"，与《德国民法典》"乘另一方穷困、没有经验、缺乏判断能力或者意志薄弱"大致相仿；客观要件为"利益系过分或不合理"，与《德国民法典》中的"利益与给付显然不相称"基本雷同，均为"给付失衡"。

《澳门民法典》与《德国民法典》关于暴利行为法律效果的规定明显

---

① 所谓强迫性违约金参见第 779 条第 1 款："对于不履行、瑕疵履行或迟延履行之情况，当事人可以通过协议定出可要求给予之损害赔偿或可适用之制裁；前者称为补偿性违约金，后者则称为强迫性违约金。"

不同。《德国民法典》为无效，而《澳门民法典》为可撤销，后者的规定与台湾地区民法典相同。而且依照《澳门民法典》第276条之规定，当事人可选择变更该法律行为，从而使该行为的效力得以维持。由此可见，与原因不法之法律行为的处理相同，该法典对暴利行为没有采取固化态度，而相对较灵活。

第1073条是"消费借贷合同"中暴利行为制度的特别规定。《澳门民法典》中暴利行为制度有关消费借贷合同的规定跟《澳门民法典》的一般规定有所不同，这种不同表现以下几个方面：第一，主观要件。按照一般规定，受害方主张暴利行为须提供证据证明加害方签订合同时的主观态度。即加害方须"有意识地利用他人之困厄状况、无技能、无经验、轻率、信赖关系、精神状态或性格软弱"，这种主观状态的举证难度显然比较大，以至于实际上受害人的主张很难得到支持。消费借贷合同中则明确废弃了暴利行为的这一主观要件，只须证明存在条文中规定的客观要件即成立暴利行为，有利于维护借贷人的利益。第二，客观要件。其把"利益系过分或不合理"具体化，规定"订立之利息高于法定利息之三倍"，这一举措不仅方便了当事人的举证，也方便了法院的认定。在德国民法上，暴利行为制度同样经历了一个主观要件逐渐弱化的过程，最终导致了学说上"准暴利行为"的产生，《澳门民法典》第1073条与德国民法典的做法极为相似。第三，法律效果。在消费借贷合同中，暴利行为所产生的效果不是无效或者也不可撤销，而是将超过法定上限的利息约定"减至该等上限"，这是一种法定变更。总之，通过主观要件废弃和客观要件具体化的手段，消费借贷合同中通常的弱势方——借贷人利用暴利行为制度维护自己权益的可能性大大增加了。同时，把消费借贷中暴利行为的法律效果规定为法定变更，使贷予人仍可得到法定最高利息，平衡了双方当事人之间的利益状态。

不过，倘若第1073条中对暴利行为的特殊规定仅限于消费借贷领域的适用，则范围显然过窄。于是在《澳门债法通则》第553条将其适用范围扩展到消费接待类似的信贷和其他还本付息的行为上。

在境外法律的适用问题上，《澳门民法典》第20条规定："如适用冲突规范所指之澳门以外之法律规定，导致明显与公共秩序相违背，则不适用该等规定"，这属于公共秩序保留条款。

（九）其他国家立法

自20世纪初以来，瑞典、挪威、丹麦三国就有着共同的合同法，其第31条规定，如果利用相对人穷困、判断力欠缺、不经意、从属的地位而与对方签订的合同不具有法律上的约束力。后又在合同法中增设了第36条，该条属于一般条款，目的在于规制不公正契约条款。因其未规定具体的适用要件，算是一个非常概括性的规定。

1889年《西班牙民法典》第1293条原则上不承认基于合同损害产生的撤销权，例外情况下承认上述撤销权的场合，相对于法国法的规定而言要少很多，例如在不动产买卖中就不承认有此撤销权。葡萄牙1867年的旧《民法典》第1582条不承认买卖中基于合同损害的撤销权，而在1967年新《民法典》中则采取了与德国民法典相近似的规定。[①]

（十）比较法小结

在以上对大陆法系各国显失公平制度进行介绍的基础上，本章第一节对英美法显失公平制度的介绍，以及第五章第一节和第二节分别对近代法之前的罗马法非常损失规则和中世纪法中有关公平价格理论和禁止高利贷等制度的介绍，本书对显失公平制度的比较可以在此作一个小结。

通过以上对两大法系中各国显失公平制度的比较考察，笔者认为可以得出以下三点判断：

首先，从两大法系的宏观比较来看，英美法系和大陆法系针对显失公平的立法存在比较明显的差异。在英美法的显失公平制度设计中，没有明确以具备给付不均衡这种客观要素为必要构成要件，而是更重视当事人的合同谈判地位、主客观状态等因素。而大陆法系国家通常强调必须具备双方当事人"给付与对待给付明显不均衡"这一客观要件，而对于主观要件的规定有国别间的差异。北欧各国的立法例则往往混合了英美法和德国法各自的一些立法特点，因此给人印象是处于英美法与德国法之间。

其次，在大陆法系内部的几个主要国家之间，例如德国法与法国法也存在很大的差异。主要体现在法国法规定的合同损害制度在合同法内有适用范围的限制，而在构成要件的判断上不要求主观要件，并且对客观要件规定了明确的比例标准；而德国法上暴利行为制度在合同法内的适用范围

[①] 关于奥地利、荷兰、比利时、卢森堡、瑞典、挪威、丹麦、西班牙、葡萄牙民法典的相关规定，请参见［日］大村敦志《公序良俗と契约正义》，有斐阁1995年版，第259—263页。

上原则上无限制，在构成要件的判断上强调主观要件为"一方当事人对相对人不利情事的利用"，而且客观要件中没有规定具体的利益失衡比例。德国法和法国法及其各自的众多效仿国立法例，形成了大陆法系内部主客观要件立法模式不同的两大派系，而还有些国家如奥地利、意大利等国民法中的显失公平制度，因为兼收了两大派系的特点，从而独具本国的立法特点。

最后，在20世纪以后进行民事立法的各个国家，则比较普遍地在显失公平法律行为制度上规定了客观要件与主观要件的双重要件，并有将法律效果柔软化的倾向，即不采用德国法中将暴利行为直接归为完全无效的做法，更多的是赋予当事人或司法机关以撤销权、变更权或者自由裁量权。

通过对以上英美法系和大陆法系各国众多的显失公平制度立法例的考察，笔者认为可以根据不同的标准对各国的立法例作出分类。

首先，可以根据是否以罗马法上的非常损失规则为起源为标准，划分为罗马法型（绝大多数大陆法系国家）和非罗马法型（英美法、北欧各国法）。

其次，在罗马法内部，以时间和法律要件效果为标准划分为以下五阶段类型：

第一类，18世纪以前，对非常损失规则予以广泛承认与适用的立法例。

第二类，18世纪末至19世纪初，对非常损失规则进行限制的承认的立法例，如普鲁士一般邦法（1794年）、法国民法典（1804年）、旧奥地利民法典（1811年）。

第三类，19世纪中叶至后半期，对非常损失规则进行否定的立法例，如罗马尼亚民法典（1865年）；葡萄牙旧民法典（1867年）；瑞士旧债务法（1881年）；比利时民法典草案（1884年）；日本民法典（1896年）等。原则上不承认非常损失规则的荷兰民法典（1838年）、魁北克民法典（1866年）、西班牙民法典（1889年），则处于第二类与第三类之间。

第四类，19世纪末20世纪初，将暴利行为规定为违反公序良俗的行为之一，法律效果归于全部无效的立法例。如德国民法典（1900年）、修订奥地利民法典（1916年）。

第五类，20世纪初以来，将法律行为是否违反公序良俗与给付利益是否失衡相分离,并把构成要件与法律效果柔软化的立法例出现。波兰民法典、黎巴嫩债务法典、"中华民国民法典"、战时形成的意大利民法典、战后法国与荷兰民法典草案、韩国民法典(1958年)、魁北克民法典草案(1977年)。

从显失公平制度的类型化和历史发展的过程来看,其立法趋势大致是沿着从第一类到第三类再到第五类的轨迹发展的,第二类和第四类可以视为中间的过渡状态①。

---

① [日]大村敦志:《公序良俗と契约正义》,有斐阁1995年版,第264—265页。

第五章

显失公平的法理分析与正当性研究

第一节 公平的内涵与公平原则

一 公平理论概述

"公平"一词在各国的法律制定和法学理论中都有着十分重要的地位。但要给公平一个确定的法律上的概念并不容易。有学者认为，公平就是正义的代名词，属于法律的最高价值。[①] 也有学者认为，"公平的含义与平等一致"。[②] 还有学者认为公平实际上就意味着分配正义。[③]

柏拉图（前429—前347年）和亚里士多德（前384—前322年）的公平理论，由西塞罗（前106—前43年）传入罗马，这一理论"坚决地将公平作为法的核心和本质"。事实上，公平与法之间的关系是密不可分的。公平的效用在于每个人可以获得其应得的东西。法则是维护公平实现的依据。

从我国来看，"公平"一词源远流长，来自于中国本土的传统文化。《管子·形势解》曰："天公平而无私，故美恶莫不覆；地公平而无私，故小大莫不载。"《老子》称："天之道，损有余而补不足。"[④] 道家的思想则是强调对立双方的相对平衡。儒家认为："均无贫，和无寡，安无

[①] 孙国华主编：《市场经济是法制经济》，天津人民出版社1995年版，第163页。

[②] 何怀宏：《契约伦理与社会正义》，中国人民大学出版社1993年版，第120页。

[③] ［美］E. 博登海默：《法理学——法哲学及其方法》，邓正来、姬敬武译，华夏出版社1997年版，第255页。

[④] 赵万一：《民法的伦理分析》，法律出版社2012年版，第87页。

倾"①;"中庸之为德也,其至矣乎"。②

美国的著名学者约翰·罗尔斯把"公平"理解为"正义"的同义语。他认为,在平等的原始状态,"由于所有人的处境都是相似的,无人能够设计有利于他的特殊情况的原则,正义的原则是一种公平的协议或者契约的结果"。③ 公平的正义认为原始各方是相对独立的个体且相互之间是漠不关心的。这并不意味着各方是利己主义者,即只关心自己的某种利益,比方说财富、威望、权力的个人,而是被理解为对他人利益冷淡的个人。④ 至此,对于公平或者正义的定义,仍旧不能说已经有了确切的答案。对于公平或正义在理论上有各种各样的界定,有从平等的角度,也有从自由、秩序、安全、合法性等视角来界定,还有从人的个体性与社会性的均衡角度来界定的。总而言之,"正义或公平这个概念,与自由和强制这类概念相同,其含义也颇为含混"⑤。笔者认为,将正义或公平的概念归结为"各人得其所得"值得采信。这一概念的传承有着悠久的历史,从古罗马时期的法学家乌尔比安首倡的正义定义开始⑥,到西塞罗和阿奎那对正义的论断⑦,到瑞士神学家不伦纳的观点:"无论是他还是它,只要给每个人以其应得的东西,那么该人或物就是正义的;一种态度、一种制度、一部法律、一种关系,只要能使每个人获得其应得的东西,那么它就是正义的。"⑧ 哈耶克认为:"每个人都应当得到他所应当得到的东西,这也许是一般人的心智所能设想出的正义理想最为清晰且最有力的形式。"⑨

---

① 《论语·季氏》。

② 《论语·雍也》。

③ [美] 罗尔斯:《正义论》,何怀宏等译,中国社会科学出版社1988年版,第12页。

④ 同上书,第13—14页。

⑤ [英] 弗里德里希·冯·哈耶克:《自由秩序原理》(上册),邓正来译,三联书店1997年版,第120页。

⑥ 乌尔比安认为:"正义是使每个人获得其应得的东西的永恒不变的意志"。

⑦ 西塞罗将正义表述为:"使每个人获得其应得的东西的人类精神意向。"阿奎那认为:"正义是一种习惯,依据这种习惯,一个人以一种永恒不变的意愿使每个人获得其应有的东西。"

⑧ [美] E. 博登海默:《法理学——法哲学及其方法》,邓正来、姬敬武译,华夏出版社1997年版,第238页。

⑨ [德] 弗里德里希·冯·哈耶克:《法律、立法与自由》(第2、3卷),邓正来等译,中国大百科全书出版社2000年版,第118页。

二 公平的含义

狭义的公平又分为"分配的公平"和"矫正的公平"。分配的公平也称为几何公平，是基于比例平等的原理，即依据几何学的比例，确定各个人的利益与不利益的应得份，其核心是在一定标准下按比例分配。矫正的公平在私下交易中较为普遍，可以根据人们的主体意愿，自愿或者强迫使用。因为这种公平存在不平衡的因素，结果必然是有人有所得、有人有所失。法律的作用便是恢复其原状，要求因违反合同或因不当行为而获利的一方当事人向遭受损失的另一方当事人作出数额相等的赔偿。[①] "因此，矫正的公平使用是一种算术上的比例方法，这与分配的公平中所用的几何比例法是完全不同的。"[②]

三 我国的公平原则

我国的民法学者们在分析公平原则时，也界定过该原则的含义。例如，梁慧星教授认为：公平原则是指民事法律行为内容的确定，应当遵循公平的原则。[③] 韩世远教授则认为，公平原则是指法律确立的以公平理念确定民事主体的民事权利、民事义务乃至民事责任的基本原则。[④] 这些界定因为直接或间接包含了被定义项，即定义中出现了被定义的概念"公平"本身，因此在逻辑上有同语反复的弊端。笔者认为，依据上述对公平的概念界定，可以得出公平原则乃是"个人得其应得"这种价值在法律与事实可能范围内最高程度的实现，简言之为"个人得其应得"观念的最大化。这一定义使公平具有了独特的内容，"公平"就是"公平"本身，而非自由、平等抑或诚实信用、公序良俗。"各得其所、各得所值"彰显了公平与其他价值的本质差别。[⑤]

[①] 赵万一：《民法的伦理分析》，法律出版社2011年版，第89页。

[②] [英]彼得·斯坦、约翰·香德：《西方社会的法律价值》，王献平译，中国人民公安大学出版社1990年版，第76—77页。

[③] 梁慧星：《民法总论》，法律出版社2001年版，第50页。

[④] 韩世远：《合同法总论》第3版，法律出版社2001年版，第39页。

[⑤] 易军：《民法公平原则新诠》，载《法学家》2012年第4期。

第二节　显失公平与自由原则

自由原则和"意思自治"在传统民法上被视为私法根本原则和基础。人们能否有空间来自由选择自己想做的事，这便是意志自由或意思自治的问题。这个自由的空间受到两方面的限制：一是决定一个人事实上能够做的事的现实条件，二是决定一个人可以做的事的规范。后者便是法律上的规范，即法律上的规范就是为人们相互之间从事法律行为界定了法律上自由的范围。从而，每个人在法律上的自由总是与其他人的法自由同时并存的。在启蒙时代以及个人主义时代，人们就已经了解了法律上自由的相互关联性。一个受保障的法自由只能以彼此限制对方的恣意为代价获得。卢梭在1762年曾写道："通过达成社会契约，人失去了自然自由，以及对于其所追求并且能够得到的所有东西的不受限制的权利。另一方面，由此他获得了公民自由以及对属于他的所有东西的所有权。"

在民事法律上，自由意味着民事主体可以自主地选择和实施一定的行为，但同时这种行为又必须符合民事法律规范的要求。显失公平制度作为民事法律中公平原则的具体化，是由于社会经济条件的变化而衍生出的一种对自由原则和"意思自治"进行适度干预的制度。随着20世纪以来，资本主义经济的发展进入了一个新阶段，垄断组织的出现，格式合同的广泛应用，自由思想所赖以存在的社会经济条件发生了质的变化，合同自由原则也受到了巨大的冲击和限制，其中的表现形式之一就是产生了显失公平制度。因为随着市场经济的飞速发展，人们逐渐意识到单凭契约自由原则和意思自治，将无法保证弱者和贫困者、受害者和被剥削者。如果任由他们自由订立合同，他们将无法避免在市场中被富有的和强势的相对方击败。分配不均的不平等，会造成贫富差距过大，两极分化，社会的阶级矛盾突出，进而影响社会的和谐安定。西方各国为了调和各方面的社会矛盾，强调国家对经济生活的社会干预以及对合同自由原则加以限制，而显失公平制度是其限制合同自由的最重要立法之一，至此，显失公平制度为立法者所承认，最终成为当代民法尤其是合同法的重要制度之一。[①] 显失

[①] 彭真明、葛同山：《论合同显失公平原则》，载《法学评论》1999年第1期，第62—68、105页。

公平制度就是对合同订立过程的法律上的干预和制约，也是对自由原则的干预和制约。

第三节　显失公平与正义原则

对于"正义"的认知，古今中外许多思想家们给出了不同的答案，从不同层面、多个角度赋予了"正义"二字不同的注解。"有时正义是一种德行（如'己所不欲，勿施于人'），有时是指一种对等的回报（如以其人之道还治其人之身），有时正义指一种形式上的平等，有时正义指某种'自然的'理想的关系（如'自由、平等与博爱'在早期资产阶级看来就属于此）。有人把正义作为法治或合法性来理解，也有人把正义理解为一种公正的体制。"[1] 罗尔斯把他的正义观称为"作为公平的正义理论"。[2] 徐国栋教授对正义描述是："在分配方式是正当的前提时，不管采用何种利益的分配方式，如果能使分配参与者都各得其所，那他就是正义的分配方式。再者，正当的分配可以体现社会秩序的公平正义。"[3] 以此概念为出发点，又可以把正义分为一般正义和个别正义。所谓一般正义，就是指根据社会的典型情况，舍却不同人的个体差异性，抽象出人的共性，从而制定出具有普遍适用性的法律规范，在一般情况下适用该规范可以导致公平的结果。所以说，一般正义是能让社会多数人，或者在典型情况下能让所有人"各得其所"的分配结果。但是，具体情况并不总是典型的，为了应对个别性现象适用一般规范可能导致的结果不公平，我们引入了个别正义。所谓个别正义，就是少数人先追求适当的分配结果，最后再让所有人"各得其所"的分配结果。"衡平是沟通一般正义与个别正义的桥梁。"[4]

由此，我们就不难理解，英美法上，显失公平的思想最初源于衡平法而不是普通法的道理。合同正义原则是在合同立法中对于正义的诠释。合同自由理论存在的基础是市场交易主体的平等地位，主体有自由选择权。但是，20世纪以来，市场环境已经发生了巨大的变化，随着主体经济地

---

[1] 张文显主编：《法理学》，法律出版社2007年版，第364—365页。
[2] ［美］罗尔斯：《正义论》，何怀宏译，中国社会科学出版社1988年版，第5页。
[3] 徐国栋：《民法基本原则解释》，中国政法大学出版社1992年版，第324页。
[4] 同上书，第325页。

位不平等的加剧，合同正成为弱肉强食的工具，合同自由原则被滥用。在这种情况下，合同正义原则应当发挥作用，来规范滥用合同自由原则的行为，以达至公平的结果。而作为规范不公平结果的手段之一就是显失公平合同制度。当合同出现明显不公平条约时，受害方受外在因素影响签订后，可以通过运用显失公平制度变更或者撤销合同，以保证自身的合法利益不受损害。因此，也可以说，显失公平制度是正义原则的具体化，并发挥了规制滥用合同自由原则的作用。

第四节　显失公平制度的法哲学支持

显失公平制度在私法理论体系中有着举足轻重的地位，显失公平制度的确立是私法领域发展的一次进步，推进了传统民法向现代民法转变的进程。具有划时代的意义。然而，"新规则的出现与传统制度的变迁，似乎从来就不是孤立和杂乱无章的——当我们思考它们之间联系的时候，就会发现一个共同的法哲学基础的存在"①。对于这一规则出现和制度变迁的历史性转变，从法哲学发展的支持上看，源于19世纪末20世纪初西方法哲学思潮的演变。

一　西方法哲学观的演变

通说认为近代大陆法系错综复杂且逻辑严密的民法体系是构筑在近代民法的三大基本原则（所有权神圣原则、意思自治原则、过失责任原则）的基础上的。

1789年，法国大革命时期颁布的《人权宣言》第17条规定了任何人都不得被剥夺的一项神圣不可侵犯的权利——私有财产权。资产阶级革命所高举的这面旗帜、所张扬的所有权神圣的思想，在法国大革命后制定的民法典中得到了完整的体现。《法国民法典》中明文规定，所有权是指对私有财产所享有的绝对的、无限制地使用、收益以及处分的权利，这条原则即物权法中的"无限制私有权的原则"，其在自由资本主义时期属于私

---

① 丁南：《从"自由意志"到"社会利益"——民法制度变迁的法哲学解读》，载《法制与社会发展》2004年第2期，第3页。

法的重要原则之一。① 这之后，《普鲁士普通邦法》于 1794 年颁布，奥地利也在 1811 年出台了《奥地利民法典》，统一后的德意志帝国在 1896 年颁布了《德国民法典》，该法典的颁布是这一历史时期内具有重大意义的事件。《德国民法典》第 903 条规定："在不违反法律和不损害第三人利益的前提下，物的所有权人可以按照自身意愿随意处分其物，并排除他人的任何干涉。"这一条法律规定，意味着绝对的、排他的、专属的和无限制的所有权在民法中的确立，私人财产所有权自此从法律上被赋予神圣不可侵犯的无上地位，并从根本上摧毁了封建特权对所有权的束缚，使所有权在更大程度上表现出所有权人的自主意思和自由意志。私有财产的所有权受到了空前的重视。个人的自主意愿受到了法律的保护，以至于所有权在 19 世纪得到了空前的发展。

可溯源于罗马法的意思自治思想，实际上是在 18—19 世纪的自由资本主义时期被欧洲大陆各国采用而成为私法领域里的一项重要原则的。《德国民法典》毋庸置疑是大陆法系民法典的杰出代表，其内容虽然采取了某些看似将内在意思客观化或外部化的立法手段，例如创造了"法律行为"这样的专业法律术语；但其核心理念和精神上，《德国民法典》突出表现了唯意志论的理论倾向②。意思自治原则的核心是尊崇意思自由与意思自决，个人不仅仅在合同领域，而且在更广泛领域内具有对自己的事务自主决定与自主处理的自由，而法律对当事人自主决定赋予有效性评价的同时，还从不同层面予以法律上的保护与救济。意思自治原则一经在各国民法典中确立，便成为构筑民法制度体系内在统一与和谐的一条主线，契约自由、所有权自由、遗嘱自由、婚姻自由纷纷围绕这一主线成就各自的完善人性与自由的使命，资产阶级学者由此认为：私法自治精神乃是民法与生俱有的基本属性。③

过失责任原则是民事责任的归责根据，行为人的行为对他人人身或他人财产造成损害，无论是因为侵权行为还是基于违约行为，决定行为人是否承担民事责任的本质性要素，不是损失的有无和损失的多寡，而是行为人是否有主观的故意或过失。过失责任原则确定了人们只有对以前的过失

---

① 王利明：《民商法研究》（第 2 辑），法律出版社 2001 年版，第 289—290 页。
② 傅静坤：《二十世纪契约法》，法律出版社 1997 年版，第 5 页。
③ 杜宴林：《法律的人文主义解释》，人民法院出版社 2005 年版，第 188 页。

行为负责，才能在不受法律和道德约束的范围内享有行为自由。① 因此，从结果责任到过失责任的转变过程，是人类法制文明的演进过程；过失责任最终取代结果责任，是法律文明的标志。②

英美法系虽然没有逻辑严密的民法制度体系，但自由资本主义强调个人意志绝对自由的理念无不在契约法、侵权法、财产法等法律中渗透和展示。意思自治、契约自由成为英美契约法崇尚的最高的理念和追求的最高理想。以对价原理为轴心的封闭的英美契约法理论体系就是在契约自由和意思自治原则基础之上形成的。施瓦茨在他的《美国法律史》一书中评价普通法精神与特征时认为，最能够表现19世纪美国法特征的是它对个人主义和意思自治的强调。③

总之，正如日本学者川北善太朗先生所言，自由平等的人格、财产的私人所有、自主决定与自己责任是近代私法的精髓。④ 而自由意志论的法哲学观不仅是对那一时期私法精神的经典总结，而且深深地渗入、影响私法领域，使私法领域的制度构建与制度变迁无不刻上自由意志论的烙印。

德国伟大的哲学家伊曼努尔·康德（Immanuel Kant，1724—1804）和弗里德里希·黑格尔（Georg Wilhelm Friedrich Hegel，1770—1831）是自由意志论的杰出代表。⑤ 康德和黑格尔生活的时代恰恰是西方资产阶级革命形成、发展和上升的阶段。马克思曾用"法国革命的德国理论"形容康德、黑格尔的法哲学理论。尽管因为当时德国的资产阶级革命的力量尚不强大，德国经济上还很落后，政治上还未统一，资产阶级尚无力量同封建势力公开较量，并害怕同它一起诞生的无产阶级，从而决定了康德、黑格尔的法哲学不可避免地带有某种保守和软弱性，但却充分表现了德国资产革命的时代精神和资产阶级渴求、宣扬的自由主义思想，他们的法哲学被

---

① 王利明：《侵权行为法规则原则研究》，中国政法大学出版社2003年版，第38页。
② 同上书，第47—48页。
③ [美]施瓦茨：《美国法律史》，王军等译，中国政法大学出版社1990年版，第67—68页。转引自杜宴林《法律的人文主义解释》，人民法院出版社2005年版，第188页。
④ [日]川北善太朗：《民法总则》，有斐阁1993年版，第13—14页。
⑤ 尽管美国的法哲学家博登海默因为康德的唯心主义的唯理论和经验主义的感觉论将康德和黑格尔均划为先验唯心主义学派，而其他法哲学家将康德和黑格尔归入哲理法学派，但有一点是共同的，无论博登海默还是罗斯科·庞德，都认为康德是自由意志论的积极倡导者。

公认为是革命的法哲学①,康德主张将法律的权威性渊源建立在道德和伦理的基础上,而自由这一概念又是康德的道德和法律哲学的核心②。康德认为人的意志应该超越自然规则并且通过人自身的主观判断去支配行动的能力,他还认为,如果一个人不能按照自己的意志和愿望行动,那么他就不能被认为是自由的。③ 他主张,人是有私欲的,但决定其行为的不是他的感性欲望,而永远是理性,那种由纯粹理性决定的选择行为方构成自由意志的行为,④ "自由是每个人天赋的与生俱来的权利,是独立于他人的个人意志,而且个人这种自由能够和所有人的自由共存"⑤。康德把法律定义为那些能够使一个人的专断意志按照一般的自由规律与他人的专断意志相协调的全部条件的综合,⑥ 是一个人的自由可以和他人的自由相共存的普遍法则。康德的这一法律观"看起来是16世纪到19世纪占据最主要地位的社会秩序的一种最理想形式;法律秩序存在的目的恰恰是要使个人权利得到最大限度张扬的理想"。⑦ 黑格尔虽然与康德不同,将国家看作一个制定法律和执行法律的机构和展示一个民族伦理生活的有机体,⑧ 但与康德一样将自由作为法的中心问题加以论述,并以自由意志作为法学的原则和开端,将实现自由作为促进和推动丰富多彩且复杂多样的历史运动的伟大理想。他认为,在实现自由理想的历史进程中,法律制度起着至关重要的作用。⑨ 他还认为,"法的范畴,通常而言是精神的东西,其地位的确立和出发点都来自于人的意思和意志。人的意志是自由的,因此自

---

① 张文显:《二十世纪西方法哲学思潮研究》,法律出版社1996年版,第150、158页。
② [美] E. 博登海默:《法理学、法律哲学与法律方法》,邓正来译,中国政法大学出版社1999年版,第77页。
③ 李梅:《权利与正义:康德政治哲学研究》,社会科学文献出版社2000年版,第131页。
④ [德] 康德:《法的形而上学原理——权利的科学》,沈叔平译,商务印书馆1991年版,第131页。
⑤ 同上书,第5页。
⑥ [美] E. 博登海默:《法理学、法律哲学与法律方法》,邓正来译,中国政法大学出版社1999年版,第77页。
⑦ 同上。
⑧ 同上书,第81页。
⑨ [美] E. 博登海默:《法理学、法律哲学与法律方法》,邓正来译,中国政法大学出版社1999年版,第80—81页。

由就构成了法的规定性和实体。于是法的整个体系就成为了实现自由的王国"①。

实证主义法学在19世纪也是占主导地位的倡导自由意志论的法哲学。实证主义法学认为法律的定义中不能包含任何道德价值因素,法的规定是经由实践经验上可观察到的规范和标准(例如制定法、判例和习惯)确认的。实证主义法学认为凡是存在的都只有确定实在的法,完全否认"自然法"的存在。无论用来评价实在法优劣的道德或正义标准是否存在,都跟法本身无关。法的本身跟评价法的善恶是完全不相同的两个问题。② 它的合同哲学的本质特征包括两点。(1)它强调个人意志的绝对自由,认为人的意志是生来自有的,而契约便是当事人双方自由意志的结果。自由主义合意论就是在这样一种思想的指导下被撰造出来的。注释法学派将合意进一步解释为当事人的内心意思和意思表示,当合同双方就合同的部分事项发生争议时,或依当事人的内心意思来决定当事人争议的事项,或按当事人的表示意思来决定争议的事项,或者综合考虑当事人的内心意思和表示意思来加以判断。③ 但是,无论是意思主义,还是折中主义,其根本上都是以自由意志为基调的。在自由主义合意论基础上构造的合同自由与意思自治原理被实证主义法学家们看作合同法的中心。实证主义法学家们认为,合同法的所有概念和规则都引申自意思自治的原则。当事人对通过双方合意建立起来的契约关系享有充分的自治,不应受到来自国家或法律的任何干预。(2)它将作为国家意志体现的法与道德截然分开。它认为"以自由经济与民主政治为特征的自由主义国家只能以实在的法——国家制定的法为唯一的法,这个法是以实定的概念和逻辑确定的","法律只应对事实负责,而不应对道德那种虚无缥缈的东西负责"。④

二 显失公平制度的法哲学支持

自由主义思想在自17世纪开始的资产阶级革命中发挥了反对封建等

---

① [德]黑格尔:《法哲学原理》(中译本),商务印书馆1961年版,第10页。
② Harrisi, Legal Philosophirs, Butterworths, 1980, p.16.
③ 《法国民法典》采意思主义,《德国民法典》采意思主义和表示主义相结合的折中主义,依《法国民法典》的意思主义,按照当事人的内心意思来决定当事人争议的事项,而依《德国民法典》采折中主义,则综合考虑当事人的内心意思和表示意思加以判断。
④ 傅静坤:《二十世纪契约法》,法律出版社1997年版,第190—198页。

级观念、推定革命进程的巨大思想号召和指导作用,所有权神圣与契约自由的主张在私法领域得到了极大弘扬,基于自由意志观念构建的私法,迄今仍在极广泛的范围内被证成是最具正当性的。然而过分夸大意志自由,必然导致极端的个人主义,在此基础上构建的法律制度不可避免地要遭遇理论的挑战。这注定了法律的变革与矫正法的出现,以及法哲学思潮的演变。

英美契约法上的对价中心理论揭示了这样一个道理:决定当事人之间合同责任的因素,不是合同因意思表示一致而成立并有效,而是合同要具有对价。合同责任是由于当事人不履行或违反合同中双方约定的义务而产生的引申义务。对于合同义务,国家不需要将强制力直接介入其中,只是对未来潜在事物发生起间接性作用,而作为合同责任的第二性义务,国家则不得不动用强制力量迫使义务人履行义务。因此,合同责任实际上是对合同义务的束缚,欠缺这种束缚,合同义务的履行则完全取决于义务人的自觉和自愿,当事人完全可以在任何时候作出平衡自己利益与他人利益的判断标准,并依据该标准自主决定是否履行合同义务。一旦他作出合同义务的否定性决定,他们之间的合同便失去了"自治法律"的全部意义。所以,对价中心理论是彻头彻尾的自由意志论的结晶。这种理论的绝对化,导致了极端的个人主义的结果。美国加利福尼亚大学法学院教授梅文·爱森伯格(Melvin Eisenberg)撰写的《合同法概要》一书中的一道思考题足以说明这一问题。某牧师被 XYZ 教会雇用 40 年,他退休时,却没有足够的养老金。在他退休两个月后,他一直工作的教会里的一些富裕教民许诺在他生存期间每个月给他 500 美元。该牧师信赖教民的许诺,与退休村的所有人签订了买卖房屋的合同。[①] 教民所作的许诺是没有对价支持的赠予许诺,依据建立在自由意志论基础之上的对价中心理论,教民给付 500 美元的义务是没有第二性义务约束的义务,教民可以自主决定是否履行该义务以及何时终止该义务的履行。即便教民决定拒绝履行义务,牧师亦无权利请求法院责令教民履行给付义务,牧师信赖许诺而与他人签订合同完全是他自己的事情,因此所受的损失完全由他自己负责。至于牧师最终无力向退休村所有人支付买价而解约所浪费成本、退休村所有人解约后能否

[①] Melvin A. Eisenberg, Gilbert Law Summaries, Contract, 12th ed., Harcourt Brace Legal and Professional Publication, Inc. 1993, pp. 198–199.

以同样的卖价再寻找到其他订约机会，或者是否能够寻找到订约机会，以及另寻的订约机会尚需的订约成本等，则不是对价中心理论要解决的问题。可见，自由不能绝对，无限制的自由必将付出代价，这种代价甚至超出自由本身的价值。

胡长清先生在《中国民法总论》一书中，用一章的篇幅阐述现代民法的四大趋势：所有权之限制、契约自由之限制、无过失损害赔偿之确立以及遗产继承之限制。他认为，遗产继承有三个弊端：继承权源之不当，影响社会之健全，与民法公法化之精神不合。限制遗产继承的具体方法是遗产继承税的征收和遗产继承数额的限制。① 从本质上说，遗产继承的限制只是所有权神圣原则的限制的一种特殊方式或另一路径。而所有权的限制、契约自由的限制以及无过失责任的确立都是对被私法过分张扬和捍卫的个人主义、自由意志的批评和修正。我们庆幸地发现，无论是在所有权社会化的进程中，还是在契约正义克服契约自由的领域里，显失公平制度都是表现积极和踊跃的，从它的产生及作用就足以窥见现代私法的发展方向和发展理念。在这一具有历史转折性意义的制度变迁时期，引领德国哲学革命的康德法律哲学、复兴及发展的新自然法学和庞德的社会学法学所宣扬的理念和思想完全可以在显失公平制度的原理中得到诠释和证成，并注入显失公平制度理论之中，成为显失公平制度理论正当性的支撑。

康德是德国古典哲学的第一个代表，他的法哲学是德国变革的启蒙理论，康德的法哲学对当时乃至以后德国和其他西方国家的法学理论都产生了巨大影响，现代的西方法学理论著作基本都要提及康德的名字及其法哲学思想的②。20世纪初，由威尔斯帕彻倡导的以保护信赖为目标的外观优越的私法理论便渗透了康德的私法论的义务至上的伦理观。威尔斯帕彻的外观优越法理的一个重要贡献是提出了本人对导致相对人信赖的外观状态的"助成"概念，本人的"助成"概念，以及本人的"助成"与相对人的信赖存在的意思关联。而这一论述正是以康德在其论著《道德形而上学》中通过义务至上的伦理观对取得时效予以正当性论证而形成的私法论的一般理论为基础展开的。所有权的时效取得是私权神圣的悖论，自然法思想是从权利概念出发坚持彻底的理性立场得出结论的，所有权具有追及

---

① 胡长清：《中国民法总则》，中国政法大学出版社1997年版，第6—7页。
② 张文显：《二十世纪西方法哲学思潮研究》，法律出版社1996年版，第152页。

效力，占有人不可以因时效而取得所有权。康德不是依据单纯的法生活之安定性的现实要求，来论证时效取得的正当性，而是将义务概念放在自然法的见解中，主张所有权人负有将自身享有所有权的状态能被他人认知的义务，假如真正的所有权人长期脱离对标的物的实际占有，不能完全证明作为占有人的自己的存在及作为所有人的自己的占有状态，没有给予自己的占有以公然不中断的妥当的表征，未尽令他人基于此表征认知其所有权存在的义务，他因此丧失了对占有人的请求权，也没有资格主张自己是真正的所有权人。康德对时效取得制度所作的以物权的认知可能性和伦理的要求的正当性论证成为威尔斯帕彻外观优越理论的思想基础。在这种思想影响下论及"自然的私权"，其结论是所有权人脱离占有，并怠于履行自己使第三人认识自己的权利可能的义务，以助成占有人的权利外观，其丧失认识可能性的所有权对善意第三人是无效的。①

在中世纪后期，格劳秀斯、孟德斯鸠、卢梭等启蒙思想家高举"自然法"和"自然权利"的旗帜。精神上支持了资产阶级革命斗争，在斗争中发挥了号召革命、推翻封建旧秩序的精神指引作用。在完成了建立资本主义民主制度和法律制度的任务后，古典自然法理论因其自身的弊端在19世纪走向了衰落。经过近一个世纪的衰落之后，在20世纪初，自然法学说又开始得到复兴。众所周知，"古典自然法"产生于资产阶级革命时期，是新兴的资产阶级在革命中推翻封建专制制度、创立资产阶级民主及法治的理论大旗；而"新自然法学"产生的时期则是二战之后，整个西方社会据以建立的哲学基础和价值基础受到严重怀疑和挑战时期，其产生的目的和出发点都是维护资本主义制度。因此，它的任务是分析现存法律制度的弊端，为资本主义法律制度的合理性、永恒性提供改良的设想及方案。新自然法学因内部观点的差异又被分为新托马斯主义的自然法学和世俗的自然法学两个支派。②

新自然法学与实证主义法学展开争论的首要问题是法与道德的关系问题。新自然法学派划分为新托马斯主义的自然法学和世俗的自然法学两个支派。其中新托马斯主义的代表人物之一，比利时哲学家、法学家达班

---

① [日] 喜多了祐：《外观优越的法理》，千仓书房1976年版，第208—210页。
② [美] E. 博登海默：《法理学法律哲学与法律方法》，邓正来译，中国政法大学出版社1999年版，第180页。

（Jean Dabin）认为，每个人都有道德义务服从符合自然法原则的实在法。假如实在法的规则不符合自然法原则，其在道德上就丧失了约束力，因为他认为与自然法相悖的市民法是恶法，甚至不符合法的概念。达班指出，虽然实在法可以补充甚至限制自然法，但自然法依旧是实在法的支配，世俗的立法者没有权力反抗人性的伦理要求。世俗的、非神学的新自然法学派代表学者富勒（Fuller）认为，法作为一项使人类服从规则治理的事业，具有道德性。法的道德性包含内在和外在两个方面的内容。法的内在道德（inner morality of law），也就是"程序自然法"，指的是有关法律的制定、解释等法治原则或程序上的原则，是法律能成为"法"的必需前提要件。法的内在道德包含八个要素：一是法律具备一般性或普遍性，即法律规则不是针对个人而是同样的情况同等对待；二是法律需公布，即法律作为人们必须遵守的规则，必须让人们直接了解或从别人的法律行为范式中间接地了解，所以必须公之于众；三是法律需具备可预测性或非溯及既往；四是法律需明确，即法律的内容能够被使用者充分理解；五是法律需不矛盾；六是法律需能被人遵守，即法律规定的应当是人们可以履行和实现的义务；七是稳定性，法律不应朝令夕改；八是司法执法部门的行为应与已公布的规则一致。法的外在道德（external morality of law），也就是实体自然法，指的是法的实体理想和目的，比如人类相互交往和合作应当遵守的基本原则、抽象的正义等[①]。罗尔斯因为其正义论的观点也被划归为新自然法派，罗尔斯的正义理论是一种社会正义论。

私法因为其性质使然，其立法目标是维护个人的财产所有权和意思自治，但其也应当将道德放在其立法基本原理的首位，即私法应当体现公平正义和伦理道德。而实证主义法学认为，法律是不允许掺加任何道德价值因素的，法的规定是由现实不断摸索，制定标准出来的。

20世纪社会法学派的价值观是"社会本位论"，强调法要融入社会、服务社会，更关注法的实际运行情况，而不是只关注法典中的条文。如果说它与新自然法学在思想上有所不同，那就是，他们有别于19世纪以个人意思自由为核心的实证主义法学派的观点，而是鲜明地主张要维持个人利益和社会利益的平衡，并将不断进行法律改进、完善，以适应新时代需

---

① 张文显：《二十世纪西方法哲学思潮研究》，法律出版社1996年版，第63—64页。

求，缓和资本主义的矛盾作为其目的。① 美国社会学法学的代表人物和创始人罗斯科·庞德为了深入阐述其利益平衡理论，对法律秩序所要保护的利益采取了分类的方法，即个人利益、公共利益以及社会利益。所谓利益，在这里都意味着主张、要求和愿望，三者的区别在于分别都是代表何种名义提出的上述主张、要求和愿望。第一类个人利益显然是指以个人生活名义所提出的；第二类公共利益则是以政治组织社会的名义提出的；而第三类社会利益是以社会生活的名义提出。社会利益具体包括一般安全利益、保护道德的利益、保护社会资源的利益以及经济、政治文化进步方面的利益。与此同时，庞德还认为，法律对于以上三类利益的优先保护顺序应当根据历史时期而定，不同的历史时期，优先保护顺序也是不同的。而法学家们的使命就是厘清这些问题，并通过自己的法学知识和素养力所能及地为保护这些利益或维持这些不同利益之间的平衡和协调提供方法和途径。② 庞德学说中的这套利益平衡理论在合同法中发挥得淋漓尽致。他认为以交易安全为中心，维护交易安全可以平衡私法体系中各类利益的关系。合同法的出发点是交易安全，合同法的权利义务必须以交易安全为中心，只要是违背维护交易安全这一中心任务的任何合同法制度或规则都应当废止。

有学者给予庞德的社会学法学极高的评价，"各种法律制度的变迁背后都隐含着一个共同的法哲学理论基础，那就是以社会利益作为法律终极权威的法哲学理念。而最能表现这一论点的，应当非庞德的社会学法学莫属"③。其实，庞德的社会学法学与新自然法学产生的社会背景和时代背景决定了它们在现代法的制度变迁中对于推动法律的文明建设以及社会的和谐进步均有重要贡献。

显失公平制度之所以能够打破对价中心理论对契约法理论的束缚，在英美契约法中生根、蔓延，同时又能在大陆法系的现代民法的制度体系中兴旺、发展，实际上是新自然法学的以正义为主导的伦理道德观念以及社

---

① 张文显：《二十世纪西方法哲学思潮研究》，法律出版社1996年版，第107页。

② [美] E. 博登海默：《法理学法律哲学与法律方法》，邓正来译，中国政法大学出版社1999年版，第146—148页。

③ 丁南：《从"自由意志"到"社会利益"——民法制度变迁的法哲学解读》，载《法制与社会发展》2004年第2期，第11—12页。

会学法学的社会利益本位的思想成为那个历史时代具有代表性、主导性法哲学思潮的结果。

"合同的概念只有在平等与自由两个基础上才能建立起来"①，合同当事人地位平等，并自愿、自主地协商合同内容而成立合同的，合同是自由的，也是正义的、道德的。但是，合同自由、意思自治与合同正义及合同道德不是在任何情况下都能够两全的。合同正义是合同当事人利益得失的分配正义，具体包括两方面的内容，即当事人双方对待给付的等值性和合同上的负担、危险分配的合理性。② 一个正义的合同是道德的，但一个自由的合同未必是正义的。"合同自由应受限制，系事理之当然。无限制的自由，乃合同制度的自我扬弃。在一定意义上说，一部合同自由的历史，就是合同如何受到限制，经由醇化而促进实现正义的记录。"③ 如果说公平原则在现代私法领域中地位的确立使合同道德和交易伦理有了可遵循的法律原则，那么，以保护公平为己任的显失公平制度使合同道德和交易道德有了可操作的具体途径和方法。因此，显失公平制度的存在必要意义不仅仅在于要在合同自由和合同道德之间的矛盾中作出合理的价值取舍，还在于要在个人、社会等各种利益冲突中作出精确的价值判断。显失公平制度之所以在这样一个历史时期产生，就是因为其需要在尊重个人利益和意思自治的同时，维护公平正义和合同道德，尽可能地维系个人利益与社会利益、公共利益的平衡和统一。

第五节 显失公平的法经济学支持

一 法经济学的历史

法经济学的产生大概可以追溯到20世纪60年代初。1960年，罗纳德·科斯发表的《社会成本问题》和盖伊多·卡拉布雷西的一篇侵权论文首次将经济学的理论和经验主义方法系统地运用于法律制度的分析和研究

---

① 王泽鉴：《民法学说与判例研究》，中国政法大学出版社1998年版，第22页。
② 同上书，第22—23页。
③ 同上书，第22页。

中。① 1973年理查德·波斯纳的《法律的经济分析》一书对法经济学进行了全面、系统的归纳和总结，形成了独特而系统的法经济学理论体系，学者认为该书的发表标志着法经济学学派的真正建立。② 说穿了，法经济学无非是运用经济学的分析方法解决如何区分"善法"与"恶法"的问题，并告诉法律市场中法律产品的制作者与经营者们怎样从事善法的生产和交易，以在法律市场的供求关系中实现资源的最佳配置和利益的最大化。依法经济学的观点，公平、正义当然是善法的标志，善法首先要以公平正义为其价值取向。但是，一项耗费大量人力、物力资源、历时许久而精心设计并制定的、以公平正义为最高价值目标的法律制度，却没有使最大多数人或者比受损的人更多的人从中获得最大或更大的福利，那么，这项法律就难说是善法了。"对正义的要求绝不能独立于这种要求所应付出的代价。"③ 因为效益在善法标准中有着重要地位，波斯纳甚至认为，"正义的第二种含义——也许是最普通的含义——是效益……只要我们稍作反思，我们就会毫不惊奇地发现：在一个资源稀缺的世界里，浪费是一种不道德的行为"④。然而，法经济学并没有过分夸大效益的作用，并不认为效益是善法的全部，如果法律允许在绝望的情况下宰杀救生船上最弱的旅客、允许将婴儿出售给他人收养、允许为了获取更多财产而采用欺诈手段，那么即使实现了利益最大化，但失去了正义观，仍然不是善法。因此，善法必须是公平、正义与效益的统一，"只符合效益价值准则而违反正义价值准则，或者只注重公平和正义但因造成资源浪费而违反效益原则，都不是完整意义上的'善法'⑤"。对善法有了一个理性的认识后，何为恶法便不言自明了，它无非是追求了法的公平与正义，却忽视了法的效益价值；或者相反，获得了效益价值，却有悖公平；更有甚者，既不能体现公平与正义，又脱离社会现实，贬损社会福利，导致资源浪费。

---

① ［美］理查德·A. 波斯纳：《法律的经济分析》，蒋兆康译，中国大百科全书出版社1997年版，第25页。
② 刘伟、魏杰主编：《法经济学》，中国发展出版社2005年版，第8页。
③ ［美］理查德·A. 波斯纳：《法律的经济分析》，蒋兆康译，中国大百科全书出版社1997年版，第28页。
④ 同上。
⑤ 刘伟、魏杰主编：《法经济学》，中国发展出版社2005年版，第22页。

二 法律制度的效益判断

效益的判断来自法律的成本与收益的比较，包括法律成本与法律需求之间的比较和法律成本与社会福利之间的比较。任何一项法律制度的形成、改进及变革，都要经过立法研究、立法设计、立法审议、立法通过等复杂的程序①，都会有直接的或间接的成本消耗。当某项法律符合社会现实，具有广泛的社会需求并能够使社会资源获得最有效的资源配置时，立法成本的支出便是有收益的。《中华人民共和国民事诉讼法》（以下简称《民事诉讼法》）在《中华人民共和国民事诉讼法（试行）》②施行9年后，于1991年4月9日制定并颁布。督促程序、公示催告程序等新的司法救济程序在历经多年的理论研讨之后终于在《民事诉讼法》中落脚，其中督促程序的规定在如何既从速从快、又公正合理地解决债权债务纠纷的问题上花费了很大心思。然而，结果仍不令人满意。根据2012年修正的《民事诉讼法》第216条第2款、第3款及第217条的规定，债务人如果对法院下达的支付令有异议的，可以自收到支付令之日起15日内向人民法院提出书面异议，人民法院收到债务人提出的书面异议后无须对债权债务进行实质性审查即可裁定终结督促程序，裁定一经作出，支付令自行失效，债权人可以另行起诉。债权人的起诉自然会启动普通程序的一审，接下来会继续发生二审与再审，直至执行程序。《民事诉讼法》第216条第2款以及第3款和第217条的规定成为债务人拖延还债时间的最好的机会和理由，稍有头脑的债务人均不会在最佳时间放弃这个机会和理由。因此，实践中，几乎没有债务人不提出书面异议的，尽管债权债务关系非常清晰。其结果是，只要债权人申请督促程序，势必会再启动普通程序，这就相当于在《民事诉讼法》所规定的已经很烦琐的普通程序之前，又添加了督促程序，增加了债权人的讼累，与立法者从速从快解决债权债务纠纷的立法初衷越走越远。于是，债权人索性放弃应该能够迅速实现其债权的司法救济程

---

① 法律成本实际上包括立法成本以及司法、执法成本等。本书仅在立法成本意义上研究法律成本与法律收益之关系。

② 《中华人民共和国民事诉讼法（试行）》于1982年3月8日第五届全国人民代表大会常务委员会第二十二次会议通过，1982年10月1日起试行。

序——督促程序，而重操旧业，以普通程序提起诉讼。督促程序被束之高阁，无人问津，以至于耗尽资源制定的法律成为一纸空文。

法律成本与社会福利的比较是法经济学的均衡理论要回答的问题。如果一项法律制度安排使人们的情况变得很好，没有因为这项安排而变得更坏，那么这就属于实现了法律上所谓的均衡。这是法律的帕累托均衡理论[1]——完美主义的法律均衡理论。私法是调整社会经济生活中一切从事各种经济活动的当事人之间权利义务关系的法律规范，当事人权利的私的属性决定当事人之间利益的冲突性和矛盾性，私法的价值或终极目标就在于对冲突的利益予以价值判断和价值平衡，物权的优先性本身就是载负着这样的使命而成就的。所以在私法领域很难达到宪法中对公民的权利与自由的规定所带来的"最大多数的最大福利"这样一种最高、最完满的境界。合同法中同时履行抗辩权是赋予合同双方当事人的，只要合同没有规定先后履行顺序，任何一方当事人都可以享有同时履行抗辩权，这似乎真正实现了利益最大化。但尽管如此，一旦一方当事人依据该条规定行使权利，权利行使者的对方当事人将处于不利地位，一项法律在对一些人有利的同时，对相对的另一方当事人或其他人不利甚至有害，这是私的权利所决定的利益的冲突性使然，完美主义者期待法律的均衡理论只能是一种理想。如果一项法律制度的制定及实行，尽管给一些人带来不利，使一些人受到伤害，但给另一些人增加了福利，或使更多的人从中获益，或社会整体利益增加了，即总体而言，只要增加的福利超过减少的福利，法律的成本支出就是有价值的，制定的法律即是有效率的法律。这个被法学界普遍称为法律的卡尔多—希柯斯改进的均衡理论已被普遍接受，并被认为是符合社会现实的。[2]

三 法律制度的社会判断

社会就是人与人之间的交换关系。有了这种交换关系，便有了社会，而公平是所有交换关系的前提和基础，它构建了社会经济生活的核

---

[1] 刘伟、魏杰主编：《法经济学》，中国发展出版社2005年版，第19页。

[2] 在美国，前总统里根曾发布总统令，要求所有新制定的政府规章都要符合"成本—收益"分析的标准，对于成本过高而收益不显著的新制定的法律或者废除，或者待条件成熟时再实施。参见刘伟、魏杰主编《法经济学》，中国发展出版社2005年版，第19—20页。

心部分，它如此重要以至于保护交易中的公平成为法律的重要使命。显失公平制度以牺牲对有可归责一方当事人的利益为代价而保护不可归责一方当事人的利益，赋予不可归责一方当事人以申请合同变更或撤销的权利。但是，仅局限于加害方和相对方的双方当事人之间的利益得失来判断显失公平制度的法律成本与社会福利之间的比例关系，从而判断显失公平制度的效益价值，会失去显失公平制度的真正意义。显失公平制度的价值在于，它创造了远比牺牲掉的利益更大的社会利益。首先，它减少了交易成本。交易成本中的一项主要成本是信息成本。信息的获取、分析、判断、储存与传递都是需要支付成本的，信息成本的多寡以及信息的真伪直接决定了交易成本的高低与交易本身的成败。在一定意义上，人类社会的进步史就是信息技术的革新与发展史，法律制度的变迁也与信息技术的发展具有密切联系。一项法律制度总是会被更节省信息成本、更简化信息获取程序的另一项法律制度所取代。显失公平制度告诉人们，只要合同中一方当事人履行的价值超出了对方履行价值的一半，则有权撤销合同。正如《奥地利民法典》第934条所规定的那样。给付价值超出的一方当事人有合理的理由判断对方当事人作出的对待给付低于其履行价值的一半时，无须对对待给付的行为外观所隐藏的真实权利状态或真实的意思表示作实质性考察，法律行为的效力即加以确定。因免于信息成本的支出而减少了交易成本，并加快了交易的进程。法律通过对权利的合理配置可以给人们带来实际的收益，在一定意义上会比其他方面的安排产生更大的产值，法律行为进行活动的本质即是在权利义务的遮蔽之下进行某些利益交易。[①] 当然，当对市场交易各方主体进行权利分配之时，除了考虑社会效益和社会的一般福利因素之外，还需要对市场权利的各种分配方式进行道德判断，我们在不明显伤害他人利益的情况下尽可能地保护弱势群体是符合道德判断标准的。如果我们有理由保护在相互关系中处于弱势的一方，那么，我们就有理由从有利于弱者的角度进行成本收益分析。根据这一目标设定法律规则得出的结论对现行法造成了不平衡的后果，新规则同样可以改变它。[②] 因此，

[①] 刘伟、魏杰主编：《法经济学》，中国发展出版社2005年版，第66页。

[②] Joseph Willianm Singer, The Reliance Interest in Property, Stanford Law Review Vol. 40 726－732 (1987－1988).

我们完全有理由断定：当一项制度变迁所带来的利益远大于它所带来的损失时，在这一制度变迁中产生的法律规则就是善法，而不是恶法。

第六章

显失公平法律行为的构成要件

第一节 显失公平法律行为构成的争议

对于显失公平法律行为的研究，首当其冲以及最核心的问题显然还是对其构成要件的研究。而关于显失公平的构成要件，各国民事立法和判例有不同的规定，学说上更是见解不一。从近现代以来各国的民事立法或判例来看，显失公平的要件构成主要划分为两种观点：单一要件说和双重要件说。

一 单一要件说

该观点认为，是否构成显失公平，应按照实际受到的损失额进行衡量和判断。《拿破仑法典》第1674条和1675条的规定是此方面的典型立法例[①]，根据该立法例，在不动产买卖中，因为商品价格过低，出卖人因价低而受到的损失超过该不动产价款的7/12时，有权请求撤销合同；在认定收到的低价损失是否超过7/12时，应当依据不动产买卖时的具体状况与价值进行评估。

《拿破仑法典》的上述规定是继受罗马法的结果。按照传统的合同自由原则，在不动产买卖中，价格由当事人自行决定，法律不宜作强制性规

[①] 第1674条规定："如出卖方因买卖显失公平，价格过低，因此受到的损失不超过不动产价款的十二分之七时，有取消该不动产买卖的请求权，即使其在合同中明文表示抛弃此项请求权以及公开声明其赠与超过部分的价值，亦同。"其实，第1674条只是拿破仑法典"非常损失规则"的一部分，除此之外，第887条和第1305条均为"非常损失规则"的组成部分。

定。但在罗马帝政后期，由于外族的入侵并发生了各种军事活动，导致财政支出大大增加，与此同时东方贸易的相关商路被波斯人切断。使罗马帝国的国际贸易量迅速缩减，加上国内经济凋敝，土地被大量抛荒，国家税源严重不足，整个经济陷入深刻的危机。国家大量加派赋税，但由于税款征收不到，国库依旧一贫如洗。为救时弊，戴克里先帝采取一系列手段干预经济，"戴克里先以简单化的理性主义为根据，试图通过国家的某些戏剧性干预来挽救因物价上涨而造成的经济的动荡，他发布了《关于被卖物价格的告示》（edictum de pretis rerum venalium），为商品规定了一般的官价，这种官价是固定的；如果违反为商品和劳务规定的官价标准，将受到严厉的制裁"。[①] 对于土地的买卖，如果价金不足市场价的一半，出卖人可以不管对方有无欺诈和胁迫，而以蒙受"非常损失"（Laesio enormis）为由解除合同。优帝一世基于人道主义原则将这项限制扩大适用于所有的相关物品买卖，推定在价款不足市价的一半时，若出卖人表面的自愿并非是真的，而是在背地里受到了压迫，那么该买卖的合同就可以撤销[②]。在《法国民法典》获得通过之前，学者们就应否采纳"非常损失规则"曾有过激烈的争论，有赞成意见，也有反对意见，最后只能由拿破仑亲自定夺，决定于第1118条规定："因显失公平，致使当事人遭受损失之事实，如同本编第五章第七节所规定，仅对某些契约或仅对某些人，始构成取消契约的原因。"所谓"某些契约"，是指第1674条规定的不动产买卖契约和第887条规定的遗产分割，"某些人"是指第1305条规定的未成年人依法不能独立实施的行为。《法国民法典》颁布以后，新颁布的法律又对其不断加以补充，例如：在1979年1月13日颁布的法律中，法院认为种子（或肥料）买卖合同的购买方因合同价格过高所遭受的损失超过标的市场价格25%以上的构成合同损害，如果该买卖合同的一方当事人向法院提出申请，则该合同可以由法院决定是否给予变更或撤销。还有，1989年12月13日颁布的第89—1010号法律规定，在有息贷款合同中当事人若签订了高于金融机构的贷款利率的25%以上的合同，则一方当事人可以据此请求减少多余利息的给付；1957年3月11日颁布的法律中规定，著作权使

---

① ［意］朱塞佩·格罗索：《罗马法史》，黄风译，中国政法大学出版社1994年版，第390页。

② 周枏：《罗马法原论》（下册），商务印书馆1994年版，第694页。

用合同的约定内容中，如果制作权受让人一次性付给著作权人的报酬过低，著作权人因该约定条款所遭受的损失超过所获报酬7/12者，可以依据合同损害制度提请法院变更合同，等等。法国法中的这些法律条文都是对损失额进行客观衡量的典型立法。

在我国，也有不少学者认为显失公平是单一构成要件，就是符合客观上的标准即可，[①] 客观上双方当事人之间给付与对待给付的不均衡就构成法律行为内容上的显失公平。而参考这些学者的有关观点，那么显失公平的着眼点就是结果，[②] 即过度考虑了民事行为使当事人之间的物质利益出现的不合理的失衡，而没有注意到造成这种情况的原因。[③] 而韩世远教授则认为，若把原因放入考虑范围中，显失公平制度将会与我国民法上的其他制度例如乘人之危、因欺诈、胁迫手段所为的民事行为等制度相重合。从我国的立法规定和立法史来看，我国《民法通则》第59条没有规定显失公平的构成需要主要要件。我国《民法通则》借鉴了南斯拉夫债务关系法的立法经验，将传统暴利行为一分为二，即第58条中的"乘人之危"和第59条的"显失公平"。乘人之危行为的构成应当有利用对方急需、窘迫、危难、轻率或无经验等不利情事之故意，即主观构成要件；如仅仅双方的给付和对待给付显失均衡而不具备上述主观要件，则应属于显失公平法律行为。[④] 而后，我国合同法"建议草案"也采纳了单一要件说，其第50条规定，当事人享有的权利和承担的义务明显不均衡，使一方损失巨大的，可以撤销合同。合同法草案的第三稿第39条规定："一方利用优势或对方没有经验致使双方权利义务显失公平的，另一方可以撤销。"对显失公平增加了主管要件的限制。[⑤] 而正式出台的《合同法》与《民法通则》一致，未对主客观要件作具体规定。

持单一要件说的学者们认为：首先，欺诈、胁迫、乘人之危、重大误解等法律行为均有可能造成当事人之间利益失衡，即"显失公平"的结

[①] 彭万林主编：《民法学》，中国政法大学出版社1999年版，第155—156页；韩世远：《合同法总论》，法律出版社2004年版，第231页。

[②] 崔建远主编：《合同法》（第4版），法律出版社2007年版，第109页。

[③] 韩世远：《合同法总论》（第3版），法律出版社2011年版，第199页。

[④] 梁慧星：《民法》，四川人民出版社1988年版，第137—138页。

[⑤] 梁慧星：《民法学说判例与立法研究》（第2册），国家行政学院出版社1999年版，第143页。

果，但这些大都作为独立的可撤销的原因而适用，因此显失公平应指除此之外，以各种原因而导致的当事人之间利益失衡的情况，它实际上起到的是一个兜底条款的作用。而采用"单一要件说"，则可以涵盖出列举的可撤销事由之外的一切可能导致显失公平的情形，在实践中还可以免除不利益方必须就显失公平的原因进行举证的压力，可以更全面地保护受害人利益，使民法规定的公平、等价有偿等原则得到贯彻。其次，他们认为根据比较法和我国立法史的考察，采用双重要件说将显失公平界定在"一方利用优势或对方轻率、无经验"的情形之下，实际上限制了显失公平的适用范围，使立法的规范目的落空，不利于保护相对人的利益。[①] 最后，对于双重要件说依据的最高人民法院《民法通则》司法解释，在《合同法》颁布之前可以被默认，但《合同法》的制定过程及最终《合同法》的文本，都表明了双重要件说的肯定。

二 双重要件说

双重要件说，即显失公平需要具备主观要件和客观要件，即给付与对待给付之间必须明显地不对称，同时需存在当事人一方"利用"或"剥削"了对方的不利情形。在立法例上，有《德国民法典》第138条第2款规定的暴利行为、《瑞士债法典》第21条规定的不公平合同、我国台湾地区"民法典"第74条规定的暴利行为，以及《美国合同法重述》第208条[②]关于显失公平的合同的规定，等等。

事实上，《德国民法典》不仅在构成要件上采取更为严格的双重要件说，仅就客观要件本身而言，德国法与法国法也是存在巨大差异的。法国法的客观标准是已经完全量化为具体的数字了，而德国法的客观标准是一个高度抽象的不确定的概念（显然不对称或显失公平）。为了尽可能使暴利行为具有一定的可识别性，德国法进而要求暴利行为必须具备"剥削"对方当事人不利地位的主观要件[③]。对于该主观要件，梅迪库斯认为，首先必须在客观上存在一方有不利的情形，其次须存在另一方在主观上有恶

[①] 郭明瑞主编：《合同法学》，复旦大学出版社2005年版，第96页。

[②] 该条规定："如果合同或合同条款在合同订立时显失公平，法院可以拒绝执行，或者只执行除显失公平条款外生育合同条款，或者为避免显失公平的结果可限制适用显失公平条款。"

[③] [德]迪特尔·施瓦布：《民法导论》，郑冲译，法律出版社2006年版，第479页。

意地利用一方不利处境的实际。① 学者们认为，德国法与法国法之所以在构成要件上会形成如此大的差异，重要原因是，《拿破仑法典》关于显失公平（非常损失）的规定，在适用上仅限于个别类型的法律关系，如其第1674条仅仅是关于不动产买卖的规定，因此，把判断标准予以量化是可能的。而《德国民法典》第138条关于暴利行为的规定可适用于"形态迥异的各种法律关系"，相应地，在认定给付与对待给付之间"明显的不相称关系"时所作的考虑，也因此而各不相同。②

台湾地区"民法"第74条继承了《德国民法典》的暴利行为，要求暴利行为的构成需具备：客观上按当时情形显失公平且为财产上之给付或给付之约定；主观上须乘他人之急迫、轻率或无经验。

我国当然也有很多学者主张双重要件说，显失公平的构成在具备客观给付义务失衡要件的前提下，尚需满足其他条件，至于如何理解该其他条件，又有不同的观点。有些学者认为，其他条件就是指主观方面的，即一方当事人利用自身的优势条件或者对方轻率的、无经验的故意。③ 还有学者认为，其他条件指的是受害人缔约时处于明显不利的地位。④

支持双要件说的学者们认为："像法国法一样，将显失公平的衡量标准仅限制在客观上的不公平或者交易的失当，因为，这将会与契约自由的原则以及合同法的相关基本制度不相协调。如果不存在对一方不利的情形，就应当认为该合同签订时属于双方自愿，应当具有法律上的约束力。"⑤ 王利明教授明确表示不赞成单一要件论，他的理由是，如果仅仅从客观上考察结果是否公平来判定是否适用显失公平法律制度，就不利于市场交易的稳定。因为在交易活动的过程中，全部理性的当事人都应当为自己的交易行为承担因此产生的交易风险。交易结果对于当事人而言无论是盈利还是亏损，都属于正常的现象。法律本身从来不可能且不应当保证市场交易者都能从交易活动中获益。如果仅从交易结果的公平与否考虑，

---

① ［德］迪特尔·梅迪库斯：《德国民法总论》，邵建东译，法律出版社2001年版，第542页。

② 同上书，第538页。

③ 王利明、崔建远：《合同法新论·总则》（修订版），中国政法大学出版社2000年版，第288页。

④ 李永军：《合同法》，法律出版社2004年版，第362—365页。

⑤ 同上书，第362页。

必然会导致显失公平法律行为的适用范围的不适当扩大，从而导致某些有效的合同面临被撤销的命运。实践中，难免有许多交易的当事人一方对于交易的结果不完全满意，如果不考虑引起结果不平衡的原因将会导致许多合同按照显失公平制度而被撤销，从而导致交易秩序和交易安全的破坏。[1]

尽管还有学者认为，除了单要件说和双要件说，还有一种所谓"修正双重要件说"，即认为显失公平的构成，应当将主观和客观要件结合起来，从而作为显失公平的一般性原则，若法律有明确的规定或依照诚实信用、公序良俗等相关基本原则的要求，在特殊的情形下，只满足了客观要件，也可能构成显失公平[2]。

笔者赞同主客观双重要件说，理由有如下几点：

1. 双重要件说，有利于维护交易市场和经济秩序的稳定。双重要件说与单一要件说的焦点在于是否需要主观要件。如果缺乏主观要件，市场经济中的任何一方当事人只要在交易中认为客观给付和对待给付之间利益失衡，就可以向法院主张变更或撤销相应的法律行为，就不需要充分考量和举证其主观发生原因，则目前存在于市场中的许多成立的或者正在履行的合同，甚至已经要履行完毕的合同，都可能因为当事人的主张而被推翻或者撤销。这将会引起市场交易秩序和经济秩序的混乱与不协调，也很可能为少数投机分子提供违约的便利条件，极易使当事人以显失公平为由停止履行合同而不承担任何的违约责任，破坏现有的市场交易链条。

2. 采纳双重要件说，契合了比较法的发展趋势。如前文所述，《德国民法典》在立法中并未采纳罗马法中的非常损失规则立法模式，其认为只是双方承担的义务和享有的权利不对等，不然必然的认定合同为显失公平的合同，认定，则必须具备主观要件，而且这种理论在其他大陆法系国家的民法典中也得到了继承。例如《瑞士债法典》第21条规定，因乙方当事人占有抵押物、缺乏经验或者不顾对方的急迫需求等，导致合同双方当事人之间的对待给付明显失衡的，遭受不利益方有权在一年内请求撤销合同，并可以要求对方返还已经支付的对价。《意大利民法典》第1448条也有类似的规定：如果一方当事人与他方相对人之间的给付和对待给付之间不均衡，而且这一不均衡的前提是一方利用了相对方的急迫需要趁机谋取

---

[1] 王利明：《合同法新问题研究》（修订版），中国社会科学出版社2011年版，第377页。
[2] 崔建远主编：《合同法》，法律出版社2007年版，第100—110页。

利益的情况下发生,则遭受不利益方有权请求废除合同。虽然法国民法学界对于合同损害制度存在两种不同的理论,即损失构成意思表示的瑕疵说(主观解释)和损失构成标的瑕疵说(客观解释),但也不能依据《法国民法典》第1674条之规定,即"如果出卖人因低价所受的损失超过不动产价金的7/12时,出卖人有权请求撤销合同;即使出卖人在合同中明确表示了要放弃撤销买卖合同的请求权,并且明确声明将超过价金部分的价值赠予对方当事人,出卖人仍然有权请求撤销合同",就判断法国民法采取了合同损害客观损失说。根据尹田教授的研究,法国的学术理论界呼声最高的是合同损害的主观解释,里倍尔、韦尔等法国现代学者对合同损害的主客观要件进行了重新的确认以及认定,其认定条件为:一方面一方当事人处于非常不利的情况之中;第二方面是对方当事人利用了对方没有经验或者轻率等不利情况来牟取暴利。[①] 我国台湾地区的民法通说理论中,认为显失公平需要具备主客观两个方面的要件。[②] 立法上,台湾地区的"民法典"第74条继承了《德国民法典》的立法方式,规定主观上需利用了他人的急迫、轻率或无经验,客观上依据当时的情形当事人之间的财产上的给付或即将给付的约定显失公平,则利害关系人可向法院提出有关申请,请求法院判决减轻受到损失一方给付或者直接撤销该法律行为。英美法系的显失公平制度,尤其是美国法现代意义上的显失公平制度由《统一商法典》第2-302条正式创设。从美国的司法实践和学术理论的发展历程看,显失公平在美国法中(unconscionability)的构成要件确立的是实质性显失公平(substantial unconscionability)和程序性显失公平(procedural unconccionability)两个条件。所谓实质性显失公平,实际上可以理解为客观要件的表述,也就是双方当事人的给付与对待给付不对等;而所谓程序性显失公平,实际上也可以理解为主观要件的表示,即双方当事人在订立合同时没有"有意义的选择"(meaningful choice)。[③] 综上所述,无论是大陆法系国家还是英美法系国家,显失公平制度发展的共同趋势都是承认客观要件和主观要件的并存。

[①] 尹田:《法国现代合同法》,法律出版社1995年版,第113页。

[②] 史尚宽:《民法总论》,中国政法大学出版社2000年版,第344—345页;王泽鉴:《民法总则》,北京大学出版社2009年版,第240页。

[③] 王军编:《美国合同法》,对外经济贸易大学出版社2004年版,第205—213页。

3. 客观而言，双重要件说是符合我国立法和司法本意的。从《最高人民法院关于贯彻执行〈中华人民共和国民法通则〉若干问题的意见》（以下简称《民法通则意见》）第 72 条可以看出，我国法院据以认定构成显失公平法律行为的前提是两个：一是当事人利用例如自身的优势或者利用了对方当事人缺乏经验的实际情况，二是当事人双方发生的权利义务承担情况明显违反等价有偿及公平原则。这一司法解释自公布以来，在各地法院的司法活动中得到了贯彻。我国的《合同法》第 54 条虽然并未明确规定显失公平的主客观构成要件，但全国人大常委会法制工作委员会在其主编出版的法律释义中，对我国司法机关在实践中采取双重要件说的做法十分认可，并给出明确指示："在考察是否构成显失公平时，必须把主观要件和客观要件相结合。"[①]

第二节　显失公平制度的客观要件

一　客观要件之比较研究

（一）客观要件的判断标准

显失公平在不同国家的表现规则是不同的，德国对其描述为"暴利行为"规则。即《德国民法典》第 138 条第 2 款规定的，暴利行为的客观要件表现为给付与对待给付明显的不对称。具体表现在以下方面就是，信用暴利即贷款人需要给付高额的利息。BGB 的制定者有意拒绝确定一种（即"非常损失"模式）固定的界限，制定者认为确定这样一种固定的界限是不恰当的，因为制定者没有考虑具体的交易情形。所以一般地给出一个不违反善良风俗的利息界限是不可能的。买卖暴利方面，即常见的卖方以远远高于物品价值的价格出卖给买方从而违反公序良俗，尤其是"忽悠"或者欺骗买方高价购买自己并不需要或者毫无价值的东西。租赁暴利方面表现在德国司法实践中，主要指向租赁者索要高于市场通行价格 20% 的房租，即可认定为是"暴利"。

在《法国民法典》中，有更为具体的规定表示显失公平。主要是指其第 1674 条规定，"不动产的出卖人因低价所受的损失超过不动产价金的

[①] 全国人大常委会法制工作会编：《中华人民共和国合同法释义》，法律出版社 2009 年版，第 98 页。

7/12 时，即达到显失公平的标准"。受此影响，在《法国民法典》之后有很多类似的有关显失公平合同的法律规定，具体指：1979 年 1 月 13 日，法律规定在肥料、种子买卖合同中，买受人因高价所遭受的损失超出正常价格 1/4 以上的即可认定为显失公平；1967 年 7 月 7 日第 67-545 号法律中规定，海难救助合同中，法庭认为其规定的条件有失公平的，这一条给予了法官裁量权。上述两种显失公平合同，一方当事人请求变更或撤销，法庭支持。另外，如德国的信用暴利一样，1989 年 12 月 13 日第 89-1010 号法律规定，如果借贷合同中约定的利息超过了通常的利率 1/4 以上，当事人可以请求减少利息；知识产权方面也不例外，1957 年 3 月 11 日法律第 37 条规定，转让文学作品利用权的合同，其一次性付给作者的报酬过低，因此遭受损失超过所获报酬 7/12 的作者可以合同损害或对作品的收益估计不足为由，请求变更合同，等等。

意大利对于显失公平的认定相对严格，根据《意大利民法典》第 1448 条，只有在对被损害方的损害超过被损害方允诺的价值的一半时，被损害方才能请求解除合同。也就是说，如果对被损害方的损害未超过其允诺的一半，即使损害方主观上有损害的故意，主观要件符合，当事人也因客观要件的不具备而不能请求解除合同。这种客观要件的规定，源于罗马法上的"非常损失"规则。

美国的显失公平客观要件的认定标准主要是来源于威廉姆斯案件所确立的判断标准，即"合同条款对另一方当事人过分有利"。在实践中主要表现为两个方面：一是合同中定价太高；二是违约责任的承当不当。关于合同中定价太高如何认定，实践中并没有一个适用的统一标准，从美国司法实践中总结而来，大致是以下三个标准：（1）卖方获得高额利润，主要指卖方为货物的生产者而言；（2）卖方获得的中间差价值太大，主要指卖方为货物的批发零售商；（3）合同中的价格远远高于市场价格。何为"远远高于"？通常由法院根据实践中的具体情况来定，法院在决定一个买卖合同是否定价过高时，所考虑的首要因素是合同价格与公平的市场零售价格之背离的程度。根据美国大部分州的判例，当交易价格为商品零售价的 2.5 倍以上时，法院宣告合同显失公平的可能性就大大增加了。法院通常考虑的另一个重要因素是合同的特殊性质。违约责任的约定过于不当是另一种实质性显失公平的买卖合同。违约责任不当主要有两种：一种是约定的违约责任过于苛刻。另一种是卖方在合同中明确排除自己的违约责任，特别是排除产品质量保障的责任。美国《统一商法典》第2—719条第3款明确规定："当事人可以约定限制或排除间接损害赔偿,这种约定导致显失公平者除外。"

对于客观要件的构成,《国际商事合同通则》(PICC)使用了比较含蓄的语句表达,即"如果在订立合同时,合同或其条款不公正地给予另一方当事人一项过度的利益";《欧洲合同法原则》(PECL)中的客观要件是"一方以非常不公平的或获取过分利益的方式利用了另一方当事人的不利状况"。所谓的"以非常不公平的或获取过分利益的方式"与上述德国法"明显不相当"、美国法院的"过分有利"、PICC的"过度的利益"一样同属不确定概念。

(二)客观要件构成要素之评析

从上文中各国对于客观要件的描述来看,在实践应用中,法律规定对"利益系过分或不合理"应当尽可能予以具体化,比如法国法的7/12、意大利法中的一半、美国判例的2.5倍、我国澳门地区法的"利息高于法定利息之三倍"以及我国《合同法》司法解释关于违约金过高的一般标准（超过造成损失的30％）等,越是具体化的规则对于当事人在收集证据以及后期法院的裁量方面都有利,但事实上,很多国家很难做到如此具体化的规定。主要是不同地区,具体的交易情况千差万别,法律充其量只能给出一些参考性判断因素（比如UCC第2-302条的评注1对于显失公平的指引,PICC关于重大失衡的参考因素）或者指引,更多的还得依赖法官依据个案情形予以斟酌、判断。正如比较法权威学者海因·克茨教授所言："人们不可能期望从立法者那里获得更多的帮助,因为立法者只能规定合同效力的一般准则,即如果合同与'善良风俗'冲突,或是'显失公平',或是'滥用优势'的结果,则合同无效。提出'讨价还价力量不平等'而导致双方不平衡因而合同无效也不会有实质性帮助。因为从来就不存在完全对等的交涉能力,对于是否存在使合同无效的充足理由的问题,不同的事实情况会有不同的答案。"

根据以上的列举和分析,对于显失公平合同的客观要件描述,应表述为：双方当事人之间的权利义务明显不相称。

二 主要适用范围

我国对于显失公平的规定主要表现在《民法通则》、《民法通则意见》

以及《合同法》中，具体指向法条为以下：《民法通则》第59条规定："对重大误解或显失公平的民事行为，一方当事人有权请求人民法院或仲裁机构予以变更或撤销。"《民法通则意见》第72条规定："一方当事人利用优势或者利用对方没有经验，致使双方的权利与义务明显违反公平、等价有偿原则的，可以认定为显失公平。"《合同法》第54条规定："下列合同，当事人一方有权请求人民法院或者仲裁机构变更或者撤销：（一）因重大误解订立的；（二）在订立合同时显失公平的。一方以欺诈、胁迫的手段或者乘人之危，使对方在违背真实意思的情况下订立的合同，受损害方有权请求人民法院或者仲裁机构变更或者撤销。当事人请求变更的，人民法院或者仲裁机构不得撤销。"

上述条文的规定可以看出我国民法理论中已经构建了显失公平制度，也具体体现在了法条中，因而也给实践中显失公平的认定提供了法律依据。从上文可以看出，显失公平的构成要件，一是主观要件，即在签订合同的过程当中，一方当事人有明显利用对方当事人没有经验或者轻率等不利情形而与之签订合同的故意。二是客观要件，即在合同签订后的履行过程当中，出现了结果方面的不公平的情况，即一方当事人履行了较少的义务却获得了非常多的利益而导致了另一方当事人的损失。对于客观要件的描述，"结果方面的不公平"、"当事人的损失"等描述都非常抽象，并没有标准，在具体的案件中并不能拿来直接适用。

公平，是法律的价值之一，也是人们对于法律给予的信念和追求，其表述意思本身具有抽象性，不可具化。合同法中的公平，如何具体认定和确定评判标准，也难以给出一个普适的规定。在社会生活当中，合同双方当事人在签订合同之时，不仅会考虑合同内容以及程序的公平性，还会考虑一些主观的喜好。主观喜好虽不同，但人们对于合同公平的追求是相同的。因而在签订合同之时，如果当事人能够真实地表达自己意思进行合同的签订，那么这种合同的签订才是公平的。若出现明显的权利义务不均衡的情况，只要是出于当事人的完全自愿，没有任何的表意瑕疵，那么该合同就应当视为公平的合同。

因此可以看出，合同的不公平，是指双方当事人因为订立合同时表意不真实或者没有完整表达自己的意思导致合同法的结果出现了利益上的失衡。这种不公平就被认定为显失公平。因而必须先有表意的不真实，再有结果上的不平衡才能认定显失公平，而不是仅仅针对结果的不公平进行显失公平的判定。

三 适当确定"显"的范围和限度

"人生而自由",人在民事活动中具有很大程度的自由,这种自由也体现在合同约定之中即"双方约定的除外",但是显失公平制度就是个例外,这种例外使司法能够对合同进行直接干预,由于显失公平制度的特点,那么在对其进行立法规定时,不能清晰地对其进行界定,只能进行相对的概括。制度规定的不明确,使法官在处理涉及显失公平的案件时有相当大的自由裁量权,而究竟要有失公平到什么程度才能认定为民法上的显失公平呢?应结合司法实践,从以下方面进行考虑:

(1)双务合同中常常存在合同的显失公平,但在诸如赠予等单务合同之中,则不存在显失公平制度的适用。此外,因为市场的经济规律或者是因物品供求关系发生变化导致合同双方当事人因合同有亏有赚,也属于交易风险,亦不适用显失公平制度。当然,合同法中也有"情势变更"的适用,这个视具体情况而定。

(2)除有关的需要政府进行定价的特殊行业之外,当事人的合同中的定价若高于市场价格的数倍之时,就可能被认定为显失公平。

虽然法律对于显失公平适用的规定比较模糊,主要依靠法官根据概念上的规定进行自由裁量。但若是能够做到量化的,那么法官在适用时应尽量量化。例如《最高人民法院关于适用〈中华人民共和国合同法〉若干问题的解释(二)》第19条第1款和第2款规定:"对于合同法第七十四条规定的明显不合理的低价,人民法院应当以交易当地一般经营者的判断,并参考交易当时交易地的物价部门指导价或者市场交易价,结合其他相关因素综合考虑予以确认。转让价格达不到交易时交易地的指导价或者市场交易价百分之七十的,一般可以视为明显不合理的低价;对转让价格高于当地指导价或者市场交易价百分之三十的,一般可以视为明显不合理的高价。"再例如,《最高人民法院关于审理民间借贷案件适用法律若干问题的规定》第26条规定:"借贷双方约定的利率未超过年利率24%,出借人请求借款人按照约定的利率支付利息的,人民法院应予支持。借贷双方约定的利率超过年利率36%,超过部分的利息约定无效。借款人请求出借人返还已支付的超过年利率36%部分的利息的,人民法院应予支持。"还有,《最高人民法院关于审理商品房买卖合同纠纷案件适用法律若干问题的解释》第 16 条规定:"当事人以约定的违约金过高为由请求减少的,应当以违约金超过造成的损失 30% 为标准适当减少;当事人以约定的违约金低于造成的损失为由请求增加的,应当以违约造成的损失确定违约金数额。"上述均可作为显失公平的量化参考标准。

四　显失公平在订约时与履约中的区分

认定显失公平的构成要件就是在合同中出现了利益失衡的结果,但在实践认定中往往还有一个难题,即这种显失公平出现的时间问题:到底是合同订立时产生的还是合同订立以后产生的呢?产生的时间不同,合同的效力也不同,若是在签订合同的过程中因某些原因导致合同显失公平,那么该合同是可以撤销的。而合同已经发生了实际履行,那么彼时被认定为显失公平则不能导致合同撤销,只能变更合同内容或者解除合同。

从相关法律规定及司法解释来看,订约时的显失公平与履约中的显失公平有着明显的区别:1. 显失公平结果的发生原因不同。订约过程的显失公平的发生原因是双方当事人在签订合同的过程中一方当事人利用了对方当事人的无经验或者轻率等自身的不利情况而与其签订合同,这种利用使不利方当事人实际上没有表露出自己的真实意思,虽然利用一方当事人存有主观故意的心理,但不利方的当事人本身也具有一定的过错。而履约中的显失公平是因为在合同的履行过程中,因为一些客观条件发生了变化,导致对方当事人无法继续履行合同或者虽然能继续履行合同,但这种履行会造成非常巨大的损害,就是所称的后果上的显失公平。2. 认定显失公平的时间不同。订约过程中的显失公平的判断是根据订约时的交易习惯或者市场情况等进行认定的,而履约中的显失公平应当以履约之时的市场情况来认定,不能以订约时的市场情况进行认定。3. 处理方式不同。合同双方当事人若是在签订合同的过程中因某些原因导致合同显失公平,那么该合同是可以撤销的。而合同已经发生了实际履行,那么彼时被认定为显失公平则不能导致合同撤销的后果,而只能将履约内容进行变更或者适用违约制度或者解除合同。

第三节 显失公平制度的主观要件

一 主观要件的含义

主观要件之比较研究

1. 主观要件的构成要素

显失公平在《德国民法典》表现为其第138条第2款的"暴利行为"规则，该规则的主观要件分成两部分：一是受害人处于急迫情势、无经验、欠缺判断力或意志显著薄弱的状态，二是获利方对此状态的利用。我国台湾地区"民法典"第74条"暴利行为"的主观要件为"法律行为乘他人之急迫、轻率或无经验"，其构成要素与德国法如出一辙。我国澳门地区《民法典》第275条"暴利行为"的主观要件为获利方"有意识地利用他人之困厄状况、无技能、无经验、轻率、信赖关系、精神状况或性格软弱"，主观要素的范围比上述德国法更广。根据《瑞士债务法》第21条的规定，因一方占有押扣物、缺乏经验或者不顾对方的需要等，致使合同双方当事人之对待交付明显不公平的才能构成显失公平。《意大利民法典》第1448条在主观方面要求显失公平是在一方利用对方需要乘机谋取利益的情况下发生。《奥地利民法典》第879条规定的"暴利行为"的主观要件为"一方当事人利用相对人的轻率、强制状态、理解力薄弱、无经验及情绪不稳定"。根据荷兰新《民法典》第3.2.10条第4款，一方当事人，以与他方当事人缔结对他方有害的行为为目的，滥用了相对人的必需状态、从属、轻率、异常的精神状态、无经验，则可认定为存在状况滥用。存在显著不均衡的损害时，若必需状态、从属、轻率、异常的精神状态、无经验得到证明，则推定为状况滥用。

美国《统一商法典》第2-302条第1款规定：如果法院发现，作为一个法律问题，一个合同或者合同中的任何条款在合同订立时显失公平，那么法院可以拒绝强制执行该合同，或者可以仅仅强制执行除去显失公平之条款的其余合同条款，或者可以为了避免显失公平之结果的发生而限制显失公平条款的适用范围。由此可见，美国《统一商法典》并没有给"显失公平"下定义。根据显失公平的经典判例威廉姆斯诉沃克—托马斯家具公司案中美国法院的观点，"一般认为，显失公平的要件包括，一方当事人无法做出有意义的选择，并且合同条款对另一方当事人过分有利"。

上述"过分有利"与"无法做出有意义的选择"这一公式一直被其他法院沿用，但并没有得到进一步的细化。该条最严厉的批评者莱夫教授称前者为"实体上的"显失公平，称后者为"程序上的"显失公平，这种程序上的显失公平相当于德国法的主观要件。

《国际商事合同通则》第3条第10款规定，"如果在订立合同时，合同或其条款不公正地给予另一方当事人一项过度的利益"，则合同或合同条款可以无效。相关因素是合同的本质和目的，以及是否存在"另一方不公平地利用第一方的依赖性、经济困难或迫切需要，或利用其不谨慎、无知、无经验或无讨价还价的技巧"。《欧洲合同法原则》第4：109条规定，他依赖于对方当事人或与对方当事人具有信托关系，他处于经济困难或具有急迫需要，他是无远见的、无知的、无经验的或缺乏谈判技巧的，以及对方当事人已经知道或本应知道这种情况，由于这种情况以及合同的目的，以非常不公平的或获取过分利益的方式利用了第一方当事人的这种状况。

2. 主观要件构成要素之评析

从上面各主要法域的有关规定来看，显失公平的主观要件包括两方面，一是一方当事人处于急需或者无经验等不利情势，二是另一方对此种情况知道并加以利用。至于不利情势的具体情形，各主要法域的共同之处在于都包括利用受损害方的需要，大多数规定还包括无经验、无知、缺乏判断力、轻率等。换言之，虽然不存在欺诈、胁迫、错误等意思表示的瑕疵，但一方当事人处于某种不利地位，而另一方对此知道并加以利用。我国最高人民法院关于《民法通则意见》第72条的表述是"一方当事人利用优势或者利用对方没有经验"，与上述主要法域的规定存在部分相同，但所列举的因素显然过少，其"利用优势"的表述可以更进一步通过列举的方式予以细化。

综上，通过比较法考察，显失公平的主观构成要件应当作如下表述：一方依赖于对方当事人，或在一方处于急需、无知、无经验、轻率、缺乏判断力或者意志显著薄弱的状况下，对方当事人知道或本应知道这种情况并加以利用。[1]

---

[1] 张良：《论显失公平的构成要件》，载《河南财经政法大学学报》2014年第6期。

二 主观要件认定存在的问题

主观要件的举证责任分配

由于我国《合同法》第 54 条第 1 款第（2）项与《民法通则》第 59 条第 1 款第（2）项关于"显失公平"规定的模糊性，加之对该规则的衍化及所涉法理理解未深，显失公平规则的构成要件已成为我国大陆民法学者争论最为激烈的问题之一。

在普通的消费者合同领域，我们所说的显失公平的主观要件，就是合同签订过程中一方当事人具有天然优势即经验充足或者处于主导地位等，而另一方当事人没有任何经验或者处于比较弱势的地位且自身容易作出轻率的决定等，优势一方当事人恰是利用了弱势方当事人的这些不利情形而与之签订合同，那么主观故意的利用他人这些弱点已经不符合诚实信用原则的要求。因此利益受损方在诉讼中举证时，应当提供证据证明对方当事人在签订合同时具有主观的故意。综上，利益受损方在举证时，应满足以下两个要件：第一，利益受损方需要举证证明获利方当事人在合同的签订中具有主观上的利用他人不利情形的故意。能够证明获利方当事人的主观故意情形为，明知他人无经验，故意诱使他人在不假思索的情况下签订合同，导致了对方当事人损失；或者是对方当事人因无经验提出了不公平的条款，获利一方当事人不告知，故意维持了对方当事人的错误认识而与之签订了合同。利益受损方的当事人在举证时应当证明自己因没有经验或者轻率而作出了错误的判断，对方经验丰富却故意不告知或未能及时提醒导致不公平合同的签订。第二，受害人应当举证证明对方占有优势地位或受害方轻率、没有经验。利用优势是指一方利用经济上的地位，而使对方难以拒绝对其明显不利的合同条件。没有经验的经验一般指的是普通生活或者交易当中的经验，而不是特殊行业需要专门知识的经验。

对于显失公平制度，《民法通则》第 59 条规定，行为人对行为内容有重大误解的或者显失公平的，一方可请求变更或者撤销，《合同法》第 54 条也作了类似规定。根据《民法通则意见》第 72 条的规定，显失公平的构成，不仅要求"一方当事人利用优势或者利用对方没有经验"，还要求"双方的权利与义务明显违反公平、等价有偿原则"，这种主客观相结合的方式，有利于个案的灵活处理。① 但实践中，主观要件的认定较为困难，具有随意性，证明对方有"利用"的故意和行为则存在较大的举证困难。

对于存在显失公平的情形，法律规定了不利方的当事人请求法院进行撤销或者要求减轻损失的权利，请求权的期限为自行为成立时起一年以内。允许不利方用显失公平制度来变更或者撤销不利的契约或者合同，使得当事人能够表达交易当时的内心意思，在个案适用中具有其合理性因素。

---

① 王林清、于蒙：《管控到疏导：我国民间借贷利率规制的路径选择与司法应对》，载《法律适用》2012年第5期。

第七章

显失公平制度的法律价值

第一节 显失公平追求的目标价值

在讨论显失公平制度的法律效果之前,笔者认为有必要从法价值的角度来分析显失公平制度在法律效果上所追求的目标。

张文显教授说,从学术用语角度来看,法的价值是西方法学移植到中国的概念,中国法律传统中并没有法律价值的相关概念,法的价值是舶来品。[①] 20世纪90年代,法的价值才开始为我国法学界所重视。但究竟何为法的价值,学术界尚无定论。不过,有一点是共同的,我国学者均先将法的价值划分为不同的层面后,再予以探讨研究。孙国华先生主编的《马克思主义法理学研究》将法的价值分为法所中介的价值、法作为工具自身的价值、法本身的价值三种。沈宗灵教授主编的《法理学》将法的价值划分为三种:法促进的价值、法本身的价值、法对相互矛盾的价值进行评价时所依据的标准,即法的评价标准。张文显先生主编的《法理学》将法的价值分为法的目的价值(法所追求的价值)、法的价值评判标准、法的形式价值(法自身所具有的价值)三种情况。孙国华先生的法所中介的价值、沈宗灵先生的法促进的价值以及张文显先生的法所追求的价值(法的目的价值)虽然名称不同,不同名称下所含具体名目也略有差异,但它们所表示的都不是法律自身的价值,而是法律之外的价值,是法律的目标或目的,法律本身只是一种工具、手段。既然是从法律所追求的目的、目标的层面上来分析法的价值,笔者认为,使之称为法的目标价值更贴切。法

---

① 张文显主编:《法理学》,北京大学出版社1999年版,第209页。

的价值虽从不同的层面划分三类，但三者之间的界限是模糊不清的，是密切联系、交织在一起的。

研究法的目标价值时，必然会涉及法自身的价值和法的价值评判标准。同样，研究法的价值评价标准又离不开对法的目标价值与法自身的价值的研究。然而，法的目标价值始终居于主导地位。[①] 因此，这里将以目标价值为中心对显失公平制度的法律价值进行探讨研究。

显失公平制度的目的价值是显失公平法律行为作为目的或目标而追求、保护的美好事物，它是显失公平法律行为的本质属性和基本使命的最集中体现。与其他法律行为制度的目标价值一样，显失公平制度的目标价值具有多元性和有序性的特征。其体现出多元性特征是因为人类需求的各式各样以及法要调整的社会关系的多样性。多元化目标价值，主要根据不同时期过程中的不同客观规律，按不同的位阶，协调而有序地有机联系起来方能实现法律所追求的最高理想。立法者、法官以及法学家的任务就在于根据社会发展的客观需要分析判断多元的目的价值的位阶高低，并依其判断将各种相互独立的目标价值合理地排列、有序地组合，使之尽可能达到完美的统一。

一　显失公平的安全价值

法所追求的价值正义包括自由、安全、平等、效率等，"都需要进一步加以说明，并且要通过相关基本原则来说明。而所有的基本原则都需要转化为法律当中的一些具体的规则与法律条文才能规范和调节人们在活动中的有关行为，人们所追求的正义价值才能在一定程度上得以实现"[②]。民法作为私法领域重要的部门法，它的意思自治原则、平等原则、诚实信用原则、公平原则、权利神圣原则、公序良俗原则等无一不是对自由、平等、安全、效率等正义价值进行阐述的。显失公平制度作为现代法的产物，它以前所未有的思想和方式协调并组合自由、平等、安全、效率，使正义的价值在商品经济高度发展的社会中得到实现。

（一）安全内涵的法律分析

安定安全的社会环境使人们能够更好地生存，社会的发展、社会的安

[①] 张文显主编：《法理学》，北京大学出版社1999年版，第212页；沈宗灵主编：《法理学》，北京大学出版社2000年版，第72页。

[②] 张恒山：《论正义和法律的正义》，载《法制与社会发展》2002年第1期，第45页。

定都需要安全为前提，创造美好的社会更需要安全，安全自古至今都是人们最美好的向往。因而法产生后，安全便是其价值目标之一，尽管在某一历史时期它没有被置于显要地位。至于安全的内容，笔者认为，除了传统意义上的社会成员生命或人身的安全以及社会成员自由权利的安全之外，[①]还应当有更加广泛的内涵。现实社会的生存与发展还需要其他的安全，如财产安全和人们相互之间的经济交往关系的安全。生命与自由权利的安全固然重要，但人的生命赖以维持与延续的物质财产若丧失安全，生命将难以保障，何谈自由权利的安全；同理，人们相互之间形成的经济交往关系是人类社会的核心与基础，经济交往关系的安全失去保障，则社会的存在和发展也会有困难。所以，物质财产的安全以及社会经济交往关系的安全也是"安全"范畴不可或缺的重要内容，将这样重要的内容排除在外，显然犯了逻辑上不周延的错误。

学理上将安全的内容可以为静的安全和动的安全。所谓静的安全，是指依据法律规定，或依据合法的方法已经为人们所拥有的利益的安全，也可叫作既得利益的安全、已存利益的安全，或所有的安全。该利益包括财产和权利，如各种人身权和财产权。因为这种利益已经被人们所拥有，只要这种利益静止不变地归属原所有人，并不因非法的侵权行为和掠夺行为而改变，即已达到安全指标，因此称为静的安全。动的安全是指取得某种预期得到的利益的法律行为和法律关系的安全，因为这种安全是在财产的流通过程中形成的，保障安全就是保障这种法律行为和法律关系的有效，使财产确实从主体一方转移到另一方，因此是财产流通的安全，故称之为动的安全，也叫作交易安全。

静的安全和动的安全构成法所追求的安全价值的全部内容，"如果说安全是法的基本价值的话，那么，静的安全与动的安全即为这一价值的两个方面"[②]。法律对于安全价值中的这两个方面安全的界定在不同历史时期有不同的理解；并且不同时期生产力水平的高度也决定了动的安全和静的安全在法律中的地位。在古代社会中，社会生产力极度低下，生产者生产出的产品仅供自己消费，生产者本身就是消费者，社会经济处于自给自足的原始状态。在当时的社会条件下，安全的层次被定位成最基本的生命

[①] 张恒山：《论正义和法律的正义》，载《法制与社会发展》2002年第1期，第46页。
[②] 江帆、孙鹏主编：《交易安全与中国民商法》，中国政法大学出版社1997年版，第7页。

和财产安全；换言之，此时的法律所追求的最高安全价值目标是安全价值中静的安全。到了近代社会，随着市场经济、商品经济的不断发展，商品交换和商品流通成为人类生活中不可或缺的部分，也成为经济发展的重要推动力。保护人的生命与财产的安全是对法律最基本的要求，而要维持商品经济社会的发展，则此时的法律还应当保护交易活动和交易安全。但是，"新兴资产阶级的立法者因为憎恨封建社会残暴的掠夺行为，害怕手中已存在的大权旁落，因为更加注意珍视手中的权力，在极度的理性主义、个人主义和激进主义理念的驱使下，主张私有权利的神圣不可侵犯以及意志的自由"①。因此，自由资本主义时期的法律更倾向于保护个人的私权，如果私权和交易安全同时受到威胁，立法者会宁愿让交易安全受到损害，也不愿让个人私权受到威胁。因此，在这一社会制度下的法律对交易安全和交易关系的保护仅仅停留在口号阶段，对安全的解释其实还只是限于个人的生命与财产安全。历史行进到现代社会，市场交易与商品经济的高度发展对法律提出了一个非常严峻的问题，即依据原有的法律传统，保护个人的生命财产的安全而置交易关系的安全于不顾将会严重限制并影响市场经济的发展和稳定，甚至影响整个社会的发展和进步。立法者们认识到这一问题的严重性后，才终于将法律所追求的安全价值主要放在动的安全上，并赋予动的安全以相当重要的地位。

（二）显失公平制度的价值取向：动的安全

动的安全与静的安全是既对立又统一的两个安全价值。静的安全是动的安全的基础和保证，没有静的安全，动的安全不可能存在；动的安全又为静的安全提供良好的空间和环境。但在特殊的法律关系中，静的安全与动的安全又发生激烈的冲突。与同一财产上存在的若干担保物权的效力冲突不同②，静的安全与动的安全的冲突通常表现为一种排他性的冲突，保护静的安全时必须舍弃动的安全，即保护动的安全时要牺牲静的安全，亦即有此无彼、有彼无此，不可两全。以动产善意取得制度为例，动产所有人将自己的动产授权他人占有，占有人对动产的占有状态给人以其享有动产所有权的假象，善意相对人以为占有人具有所有权，则以该动产为标的

---

① 江帆、孙鹏主编：《交易安全与中国民商法》，中国政法大学出版社1997年版，第23页。
② 在同一财产上存在多个担保物权，在担保效力上的冲突是一种位序的冲突。这是依据一定的法律规则决定谁在先，谁在后，谁主谁次的问题。

与占有人达成买卖协议。相对人以买卖关系取得标的物后，又作为出卖人将标的物出卖他人。在该动产确权的案件中，动的安全与静的安全无法兼顾。若维护买卖关系的效力，必以动产所有人丧失其所有权为代价；若因占有人无处分权而保全原所有权人的所有权，必以牺牲动的安全为条件。

动的安全与静的安全的冲突通常是在一方当事人实际所拥有的权利和表现出来的权利外观有严重偏差，或者是当事人的内心意思和表示意思有严重偏差的场合发生的。假如法律以当事人实际所拥有的权利或当事人的内心意思作为决定法律关系的效力及内容的标准，那么静的安全就得到了保护。若法律以表现出来的权利外观或当事人的表示意思作为认定法律关系的效力和内容的标准，则法律就以动的安全为其价值目标。因此，法律在静的安全与动的安全之间进行价值选择，实际上就是选择认定当事人之间的法律行为以及法律关系效力和内容的标准。当静的安全与动的安全发生冲突需要法律进行价值抉择时，以往的法律会毫不迟疑地选择静的安全，即以当事人的内心意思或当事人实际所拥有的权利来判断法律关系的效力。尽管一方当事人主观善意，有合理理由相信行为人的权利外观，或信任行为人表示出来的意思，亦尽管权利外观、表示意思与实际权利、内心意思的矛盾是由于对方当事人或行为人的过错行为所致。

而现代法律则在静的安全与动的安全之间进行价值权衡，然后作出合乎理性的选择。现代法的选择有三种。第一，授权型选择。当事人之间发生某种特殊的法律关系，若法律以强制力认定其为无效，虽可保护当事人既存利益不受损害，但会阻碍当事人预期利益的获得，甚至会有违当事人的自由意志；若认定该种情况下发生的法律关系有效，动的安全得到了保护，却可能损害静的安全。此种情况下，法律将静的安全与动的安全的选择权赋予特定的人，由该特定的人决定当事人之间的法律关系有效还是无效，是保全静的安全还是保全动的安全。私法领域中的效力待定行为和可撤销行为的法律规定实际上就是法律对特定人的授权。第二，静的安全的选择。在有损于当事人既存利益的法律关系中，法律直接规定，选择保全静的安全，认定当事人之间的法律关系无效。私法领域中法律关系无效的制度与规则均是以保护静的安全为价值选择的。但是与传统法不同，现代法在选择静的安全、保护一方当事人既存利益的同时，决不会置另一方当事人的公平利益于不顾，对因认定法律关系无效而无辜受到损失的一方当事人亦以赔偿损失的方式予以适当的保护。缔约过失规则就是以这样一种目的为出发点而在现代法上得以确立的。① 第三，动的安全的选择。某一法律行为的实施不具备法律规定的一般构成要件或一般要求，但若认定该法律行为所引起的法律关系无效，将损害赋予公平的当事人的利益，并严重损害交易安全，严重者将危及整个社会经济秩序的稳定，于是，法律不惜牺牲静的安全而保全动的安全。动的安全既然是取得某种预期的利益的法律行为、法律关系的安全，那么，自法律行为实施、法律关系成立到法律关系的权利与义务实现的整个过程的安全均属于动的安全的范畴。显失公平制度从保护公平利益出发，认定法律关系有效，使当事人获得依常态法不可能获得的期待利益，从而达到保护动的安全的目的。如果说保护动的安全是现代法的一个普遍的发展趋势，那么，显失公平制度恰恰是实现这一价值选择的主要途径。

（三）安全价值与自由价值的冲突抉择

现代法律于静的安全与动的安全发生冲突时所作出的上述三种选择中，第一种选择将抉择权授予当事人自己，最终无论当事人选择动的还是静的安全，都必须体现出当事人的自由的意识，于是，法的自由与安全价值融入同一法律规则之中。第二种选择虽然将抉择权赋予法律，而非当事人自己，而且法律为了保护静的安全而对当事人实施的法律行为作出无效性裁决，但这种选择仍然是私法自治的民法体系下法的常态选择。私法自治原则指导下的民法制度体系对于法律行为所作出的有效、抑或无效的评价均以尊重当事人的真实意志、尊重人的尊严为目的。如果当事人实施的法律行为非当事人真实意志的表达，如《德国民法典》第1177条的虚伪行为和第118条的缺乏真意行为，法律即认定法律行为无效；如果当事人实施的法律行为损害他人所有权或干扰他人自由行使所有权，法律尊重该所有权人的尊严和意志对当事人实施的法律行为赋予否定性评价。因此，前两种选择，法的安全价值与法的自由价值均无冲突。与前两种选择有本质区别的是第三种选择，它是私法自治的民法体系遭遇理论和现实挑战时

---

① 缔约过失规则是于当事人之间的法律关系因违法或意思表示有瑕疵而认定为无效或得撤销时，令有过错一方当事人对赋予信赖的一方当事人予以一定的补偿的规则。它与信赖规则虽均以保护信赖利益为使命，但具有不同的价值取向。缔约过失规则最终保护的是静的安全，只是为了使得善意而无过错的一方当事人不会因信赖而遭受损失，令过错一方当事人对其予以一定的补偿。

法的非常态选择，它完全否定当事人的自由意志，有悖于私法自治的民法制度体系的传统规定，将法的动态安全价值置于高于自由价值的地位。"'自由意志'论下的民法中的困境与出路，体现了民法相关制度的变迁。而各种制度的变迁都体现出了共同的法哲学的基础，这种法哲学理念即以社会利益作为法律终极权威。"① 以动的安全为价值目标的现代法上的显失公平制度是通过维护个案的交易安全，达到维护整个社会的交易安全，以及由整个社会的交易安全转化的社会利益的终极目的，因此，现代法之所以形成保护公平的规则群，实际上是由法的自由价值向安全价值转变的结果。

毋庸置疑，自由是人类与生俱来的一种欲望，E. 博登海默认为："若这个社会连一种最低限度的自由都没有，那么人类将无法生存，这种比喻正如人们不能生存在一个没有最低限度的安全、正义和食物的社会中一样"②；"自由在一项正义的法律制度所必须充分考虑的人的需要中具有显要的位置"③。因此，几乎大多数国家的法律都明确规定公民享有自由的权利。宪法规定了政治信仰和宗教信仰的自由、发表言论的自由，以及游行结社的自由；诉讼法规定了公民提起诉讼请求、放弃、诉讼请求的自由；私法所确立的契约自由、意思自治原则又规定并保护公民以自由的意志实施法律行为、确定法律行为内容及效力的自由。从正义的角度出发，应当认为自由是人类至高无上的权利，整个法律就是以自由为核心而构建起来的。尽管如此，我们也不能认为自由是一种绝对的无限制的权利。如果某个人享有无限制的绝对自由，那么他人便成为这种绝对自由的受害者。同理，倘若每一个人都享有绝对的自由，那么每一个人也都会成为绝对自由的受害者。因此，法律在赋予人们自由的同时，又对自由予以合理而必要的限制。"在一个有法律的社会里，自由仅仅是：一个人能够做他应当做的事情，而不是被迫去做他不应该做的事情。"④ 法学家们的立法

---

① 丁南：《从"自由意志"到"社会利益"——民法制度变迁的法哲学解读》，载《法制与社会发展》2004 年第 2 期，第 11 页。

② [美] E. 博登海默：《法理学法律哲学与法律方法》，邓正来译，中国政法大学出版社 1999 年版，第 280 页。

③ 同上书，第 278 页。

④ [法] 孟德斯鸠：《论法的精神》，张雁深译，商务印书馆 1978 年版，第 154 页。转引自张文显《二十世纪当代西方法哲学思潮研究》，法律出版社 1996 年版，第 526 页。

研究实际上始终是围绕如何赋予自由又如何限制自由的哲学问题展开的。一项法律若能达到赋予自由和限制自由和谐的境界，那么，这项法律可以称为正义法律的楷模。

法律规定的自由实际上包括两方面的含义，既有积极的自由，也有消极的自由。积极自由是行为人积极地做某种事的自由，而消极自由是行为人选择不做某事的自由且不受任何人的强迫或者威胁。婚姻法规定了公民有结婚的自由，公民可以自由决定结婚、与何人结婚，这是积极的自由；也可以决定不结婚、不受任何人的强迫与人结婚，这是消极的自由。契约自由也同样具有消极与积极两个方面。当事人有权自由决定缔结合同，有权在法律规定的范围内变更、解除或撤销契约，有权自由决定契约的内容，任何人不得禁止、限制当事人自由签订契约，也不能对契约的内容进行干涉，否则构成对积极的契约自由的侵犯；同时，当事人也有权利不缔结合同，有权利不在尚未生效的合同文本上签字，有权利不变更、解除或撤销合同。强迫当事人缔结契约，或强迫当事人变更、撤销合同均为对消极契约自由的违反。

"自由是一种价值。因此，对公民自由的任何限制，无论是通过直接的刑法，还是通过其他的法律，都需要证成。"[①] 显失公平制度对公民的合同自由有一定的限制，其限制主要基于以下两点理由。第一，自由应当受到其他的更高价值的限制。法律所追求的正义价值中，自由并不是正义价值的全部内容和唯一目标，虽然在一定时期，自由是法律所追求的最高价值，但它不总是处于最高价值的优越地位。其他目标和价值常常具有与自由平等的价值或者具有高于自由的价值。当其他价值与自由具有同等的价值时，各种价值共同处于正义价值中的最高地位；当其他价值与自由相比具有更高的价值时，自由应退居次要地位，在必要的范围内予以适当的限制；当自由与其他价值相冲突、二者不可并存时，法律则应舍弃自由而保全更高的价值。在显失公平制度所追求的正义价值中，当事人的合同自由与显失公平制度所保护的动的安全发生冲突，保证当事人的自由权利时，若依该当事人的自由意志决定当事人所实施的法律行为的效力，动的安全将受到威胁。当事人的自由意志与该法律关系效力的冲突实际上是个体成员的自由意志与整个社会的交易安全的冲突、个体成员的利益与社会

---

① 张文显：《二十世纪当代西方法哲学思潮研究》，法律出版社1996年版，第546页。

利益的冲突。个体成员的自由价值总是小于交易安全的价值,而且个体成员的私人利益又无疑总是次于众多主体的利益和社会利益。因此,在显失公平制度的语境下,法的安全价值高于法的自由价值,显失公平制度选择价值更高的安全价值而牺牲自由价值应在情理之中。第二,自由应当受到道德的限制和约束。自由与道德是作为两个伴生现象出现在人类社会中的,人类的共同利益和人们相互关系的和谐要求人们与生俱有的自由欲望必须在道德的范围内,符合道德的自由欲望是可以被纵容和保护的,有悖于道德的自由欲望是应被禁止和限制的。西方法哲学家在证成法律限制自由时提出了许多原则、理论和学说。英国思想家米尔最早提出的日后被许多人进一步发展的伤害原则[①]、德富林的道德强制理论以及美国法学会提出的冒犯原则[②]都对自由予以限制的理由进行了一定的阐述,这种阐述是从不同的角度来叙述的。但是,无论是伤害原则还是冒犯原则,归根结底都是道德对自由的限制。因为伤害原则中所指的伤害行为和冒犯原则中所指的冒犯行为均为不道德的行为,以伤害原则或冒犯原则对自由予以限制,实际上与以法律道德主义对自由的限制会得出同样的结果。[③] 而道德对自由极大的强制力和约束力,是通过将道德转化为法律规则实现的。显失公平制度在一定意义上可以说是交易道德的法律化。法律赋予当事人以交易自由,但是交易自由不应与交易道德或占支配地位的公共政策相矛盾。[④] 一方当事人的表示意思(语言表示和行为表示包括作为表示和不作为表示),或者所表现出来的权利外观导致对方当事人的公平,而该方当事人以其真实内心意思,或真实权利状况拒绝承担公平利益损失的后果,

---

[①] 伤害原则是"伤害别人的原则"的简称。该原则中心意思是,如果允许一个人随心所欲,自行其是,必然会伤害他人,法律应对这种行为予以必要的干涉。米尔将人的行力分为自涉行为和他涉行为两种。自涉行为仅涉及自己的利益,仅对自己有伤害的行为;他涉行为是涉及他人利益,对他人有伤害的行为。公民有实施自涉行为的自由,但无实施他涉行为的自由,对他人利益造成伤害的行为要受到法律的禁止和惩罚。参见张文显《二十世纪当代西方法哲学思潮研究》,法律出版社1996年版,第553页。

[②] 冒犯原则的中心思想是,对于那些冒犯别人的行为,法律是应当予以禁止的。参见张文显《二十世纪当代西方法哲学思潮研究》,法律出版社1996年版,第553页。

[③] 张文显:《二十世纪当代西方法哲学思潮研究》,法律出版社1996年版,第554页。

[④] [美] E. 博登海默:《法理学:法律哲学与法律方法》,邓正来译,中国政法大学出版社1999年版,第283页。

是背离交易道德的，应当给予必要的制约。显失公平制度权衡法律行为当事人的积极的合同自由与交易道德的冲突，以悖于法律行为当事人的自由意志的方式认定法律行为可撤销或无效，体现了交易道德对当事人的自由意志予以限制的强大威力。

总之，在显失公平制度所追求的正义价值中，安全的价值优位于自由的价值，因此，显失公平制度将安全置于比自由更重要的地位。

二　显失公平的平等价值

（一）对平等的基本认识

平等所涉及的范围极广，它既涉及政治权利的平等、收入分配的平等以及法律地位的平等等，也涉及人类最基本需求与法律所提供的待遇方面的平等；在民事法律关系中它涉及契约当事人双方权利义务的平等、侵权人与受害人之间损害赔偿或恢复原状等权利义务的平等、所有权关系中权利义务的平等、继承人与被继承人之间权利义务的平等等。

平等与自由一样，不是绝对的，而是相对的。其相对性就在于，平等仅限于特定的某一类相同的人之间，而非所有人之间。只要相同的人在相同的情形下按照普遍的正义标准得到相同的待遇，即为平等。例如，休产假的权利不是所有人都享有的平等权利，仅限于相同的人（妇女）在相同的情形下（分娩）享有，只要是分娩的妇女都可以享有同样的待遇——休产假，作出此项规定的法律便是平等的；选举权对公民而言是平等享有的，但它亦仅限于成年人，未成年人不享有选举权，只要成年人可以平等地不受限制地行使选举权，法律便是平等的。因此，正义的法律不是将权利、利益、机会平等地分配给所有的人，而是对收受此项权利、利益、机会的主体的"相同性"以及收受此项权利、利益、机会的情形的"相同性"作出准确的认定和分类，然后在此基础上赋予相同的待遇。法律所追求的平等实际上是指凡是在法律上被视为相同的人，都得到法律所确定的相同的待遇。当法律所作出的分类以及分类所赖以存在的根据不具有合理性，或分类当初虽具有合理性，但日后分类所赖以存在的基础被动摇或不存在而导致分类不再具有合理性，都会引起一场为正义而进行的改革或斗争。可以说，历史上所有为正义而进行的斗争实际上都是针对法律所作的分类的不合理性展开的。例如，在中世纪的欧洲，以财产为依据将劳动者与有产阶级划分开，前者被剥夺了选举权，而后者则被赋予选举权。也就是说劳动者仅因为没有财产就被剥夺了选举权。19世纪30年代,为了使劳动阶级获得选举权而展开斗争的欧洲宪章运动,所要打碎的就是法律以财产有无为基础而作出的是否有选举权的分类。[1] 历史上多次为妇女的政治权利及社会地位而展开的正义斗争也均是以性别为根据所作的政治权利的有无的分类而进行的斗争。

(二)显失公平制度的平等价值

法律所追求的平等是通过制定实施法律规则来实现的,如果没有法律规则的调整就不会有真正的平等。E. 博登海默说:"法律规则把一定的人、物和事件归于一定的类别,并按照某种共同的标准对它们进行调整"[2],同时赋予他们相同的待遇。只要这种分类是合理的、科学的,并且能够将相应的待遇一视同仁地赋予所有属于其效力范围之内的情形,那么,法律规则便增进了所有当事人之间的平等,法律所追求的平等价值目标即得以实现。显失公平制度既然是以最大限度地保护公平为正当性理由与根据而得以制定的法律行为制度,它亦应以合理地将人、物和事件划分为一定的类别,并赋予平等的待遇为手段实现其追求的平等的价值目标。考察显失公平制度是否达到平等所要求的指标,首先要考察的就是这种分类的合理性,其次是这种分类所导致的实际后果。显失公平制度基于是否由于自己的原因导致对方当事人的公平而将所有参与交易的主体分为两类:致公平当事人与公平当事人,在此种分类基础之上赋予公平当事人主张法律行为有效的权利,同时剥夺致公平当事人主张法律行为无效的权利。依传统法看来,这种划分显然是不必要的。但对于建立在现代经济基础上的现代法而言,为适应现代社会交易道德、交易安全以及交易经济的要求,这种分类便成为极其必要且合理的。为了使这种法律上的划分不至于因现实中的滥用而偏离平等的轨道,法律对公平当事人的主张权又附加一定的条件:(1)须一方当事人有赋予对方权利或与对方发生法律关系的意思表示存在;(2)表意人应当预见其意思表示将导致对方当事人的公平;(3)受表意人确实公平了表意人的意思表示;(4)须有以期待利益满足的方法补偿公平损害之必要。既然显失公平制度的这种划分具有必要

---

[1] [美] E. 博登海默:《法理学:法律哲学与法律方法》,邓正来译,中国政法大学出版社1999年版,第291页。

[2] 同上书,第285页。

性和合理性,且在具体实施中有附加条件的制约,只要能够保证此种分类及"待遇"一视同仁地赋予所有的参与交易的当事人,那么,它就已经达到了平等所要求的指标。

在考查了显失公平制度分类上的合理性之后,证成显失公平制度的平等价值,还需要继续考查该制度适用后果的平等性与合理性。显失公平制度所涉及法律关系的双方当事人之间的平等实际上是一种交易上的平等。交易平等具体包括双方当事人权利义务的平等、当事人双方受益的平等以及所受损失的平等等。所有这些平等的内容都是通过当事人双方权利义务的对等、一方当事人的付出与其所获得的收益的对等,以及当事人所实施的行为与该行为所导致的后果的对等反映出来的。显失公平制度是在致公平当事人未实际实施某种法律行为,或虽实施一定的法律行为,但尚未具有发生某种法律后果的内心意思的情况下,仅因公平当事人的公平,而令当事人之间发生公平当事人所预期的但有悖于显失公平当事人意图的法律关系。适用该法则的结果是公平当事人的公平利益损失因法律关系的有效性、公平当事人预期利益的获得而得到补偿;显失公平当事人亦因显失公平制度的适用在履行法律行为有效的义务的同时取得与义务相对应的权利;即便履行义务没有获得相对应的权利(如赠予场合),或者丧失其既存的利益(如动产善意取得场合),公平当事人的公平损失相当于因显失公平制度的存在而转嫁于显失公平当事人,但是,表面上的损失分配的不平等和权利义务的不对等并不影响实质意义的交易平等。因为,显失公平行为当事人的损害是由于致当事人的原因使表现出来的权利外观或表示意思与实际权利或真实的内心意思发生矛盾所致,于损失发生时,令有可归责原因的当事人承担法律关系有效的法律后果,实际上是恢复原有的合理的平等,使平等达到一个更高的境界,若一方违约,需要承担违约金,尽管守约方的当事人实际所遭受损失的数额低于所给付违约金的数额。

三 显失公平的效率价值

(一)对效率的基本认识

效率是正义内涵的另一种价值。传统的法学理论以自由、平等、安全三大基本价值为核心内容研究正义问题。但进入 20 世纪后,正义被解释为多种价值,除自由、平等、安全外,共同幸福、共同福利尤其是效率成为法学家们研究正义价值时不可忽视的重要问题。所谓效率是指以尽可能小的投入获得尽可能大的收益。同样的投入，所获得的收益越大，或者是同样的收益，投入量越小，效率就会越高。

一般通过法律原则的指导、法律规则的具体实施来实现法律的效率价值。追求效率价值的法律原则或法律规则，多数仅具有单一层而上的效率含义——法律外的效率或法律自身的效率。民事诉讼法中的简易程序、督促程序，以及对公证机关赋予债权强制执行效力的债权文书的执行等仅具有法律自身的效率。通过实施法律的规定，就可以达到以最短的时间、最低的物力消耗取得预期效果的目的。不动产交易的法律规定具有法律外的效率。也有一些法律规则兼具法律自身的效率和法律外的效率双重含义。一方面，法律规则本身对行为主体的司法活动、诉讼活动、交易活动等直接有追求效率的规定；另一方面，通过实施法律规定，又创造一个增进效率的优良环境，使社会财富、法律资源达到最优的配置。

"西方学者通常把效率与公平对立起来，将它们视为互不相容的根本矛盾"[1]，必须在二者之间进行取舍。有人主张平等是最高的价值，不可舍弃平等而追求效率；有人主张，在效率与平等之间，效率具有较高价值，首选效率是理所当然的。事实上，效率和平等作为两种价值时有冲突是必然的，难免会有顾全了平等就难顾全效率的情况发生，但两种价值之间的冲突也不总是排他性的，两者之间的冲突还是可以根据情况划分出主次的，甚至有时候两者还可以互补和兼顾。民事诉讼法中审理简单案件的简易程序、督促程序、反诉与本诉的合并审理程序均为追求效率与兼顾平等的楷模。效率与平等之所以能够互补或兼顾，主要是因为效率与平等在本质上应当是统一的。

（二）显失公平制度的效率价值

显失公平制度作为以最大限度地保护合理公平为正当性理由与根据而得以聚合的规则群或规则束，效率是它追求的又一个重要价值。但与其他一般规则不同的是，其自身所追求的效率价值包括两个方面的价值，即法律自身价值与法律外价值。首先，从法律自身的效率上看，依据法的正统规定，当事人之间的法律行为无效、无强制力或得撤销，赋予公平的当事人将遭受无意的公平损害，若此法律关系还涉及他人，则他人所受损失均成为无意的损失。所有从事交易的人须另行支付交易成本并再行寻找订约

---

[1] 张文显主编：《法理学》，高等教育出版社、北京出版社1999年版，第246页。

机会，期待利益价值虽然不变，交易成本却成倍增长。显失公平制度悖于常态法规定，于当事人赋予公平的情况下令当事人之间的法律行为有效，所有与此法律相关的法律关系均不因该法律关系无效而无效，实现了整个社会以最小的交易成本获得最大价值的最理想效果。其次，从法律外的效率上看，显失公平制度的实施，在整个社会必将造成这样一种安全状态，即任何从事交易的人，只要主观上对对方当事人表现的权利外观和意思表示的认识无过错，无须耗费大量的时间、精力、财力对交易行为所涉及的权利的实际状态、属性进行调查，也无须对当事人真实的内心意思进行深入研究，就可与对方当事人发生某种法律行为，并获得预期的法律后果，从而降低社会交易成本，提高社会经济交易的效率。

显失公平制度所追求的效率和平等之间不是排他性冲突关系，显失公平制度既选择了效率价值，又兼顾了平等价值。当然有主次之分，效率价值处于优先地位，平等价值处于次要地位。显失公平制度之所以将效率价值置于优先地位，是因为显失公平制度所追求的效率价值有双重含义，也就是说，显失公平制度不仅仅在个案中追求交易效率，而且追求整个社会的交易效率。整个社会的交易效率的提高，对于发展经济、提高国民福利、增进共同幸福都是有百利而无一害的。而体现法律正义精神的平等价值仅仅表现在个案的双方当事人之间，以及与个案的双方当事人同类的交易主体之间，它对社会经济的发展及国民福利的提高所起的积极作用远不如效率所起的作用更直接、更有力度。当然，显失公平制度将效率价值置于优于平等的地位，并不损害平等，并不以舍弃平等为代价保全效率价值，反而尽可能地维护平等、促进平等。

第二节 显失公平制度的其他价值分析

一 自由与显失公平

（一）对自由的基本认识

谈及自由，首先就是契约自由理念，其不仅仅是法律上的一个理念，而是包含了丰富的社会经济政治关系在内。在民法意义上，契约自由主要指的是缔约自由，选择合同相对人的自由，以及合同内容拟订的自由，以及合同形式的自由，这也是民法上重要的"意思自治"理念。从社会学上看，契约自由代表着社会演化从低级别的等级身份社会向高级别的契约社会进化，推动在政府与社会间建构小政府与大社会关系，呈现出在"契约自由指导下的组织化自治和分散化治理的社会特征"。从政治学上看，契约自由是人民通过契约自愿让渡部分权力给政府的契约论的精神体现，是代议制与人民主权的基础理念，也是有限政府而非全能政府的基本理由，象征着多元化治理趋势。从经济学上看，契约自由代表着市场经济与自由平等竞争、信息对称与优化资源配置。"具有防范政治国家的作用，主张抑制国家以正义的名义随意介入经济生活"。我们所讨论的契约自由的复苏与扩展，是有机结合法学与各个学科在契约自由理念上的观点来进行的。

契约自由的精神在历史演进上是十分曲折的。梅因历史法学的从身份到契约的单线进化论受到许多质疑。劳伦斯·弗里德曼就此谈到，宏观的法律演变理论，即法律发展依次从较低阶段向较高阶段发展，这种许多理论家假设的有次序的、一个方向的顺序可能根本不会发生。20世纪50年代美国著名合同法学家柯宾则认为，"从身份到契约"的演进，这种日益增长的自由，并非是统一的和恒久不变的。它的前进可能有长期相反的演进，为了每次向"契约的自由"上跳二尺，就要向"身份"后滑三尺。通过这两种演进，社会正在禁止缔结以前并不禁止的交易，同时也正在拒绝强制执行以前得到强制执行的交易。他点明了契约自由的复杂及曲折向前演进。拨开迷雾，历史的实质如梅因所设想的是一种从身份到契约的进化论。只不过西方国家的契约自由发展经历了类似柯宾所描述的一个曲折的历程，似乎掩盖了其向前发展的本质。这个过程是：从封建时代王权领主控制经济到19世纪市民契约自由，再到20世纪30年代经济危机发生后凯恩斯主义国家对经济的干预，再到20世纪70年代经济自由主义的复苏。我国则从新中国建立后长期处于计划经济的管制体制下，严重缺乏契约自由的经验与意识，阻碍了资源的有效配置。我国改革开放30余年，从承认商品经济发展到努力向成熟完善的市场经济的变革。尊重当事人的意思自由，保障当事人的自由选择的权利，培养自我抉择、自行负责的民事主体精神，成为时代要求的主旋律。我国与西方的历程不同，是将西方二三百年的契约自由史压缩到二三十年来走过。但契约自由在我国仍然是任重道远。因为从法律制度上可以强行移植，并且"市场经济与契约社会的刚性结构在中国已经搭建起来"，但文化的培育则尚需时日，造成契约的低效性。还有严格的形式主义的羁绊、契约内容的限制，更有对于财产流转本身的限制。长期以来,我国历史原因造就了将契约自由为核心的资源配置方式与所有制问题混杂在一起的思想误区,使微观至民商事法律,宏观至国家经济改革,都有着迥异于西方国家的状态。

总之,不管是在西方还是在中国,发展的方向究其实质仍然是契约自由。当然也可以区别称为西方的契约自由复兴与中国的从身份等级到契约自由的初始变迁。"用契约取代身份的实质是人的解放,是用法治取代人治,用自由流动取代身份约束,用后天的奋斗取代对先赋资格的崇拜。中国社会的阶层分层运动也证实了这一判断的生命力,并正加快步伐向'契约社会'过渡。"

(二) 显失公平制度的自由价值

德国著名法学家茨威格特指出,当代合同法理论界普遍激烈争论的问题是:在今天的社会现实中,契约自由究竟还能不能仍然被认可为法律制度的支柱和中心思想?如果现实中合同当事人之间缺乏谈判能力的均衡性从而使合同平等遭到破坏,因此,保护合同当事人的弱者一方成为必要时,契约自由原则是否必须彻底地受到强制性规则的限制?现在我们是不是已经进入契约自由的原则应当被"契约公正性"原则所替代或者进行补充这样一个时代?在合同法学界,契约自由的衰落几成通说。盖斯特指出,合同自由的观念已遭受了严重损害。今天的法规在很多方面妨害了当事人双方随意订立合同的自由。一般人所订立的合同大部分都不是经过个人之间谈判的结果。企业家之间也使用标准合同。具优势的一方,作成不利于他方的契约,使契约内容自由,成为压迫经济弱者的工具。如何保护典型经济上的弱者,成为当今契约法发展的主轴。特别是在劳动雇佣领域里,契约自由受到了极大抨击。我妻荣认为,资本主义经济组织使这种债权关系潜在着"一方当事人支配另一方当事人的力量"并日益显著表现出来。……在企业经营自身,所有权的绝对带来的弊端在金钱债权的绝对支配下,表现得更为显著。这个弊端就是对被雇人及消费者的无限制的支配。梅迪库斯甚至说,我们从上面所列的私法自治的限制清单中,也许会获得一个印象,即私法自治行将死亡了。[①]

如何突破近代契约论孤立主体与绝对个体自由,兼顾社会正义和利益平衡?历经契约自由百余年实践,可以认为,显失公平制度的确立,是对

---

① 吴运来:《契约自由的复兴及原因》,载《河南财经政法大学学报》2015 年第 2 期。

契约自由的有益补充和调整。

一是通过合同法、消费者权益保护法等立法方式来规制格式合同中不公平条款,建构消费者权益保护的特殊机制;值得一提的是,在现代互联网技术支撑下的C2C交易模式(如淘宝网),本身就是消费者与消费者的交易。从而使人人都可成为经营者,人人都可成为消费者。正是消费者的这种中立立场,使各阶层的融合成为一种方向。

二是根据我国国情,还应禁止公用事业政企合一的形式,否则该类企业将定型化契约以行政法规的名义公布,就会导致合法"侵权"的结果。

三是大力推行示范格式合同,将商业化格式合同区分出来。陈自强指出,实务中,有越来越多的企业经营者,使用行政主管机关所拟订的契约模板,如预售屋买卖契约书模板、国内旅游定型化契约书模板,或商业公会(如银行公会)制定的。企业经营者间的定型化契约(商业性定型化契约,与消费者定型化契约对照)何以仍有控制的必要?具体个案是否违反诚信原则而对消费者显失公平,判断上极为困难。其复杂性从英国学者盖斯特在研究"强制和不当影响"问题中的担忧可见一斑,他认为"不应认为使另一人造成财政上不利的威胁行为都等于是强制。在商业的互相激烈竞争中,在不同情况下都有可能出现各种不同的压力"。

四是通过诚实信用、显失公平等原则来限制契约自由。对这些原则的具体适用需要我们通过抽象总结判例经验,进行类型化,建构标准,制定规则,使之能具体适用。充分增长其确定性及可预见性。"法律原则必须借助于下位原则向下具体化到能针对某种法律事实类型作成价值判断,始能获得具体内容,以便适用。法律原则在经足够具体化前并没有直接的适用性。"

五是我国还通过合同法司法解释规定了情事变更原则。2009年5月13日施行的《最高人民法院关于适用〈中华人民共和国合同法〉若干问题的解释(二)》第26条规定,"合同成立以后客观情况发生了当事人在订立合同时无法预见的、非不可抗力造成的不属于商业风险的重大变化,继续履行合同对于一方当事人明显不公平或者不能实现合同目的,当事人请求人民法院变更或者解除合同的,人民法院应当根据公平原则,并结合案件的实际情况确定是否变更或者解除"。最高人民法院法官就此撰文指出,当今世界经济动荡,全球金融风暴也验证了我们当代社会的复杂多变性与不可预见性。而引入情事变更原则的价值在于救济因经济的激烈动荡而导致不公正结果。该原则主要针对的经济形势、经济政策的巨大变化，与国家对经济生活干预有直接关系，比如宏观调控、价格调整、经济危机、通货膨胀等。

总之，要理顺契约自由与弱势群体权益保护之间的契合关系。值得探讨的是关于"从契约到身份"的观点。我们认为这其中的"身份"是一种"有限身份"。含义有二：其一，这种身份化的范围是有限的，它只是针对由于中国契约社会存在缺陷而导致的弱势群体，而并非社会全体；其二，这种身份化的程度也是有限的，其所欲达到的保障界线不应超过社会利益的平均水平，而绝不能反而使其成为真正的身份特权。同时，弱势群体"这个概念外延的过度扩张已使得这个概念几乎完全丧失了其经验意义。例如，如果泛泛地说消费者或者患者是弱势群体，那么谁又不是消费者或不是患者？"我们认为，契约自由所实现的社会公平，其更多意义上是一种机会公平。因为实质性的结果平等、绝对的公平可能永远无法实现。

二 正义与显失公平

（一）对正义的基本认识

正义，一直被视为人类社会的崇高理想和美德，因此历来是人们的追求，也是一个永恒的话题。正义涉及社会生活的各个方面，因此而形成了不同的正义，如政治正义、经济正义、社会正义、契约正义等。在法律领域，形成了法律正义。法律正义因为关系到社会整体的制度构建，所以，不但法学家关注，其他领域的思想家也高度关注。法律正义涉及两个问题的解读，一是什么是法律正义，这解决其属性问题；二是什么样的法律是正义的，这解决其标准问题。[①]

人们的正义观总是随着历史状况以及人们的经济状况的改变而改变，各个阶段有其不同的关于正义的观点和理论。有可能在这个特定时代的特殊背景下，可能妨碍人们对正义的理解。自然法学派认为人们必须遵循永恒的道德且必须保护财产、自由以及生命权的不可剥夺性，但在某些时候自然法学派的某些观点显得空洞无物。而历史法学派又过于维护传统的思维和观念，因而被人们批判有些保守。自然法学派认为理性依归，但其对

---

① 胡启忠：《法律正义与法律价值之关系辨正》，载《河北法学》2010年第3期。

理性的运用定是合理的。"当我们说一个人是'理性的'时候,是指我们不知他的目的,而只知道他是理智地追求其目的;当我们说一个人是'合理的'时候,是指我们知道他愿用能共同推理的原则指导其行为,并考虑行为对他人的影响。""问题"的解决思路都绕不开正义这道弯,因而要想让问题圆满的解决,必须实现正义。①

(二) 显失公平制度的正义价值

法律制度是人类实现理想的正义社会所选择的一套社会规范技术,它和社会的道德教育以及各种科学技术交相呼应。社会发展的进程中,首先产生的是道德教育机制,再者是法律制度,最后是科学技术的防范措施。

显失公平制度的确立对于保护订立契约中的弱势一方具有重要作用,它体现着法律制度公平正义的价值内涵。深刻认识到法律存在的抽象性、原则性及其不确定性,考虑到社会生活中人们行为的复杂性,我们就会理解法律为什么在现实生活中会遗留空白与争议。倘若我们意识到双方合意并不能完全证明合同的公平性(例如基于欺诈或重大误解而达成的合同),也不能证明合同内容的丰富性(例如合同订立后各种可能的情形变更),我们同样会意识到无论涉及合同还是其他的任何民事法律行为在确立后仍然可能面临的法律内涵和效力由于在当事人之间的不一致理解而出现的法律争议。显失公平制度的正义价值实现,有赖于司法实践中法官的自由裁量权。

法官审判案件的实质就是在各种争议之间作出判断,法官的自由裁量权范围不断扩大是近现代法律制度发展过程中一个明显特征,它的客观原因也在于此,虽然这里也有整个法律发展进程中司法权与立法权不断博弈的因素。法官的自由裁量权制度主要是理论上强调法律体系具有逻辑自足性,法律解释主张文义解释,法律推理重视演绎推理,包括立法法典化运动的反思和批判。当然这种反思和批判理应保持适度,来取得法律稳定性和发展性的相互平衡。因此,庞德曾说过:"法律必须稳定,但又不能静止不变,因此,所有的法律思想都力图协调稳定必要性与变化必要性这两种彼此冲突的要求……从某种程度来看,这变成了一个在规则与自由裁量权之间进行调适的问题。"由于法官自由裁量权制度的存在及其与成文法

---

① 房清侠、冯文杰:《正义的救赎反思——从洞穴奇案谈起》,载《河南财经政法大学学报》2015年第1期。

典和法律行为制度密切的相互结合，才使法律制度能够通过对自身漏洞的及时补充、克服法律适用的僵化、纠正个案中的不公正等方法得以渐进式地发展和完善，进而保证实现实质的正义。

作为社会规范技术的法律制度要真正达到对社会的规范，进而取得正义价值，其必然要确立自身的正义价值，建立起一整套相对清晰可行的规范体系，同时附加上社会公众自由的行为空间以及纠纷解决者——法官自由裁量的空间。只有基于以上四个层次建立起来的法律制度才能切实有效地运作，通过显失公平的制度，正义理念也才可能最大程度地实现。

三 诚实信用与显失公平

（一）对诚实信用的基本认识

从字面上对诚实信用原则进行解释，其主要是指在市场经济活动中，市场主体要遵循市场经济制度开展交易活动，在交易过程中做到诚实，不欺诈，遵守承诺。在字面含义上，其意义与日常生活中的诚实信用并无太大区别。这是最容易被理解的一层含义。

作为日常的道德准则，诚实信用原则在经济活动中具有强制性的效用。这种强制性表现为具有较强的道德约束力。从道德标准的角度来看，诚实信用原则在民商法中的应用应符合道德价值观。比如婚姻法中的诚实信用原则更多是通过道德标准来表现的。

在社会主义市场经济体制下，诚实信用原则在法律制度中也有所体现，其在强制约束市场竞争行为方面扮演着重要的角色。诚实信用原则要求市场主体在进行经济活动时，应平衡双方当事人的利益，同时平衡当事人利益与社会利益。从法律性原则的角度出发，诚实信用原则具有较明显的强制性，双方当事人均应遵守。

在市场经济活动中，诚实信用原则不仅能够起到道德约束作用，还能够起到法律强制性的约束作用。诚实信用原则的双重含义即为其将道德调节与法律强制约束合为一体，二者共同规制市场主体的经济行为。比如，在处理合同纠纷时，根据诚实信用原则，从道德与法律两个方面来解决问题，就更加合情合理，也更有说服力。另外，市场竞争失信行为人在受到法律制裁的同时，也会受到道德上的谴责。这就是诚实信用原则道德与法律双重含义的典型表现。

（二）显失公平制度的诚信价值

在市场经济环境中，民商法规范市场经济的运行，充分展现我国市场经济发展的状况与规律，并规范市场交易活动。十八届四中全会提出，要更加充分地发挥市场在资源配置中的作用，并在政府的法规与宏观调控下建立公平、平等、统一的市场经济法律制度。因此，我国的民商法正在不断地优化、改善，以发挥自愿、平等、诚实信用原则的作用，持续推动我国市场经济交易活动的健康开展。作为民商法中的"帝王条款"，诚实信用原则具有极高的地位，民商法的基础原则即为诚实信用原则，诚实信用原则在民商法的各项条款中均有不同程度的体现。它能够指导权利与义务的实现，解释评价法律行为，解释补充法律。诚实信用原则在显失公平制度中的价值体现主要为以下几个方面。

1. 指导权利与义务的实现

《民法通则》规定，民事主体进行民事活动，以诚实信用原则为根本。民事主体在行使权利、履行义务的过程中违反了诚实信用原则，即为违法。因此，诚实信用原则在民商法中能够起到指导民事主体行使权利与履行义务的作用。例如，在商务保险合同中，被保险人既有享受保险服务的权利，也有履行保险合同的义务。在出险时，相应的权利与义务均可通过诚实信用原则实现。

2. 解释评价法律行为

诚实信用原则可以解释评价法律行为。灵活地使用诚实信用原则，不仅能够变更、扩充、限制当事人约定的权利义务，还能够赋予双方拒绝履行等权利，而且还能被作为调整法律行为的依据。诚实信用原则不仅能够起到指导当事人行为的作用，还能够解释评价当事人的法律行为。违背诚实信用原则的行为同样属于违法行为，会受到法律的制裁。这可以从反面督促民事主体在进行市场经济活动时遵守诚实信用原则，达到法律的要求。如目前出现的在社会上产生重大影响的"瘦肉精事件"，便可以通过诚实信用原则解释并评价对当事人的法律制裁，这样也能够较容易地使民众感受到该事件处理的公平性。

3. 解释补充法律

法律条文的内容相对抽象。为了更加准确地体现法律的指导作用，法院在裁判时就需要运用诚实信用原则对法律条文进行解释。同时，只有灵活运用诚实信用原则来解释补充法律制度，才能够有效维护法律地位与社会稳定。诚实信用原则之所以能够在民商法中成为"帝王条款",很大程度上也是因为其具有解释补充法律的作用,在特定的条件下能够产生更好的法律解释效果。

当前的诚实信用原则应用存在内涵与定义不清晰、顺序位置相对落后、法律保障制度不完善等问题。应明确诚实信用原则的内涵与定义,加快民法典的制定进程,构建市场经济信用体系,完善政府约束机制,在灵活运用诚实信用原则的前提下实现显失公平制度的应有价值。[①]

四 秩序与显失公平

(一) 对秩序的基本认识

法律的价值并不是只有一种,因为人的需求的多元化,价值目标便具有了多样性。在哲学领域认同感较高的价值目标主要有秩序、平等、自由、公平等等,而法律的价值内涵也包括秩序、平等、自由、安全、效率和公平。

秩序是指一种社会的有序状态,有的称为"在自然进程和社会进程中都存在着某种程度的一致性、连续性和确定性"。[②] 与其相对应的是无序。事实上,在人类社会,一个家庭、一个组织,甚至一个偶然组成的群体,都是按一定秩序活动。人类对事务秩序的追求,已被普遍承认为个人努力或社会努力的一个有价值的目标。

(二) 显失公平制度的秩序价值

社会有序发展,才会有自由、公平、效率等价值的存在,因此作为其他法的价值的基础,秩序是最为基础的一项价值。显失公平制度的设计其实最能体现秩序价值,因为显失公平本身就是一种无秩序状态。

民法中的意思自治原则在产生之初即追求最大限度的个人自由,之后随着罗马法的发展而膨胀发展,随之有被绝对化、极端化的倾向,后来随着近现代世界范围内国家干预的加强,意思自治受到越来越多合理的限制。不过这种合理限制是对正义的匡扶和回归,有利于保障自由的进一步

---

① 王斐民:《民法、商法、经济法视野中的诚实信用原则》,载《首都师范大学学报》(社会科学版)2010 年第 4 期。

② [美] E. 博登海默:《法理学:法律哲学与法律方法》,邓正来译,中国政法大学出版社 2004 年版,第 196、227—228 页。

发展。20 世纪以来合同自由衰落，规范性立法增加，甚至合同不再被认为是当事人自愿承担的义务，而是法院为了保护其他人的合理期待而强加的义务，合同是法律规定的结果而不是自由选择的结果。法律权利的基础以前为"身份到契约"，现在又重归"契约到身份"，表现为合同自由受到越来越多社会因素的限制，合同的相关法律被分割为劳动法、保险法、消费者权益保护法等，并且这些法律对合同自由施加了更多重要的限制。

在这样的背景下，显失公平制度的确立实则是法律制度下对于合同自由的体现，要求合同的订立须符合立法价值的基础，而不能不加限制地自由约定。这种秩序价值的体现也是近代民法向现代民法转变的发展趋势，即民法的根本价值侧重点由自由价值向社会价值转移、由个人本位向社会本位变化、从"抽象人"到"具体人"转换、从形式正义到实质正义转变。[1] 只不过，在这种转变的背景下，私法自治仍是核心地位，限制只是次要条款[2]，显失公平制度的秩序价值并不会取代意思自治原则的基础性功能，可以认为，它是一种有益的补充。

---

[1] 孙鹏、陈树森：《论意思自治——兼论从近代民法到现代民法》，载《安徽大学法律评论》2004 年第 4 卷第 2 期（总第 7 期），第 201—203 页。

[2] 迟颖：《20 世纪杰出法学家维尔纳·弗卢梅与私法自治》，载《比较法研究》2009 年第 2 期，第 116 页。

第八章

显失公平制度的法律效果

第一节 显失公平法律行为的法律效果

各国民法对显失公平这种法律行为的效力规定各有不同。例如，《德国民法典》认为无效（第138条第2项）。《瑞士债务法》第21条规定，准许被害人声明作废，并请求返还其给付。《苏俄民法》第33条规定，法院因被害人、官署或其他有关系之社会团体之申请，得宣告其行为无效，或停止其将来之效力。奥地利民法允许受害人享有撤销权。台湾地区"民法"认为暴利行为并不是当然无效的，必须经法院为撤销之判决确定后才无效，[1]但法院也有权不予撤销，而仅为减轻其给付。

各国对于显失公平法律行为的法律效果的理论和司法实践，归纳起来可以划分为单一效果论和多重效果论两种。单一效果论，顾名思义指的是法律上对于符合显失公平构成的法律行为，认定产生的效力和结果是确定唯一的、单独的，没有产生其他效果的可能，通常情况是规定为全部无效（自始无效、绝对无效）的情况。例如《德国民法典》第138条第2款直接将暴利行为归结为无效。多重效果论则与之相反，指的是法律上对于符合显失公平构成的法律行为，认定其产生的效力和结果不是单一的，至少有两种以上的效力或结果的可能性，可根据具体显失公平法律行为实施的情况由司法审判部门来确定选择其一。例如我国台湾地区的"民法"规定，暴利行为并非当然无效，法院可以通过撤销该行为的判决来确定该行

---

[1] 台湾地区"最高法院"1982年度台上字第1566号判决："契约纵有显失公平之情形，在未经上诉人申请法院撤销前，亦难因此即谓其无效。"

为无效；法院也有权作出不予撤销的判决，而只是判令减轻当事人的给付。

纵观各国有关显失公平法律行为的法律效果立法，采纳多重效果论的国家为数众多，其中最典型的采纳多重效果论的国家要数法国，《法国民法典》将合同损害的不同情况作了区分，从而也规定了几种全然不同的法律效果。

第一类是撤销：《法国民法典》对几种明确的合同损害的情形，规定其产生撤销合同的法律后果，即确认存在合同损害的合同为相对无效，当事人有权申请撤销合同。

第二类是变更：《法国民法典》中对另一些存在合同损害的情形规定的是变更合同有关经济条款的法律效果，其中最常见的变更条款是针对价款金额或是约定财产给付利益的。

第三类是无效，同时法官享有自由裁量权：这类合同损害的合同涉及的主体是未成年人，只有未成年人在遭受了合同损害后可以主张该合同无效，同时法官有权根据具体的情况，作出确认合同为无效的决定。

法国学者认为，前两类法律效果从本质上看，并没有根本的差别，只是在其表面形式上有一定的区别。从民法的角度分析，司法裁决把合同条款进行了变更，尤其是有关合同价款金额的变更，属于合同根本内容的变化，事实上意味着合同的部分无效，因为当事人缔结合同的主要意思已经被部分地否定了。另外，在第一类可撤销的合同损害发生时，获得不正当利益的当事人总是有办法能够通过变更合同条款来避免合同的无效发生①。例如，不动产购买人要想使合同继续有效，就可以向出卖人或者不动产的所有人支付合理的对价。再比如，《法国民法典》第891条规定，获得不正当利益的不动产共有人可以通过向权益受损害的其他共有人按比例地补充支付一定款项或者直接给予实物，使原分割共有财产的协议不因撤销而失去效力②。

---

① 例如，一种情况是根据《法国民法典》第1681条的规定："在允许当事人撤销合同的情况下，买受人可依其选择，或返还标的物而取回其已支付的价金，或支付正常价金的9/10的不足额而保有不动产。第三人占有标的物的，第三人除可向自己的出卖人请求担保外，也有上述同样的权利。"

② 《法国民法典》第891条：取消之诉的被告，或以现款，或以实物向原告提供并交付期继承份的补充后，得停止取消之诉的进行，并阻止新的分割。

第二节　显失公平法律行为的绝对无效

一　法律行为无效的基本理论

（一）法律行为的无效

根据大陆法系传统民法学说，法律行为的无效是指法律行为规则给予某一无效原因而不发生效力。《德国民法典第一草案》第108条规定："就其希望产生的法律效力而言，无效的法律行为被视为未曾实施。"第二起草委员会则删除了这一规定，理由是"无效法律行为的概念在文献中已被确定，所以无须对其予以详细定义"。第二起草委员会还认为，"草案在试图下定义时所使用的'就其希望产生的法律效力而言'这一表述可能会受到指摘"[1]。然而，如果人们不以此为基础，而是以法律行为规则为基础，那么，法律行为的无效仅仅意味着，本应按照法律行为的内容生效的法律行为规则不发生效力。有很多学者认为，无效的法律行为"在法律上根本不存在"，它仅仅作为"事实事件"而存在，[2] 笔者不同意这种观点，应当是，无效法律行为意味着仅仅是通过法律行为所形成的规则不能按照其所形成的内容生效而已。有鉴于此，无效的法律行为恰恰不仅属于"事实事件"，而且属于法律行为，所以基于无效的法律行为确实可以产生法律效果。

人们始终应以导致无效的原因为基础来考察法律行为的无效。人们可以基于无效的原因得出这样的结论：当法律行为无效时，将会产生何种法律效果来取代所形成的法律行为规则。法律没有就无效的原因进行概括性规定，而是在不同的具体规则中分别对其加以规定。

（二）法律术语

《德国民法典》使用了"无效"（nichtig）和"未生效"（unwirksam）这两个术语。"未生效"的合同是指当时还没有生效，但是很可能生效的合同，一般未生效的合同都特指需要第三人为特定的行为以及通过官方的某些认可才能生效的合同，也被称为"效力待定的未生效"（schwebend

---

[1] 《记录》I，第260、261页（《穆格丹》第726页）。
[2] 例如《科英-施陶丁格》，§141 N. 2. 转引自迟颖：《法律行为之精髓——私法自治》，载《河北法学》2011年第11期。

unwirksam）法律行为，即相对无效法律行为。"无效"法律行为，指的是那些自始不生效或不可能再发生效力的法律行为，即通常意义上的绝对无效法律行为，例如《德国民法典》中的"无效"适用于第105条的无行为能力、第125条的形式瑕疵、第134条的违反禁止性规定、第138条的违反善良风俗等。我国《民法通则》第58条中规定了五类无效法律行为，包括无民事行为能力人实施的行为；限制民事行为能力人实施的行为；一方当事人以欺诈、胁迫或乘人之危，使对方当事人在违背真实意思的情况下所做出的行为；当事人恶意串通，损害国家、集体或者第三人利益的行为；违反法律或社会公共利益的行为。并规定了，该无效法律行为自始无效、绝对无效。德国学者认为，"效力待定"法律行为中，需要同意的权利，要么是因为该法律行为涉及决定权人自己的利益，例如追认无权代理；要么是因为法律直接赋予决定权人的某种监督职能，例如监护人对被监护人行为的同意权[1]。我国《合同法》第47条、第48条、第49条及第51条中也规定，无行为能力人、限制行为能力人订立的合同、无权代理权人订立的合同、无处分权人订立的合同都属于效力未定的合同。因为本书讨论的是显失公平制度的法律效力，所以本书不对效力未定的行为做过多的讨论。

（三）无效的原因

无效的原因既可能存在于法律行为的行为中，比如《德国民法典》第105条的无行为能力、第116条第2句明知的真意保留、第117条的虚伪行为、第118条的缺乏真意的表示、第119条的因错误而撤销的无效和第123条的因胁迫或恶意欺诈而撤销的无效等；也可能存在于实施法律行为的权限之中。例如，限制行为能力人、无权代理人、无权处分人所实施的行为，以及需经官方批准而官方尚未批准或拒绝批准的行为；还可能存在于法律行为的形式之中，例如要式法律行为；它还可能存在于法律行为的内容之中，例如，《德国民法典》第134条法律行为违反禁止性规定、第138条的违反善良风俗、第306条的合同以不能给付为内容或法律行为所形成的法律关系不被法律秩序所允许，特别是，不能附条件的法律行为却被附条件实施，或对某一不能予以处分的权利进行处分（例如转

---

[1] ［德］迪特尔·梅迪库斯：《德国民法总论》，邵建东译，法律出版社2000年版，第374页。

让）等。

（四）自始无效和事后无效

传统民法学理上虽然对自始无效和事后无效进行了区分，但是，这一区分除了具有除启示意义之外，无任何其他意义。本书第二章分析过显失公平制度在传统大陆法系国家的法律行为中属于法律行为的内容不符合法律规定，从而欠缺生效要件，成为德国民法和我国台湾地区"民法"中的无效法律行为。这里的事后无效也包含法律行为的内容的事后无效，例如，法律行为事后违反善良风俗，或事后颁布的法律适用于法律行为。笔者认为，这里的划分对本书讨论的显失公平制度而言，特别有意义的"事后无效"的情形是因撤销而导致的无效。

二 显失公平法律行为无效的立法例分析

对于显失公平行为的法律效果归为无效的立法例，最典型的是《德国民法典》，该法典在其第138条第2款中，将暴利行为作为违反善良风俗的情形之一，即法律行为内容不符合法律规定，从而导致法律行为无效。

《日本民法典》继承了德国式体例的立法模式，也规定了公序良俗的事项为标的不法的法律行为，但并没有规定行为原因的不法。但是《日本民法典》并没有完全按照《德国民法典》中把暴利行为在其规定中明确下来的相关规定，而只是承认了暴利行为实际上违反了公序良俗的原则，是一种不法行为。同时，《日本民法典》第90条作出了违反公共秩序和善良风俗的行为无效的规定。

《德国民法典》虽然在暴利行为的规范模式上，对欧洲大陆的奥地利、瑞士、希腊、挪威、葡萄牙等国家以及我国台湾地区的"民法"均产生了很大的影响，但是这些国家和地区并非照搬德国法的条文规定，在具体立法上与《德国民法典》差异甚大。在暴利行为的法律效果这一问题上，《瑞士债法典》的做法是规定显失公平法律行为并非当然无效，而是属于可撤销的法律行为的一种，尽管在我国有些学者在研究瑞士民法的问题上，依旧遵循德国法的思维将瑞士法的上述规定解释为一种违反善良风俗的行为[1]。我国台湾地区的"民法"在暴利行为效果的认定上，也跟《德

---

[1] 沈达明、梁仁杰编：《德意志上的法律行为》，对外贸易出版社1992年版，第182页。

国民法典》不一致,并非当然无效,而是可撤销。

案例:某甲从汽车销售商某乙那里买了一辆二手跑车,花了5万欧元,双方均已履行了合同。某甲交付了车款,某乙交付了汽车。但事后某甲得知,他购买这辆车支付的价格实在太贵了。其他销售商在同一时期对同一车型,生产年代行驶公里数和配件也相似的汽车只卖大约3万欧元。某甲认为该买卖汽车的合同无效。

依据德国关于暴利行为的规定,如果约定的价格与市场价格相差悬殊就意味着违反善良风俗的,该买卖合同应当是无效的。然而,在有些情况下却不能得出无效的结论。例如,众多的单个法律行为应当作为组成市场机制的部分事件来看待时,就不能因为价格上的悬殊就直接认定买卖合同无效。如果只要因为一方或双方当事人对原本通行的价格设想出错就要对个别市场交易事件进行修正,则必将对市场机制造成危害。在上述案例中,销售商某乙所得到的价格表明市场状况出现了新的变化,例如商品短缺的情况,但这种状况尚未影响到其他销售商。除非某乙对某甲恶意欺诈,否则也不能直接适用《德国民法典》第138条所规定的无效。因为《德国民法典》中的暴利行为要产生无效的后果,其构成前提除了财产利益与给付相比明显不对称之外,还需要满足主观要件,即存在一方肆意利用遭受不利一方的窘迫情事、欠缺经验、缺乏判断力或显著的意志薄弱的情形。因此在上述案例中,要达到该买卖合同因为暴利行为无效的法律后果,也还需要证明销售商某乙肆意利用了购买人某甲的欠缺经验或缺乏判断力或显著的意志薄弱等情况。

对于《德国民法典》第38条第2款规定的作为暴利行为成立之主观要件,其举证责任要由主张法律行为无效的一方当事人承担,也即通常是暴利相对人来承担。但在德国的司法判例中,也试图改善遭受不利的一方法律行为当事人的境况。根据德国联邦最高法院作出的一些判决,如果可以确定在给付和对待给付之间,客观上存在明显的、而且是特别重大的不相称,则应当推定存在肆意利用的状况[①]。人们从德国司法判例中观察判断出一个趋势,即价值不相称的程度越严重,对肆意利用的实际证明及其

---

① 迪特尔·施瓦布:《民法导论》,郑冲译,法律出版社2006年版,第481页;《联邦最高法院,有价证券信息》,1990年,第1323页;《新法学周刊》,1994年,第1275页。

主管前提的倚重程度就越小①。

第三节　显失公平法律行为的相对无效

一　法律行为相对无效的理论问题

（一）相对无效法律行为的界定

因为上文提到过的，德国的法律理论将绝对无效法律行为和相对无效法律行为合称为"无效"法律行为，两者区分的标准就在是否还有可能产生效力。相对无效的法律行是指此法律行为还有可能产生效力；而绝对无效法律行为则不存在有效的可能，是自始开始即无效且不可能再生效的法律行为。

国外对于相对无效法律行为的论述跟我国可变更可撤销的法律行为有类似之处。依据我国《民法通则》第59条的规定，确定可撤销或可变更的法律行为就包含显失公平法律行为和因重大误解而为的法律行为；我国1999年的《合同法》第54条第2款，则将因欺诈、胁迫或乘人之危而订立的合同，也归入可撤销或可变更的法律行为范畴。

法律对绝对无效与可撤销之间的效力形态的划分标准，在于法律认为法律行为对社会利益和公众利益影响程度的大小。那么相对无效行为的是指此法律行为没有一项有效的生效要件，缺少这一要件合同不可能生效，但是这种法律行为不会给社会的安定和秩序带来严重的后果，不会违反民法的明显不公平的原则，但是宣布该合同无效可能对一方当事人产生不利的后果，那么需要双方当事人进行考虑，找出更适合解决问题的方法。而绝对无效行为是由于因为该项合同若履行会对社会公共秩序造成不良的影响，影响社会的安定，造成十分严重的后果。

（二）撤销与撤销权

在汉语中，撤销的词义与撤销、取消相同，是指废除、取缔某种组织等，多指用命令或表示正式②。而在法学理论上，"撤销"一词的含义则完全不同于我国汉语中的解释。尤其是在大陆法系的民法中，"撤销"一

---

① 迪特尔·施瓦布：《民法导论》，郑冲译，法律出版社2006年版，第481页；《联邦最高法院，新法学周刊——判例报告》，1991年，第589页。

② 《汉语大词典》编辑委员会：《汉语大词典》，商务印书馆2003年版，第134页。

词有着较为特殊的含义,是指表意人及其特定主体消灭有瑕疵的意思表示或法律行为效力的行为[①]。德语表述为 Anfechtung,法语为 rescision。

而英美法系国家的立法、诉讼中均没有与大陆法系完全对应的"撤销"的概念,而往往在不同的领域用不同的词来表示"撤销"。英美法在其民商法领域中对合同等法律行为的"撤销"也使用了不同的用词来表示。一是 rescission,该词不区分合同的撤销或解除,只要是涉及现有合同的终止或消灭,不问原因,均用该词表述。例如在英国法中,无论最终是通过法院的判决还是当事人的行为,无论是因为违约、错误还是虚假陈述,该词均表示合同的终止。二是 revocation,表示这种撤销即可以是总括性地撤销之前全部的行为或事物,也可以是撤销某一特定事物。三是 Voidable,意为可撤销的,虽然合同内容在表面上有效,但是实际却存在一定的瑕疵,导致合同履行后会对一方当事人明显的不利。那么一方当事人就可以向法律起诉请求撤销该合同,那么这项合同以及撤销行为等属于可撤销的合同或行为。

在我国的立法和法学理论中,撤销一词按照中国社会科学院法学研究所主编的《法律辞典》的解释,是指因为意思表示有瑕疵或不自由,而享有撤销权人通过撤销权的行使消灭法律行为的行为[②]。这种解释被视为狭义上的撤销。由于在我国的理论研究和立法实践中,撤销一词在更广含义的范围内(取消、撤回、废除等)被广泛使用,因此撤销一词并没有跟大陆法系其他国家那样作为一个含义特定的概念。本书在对显失公平法律行为的法律效果研究中,将对撤销一词仅作狭义上的解释,从而与大陆法系国家民法中的撤销一词取同一含义范畴,即日本民法学家我妻荣主编的《新版新法律学辞典》中对撤销的定义,指的是表意人及其特定主体消灭有瑕疵的意思表示或法律行为效力的行为。

如上所述,撤销是表意人自助消灭有瑕疵的意思表示或法律行为效力的行为,则当事人所具有的否认其法律行为效力的权利就是撤销权,撤销权行使的法律后果是使已经成立并生效的法律行为重新归于无效[③]。

[①] [日]我妻荣等编:《新版新法律学辞典》,东潘舆等译,中国政法大学出版社 1991 年版,第 735 页。

[②] 中国社会科学院法学研究所编:《法律辞典》,法律出版社 2003 年版,第 136 页。

[③] [德]迪特尔·梅迪库斯:《德国民法总论》,法律出版社 2003 年版,第 136 页。

日本学者将撤销权称为取消权,是指在私法规定的场合下(如依照《日本民法典》第96条等),一定的人可以撤销其意思表示的权利①。我国台湾地区"民法"学者认为,撤销权是指依自己之意思表示,溯及地消灭法律行为的效力为内容之权利,其乃对于因有效要件欠缺之法律行为蒙受不利之人,法律赋予此权②。而我国大陆地区的多数民法学者给出的定义是,撤销权是指法律行为的一方当事人按照自己的意思表示消灭法律行为的效力为内容的权利③。

二 相对无效法律行为的一般法律效果

（一）撤销权或变更权的产生

我国《民法通则》在第59条第1款对表意人的撤销权和变更权作了规定。对于撤销权或变更权,表意人享有选择权,来决定是否维护已发生的法律行为的预期效果的自由。我国《民法通则意见》在第73条第1款对于两种权利之间的关系作出了解释：对于显失公平和重大误解的法律行为,选择权在于当事人,既可以请求变更、也可以请求撤销,若是当事人请求变更,人们法院就不能予以撤销,必须考虑是否能够变更；若当事人请求撤销,人民法院可以依其自由裁量权来决定是否撤销,或者站在当事人利益的角度也可决定予以变更。对此,我国《合同法》第54条第3款也有类似规定。

撤销权或变更权的行使还有除斥期间的规定,依据司法解释为自行为成立之日起1年。经过除斥期间不行使,撤销权和变更权消灭的,法律行为则自始有效；明确表示不行使,视为放弃撤销权或变更权。民法在这里所规定的对撤销权人的权利限制,显然是对于交易关系稳定性和确定性的保护,追求早日确定当事人的法律关系。在我国,撤销权和变更权的行使,必须依照公力程序,根据《民法通则》第59条第1款和合同法第54条第1、2款规定,应通过人民法院或者仲裁机关进行主张,提起形成

---

① ［日］我妻荣等编：《新版新法律学辞典》,东潘舆等译,中国政法大学出版社1991年版,第736页。

② 郑玉波：《民法总则》,中国政法大学出版社2003年版,第453页。

③ 马俊驹、余延满：《民法原论》,法律出版社2005年版,第208页；李开国：《民法总则研究》,法律出版社2003年版,第294页；高富平：《民法学》,法律出版社2005年版,第199页。

之诉。

而在德国民法上则不存在变更权,法律仅赋予有关行为人享有撤销权,以决定法律行为有效还是无效。撤销权原则上不得单独出让、设质,但可以被继承或委托。撤销权的行使,也具有除斥期间要求,经过除斥期间不行使,撤销权消灭,法律行为自始有效。《德国民法典》第 144 条规定,如当事人明示放弃撤销权,或承认可撤销法律行为,后者视为放弃撤销权,法律行为自始生效,不得再行撤销。

(二) 行使撤销权或变更权的后果

1. 按照撤销确定地自始无效或者依变更的内容发生效力。我国《民法通则》第 59 条第 2 款规定,法律行为在撤销权人行使撤销权之前有效;但撤销权人一旦行使了撤销权,则法律行为即自始无效;一经行使变更权,行为内容变更之时即发生效力。

《德国民法典》第 142 条也规定,一旦行使撤销权,法律行为将溯及地无效。依据《德国民法典》第 143 条规定,撤销权的行使也属于法律行为,是单方法律行为,须依法向适当的相对人进行意思表示。撤销一经行使,不得撤回,也不得附以条件。撤销的表示必须使相对人知道并了解其含义。如果法律规定应当依诉讼程序提出撤销主张的,尚需取得形成判决,在判决确定的时候,才开始发生撤销的效力。

2. 产生无效返还请求权。我国《民法通则》第 61 条第 1 款规定,人民法院将法律行为依法撤销后,受损害的一方当事人就依法取得了返还请求权。即获得利益的当事人一方依据该法律行为(通常是合同)所获得的财产利益,应当返还给利益受损的当事人。我国《合同法》第 58 条也规定了相类似的条款,即合同行为被撤销后,获益方因显失公平所获得的财产利益,应当返还给对方当事人,并且进一步规定,如果得到利益无法返还或者没有必要返还的,还应当对受损害的一方当事人予以折价补偿。

我国台湾地区"民法"第 114 条规定:当事人知道撤销或者应当知道撤销发生的,当其法律行为撤销时,准用第 113 条之无效行为当事人责任的规定。其第 113 条规定,无效法律行为的当事人,在行为发生时,知道无效或者应当知道无效的,应当承担恢复原状或赔偿损失的责任。台湾学者认为,根据此项规定,无效法律行为中的当事人已经作出给付行为的,其他当事人有恢复原状的责任;而对于受到损害的当事人,其他当事人有赔偿的责任。这些责任的共同前提都是当事人存在主观过错,要么是知道无效（主观故意），要么是应当知道无效（主观过失），否则不需要承担赔偿责任。

3. 产生信赖赔偿请求权。德国法仅承认在有信赖利益的法律行为，才会有信赖损害赔偿。如果合同因为一方当事人的错误表示导致了合同被撤销，那么错误表意人就要承担其对对方当事人和第三人的赔偿责任；但是在合同签订中存在欺诈或者胁迫等情况，从而导致合同被撤销后，那么欺诈人和胁迫人就要对对方当事人所遭受的损失进行赔偿，这种赔偿是侵权赔偿，而不是信赖损害赔偿。

我国《合同法》第58条以及《民法通则》第61条第1款还规定，对于考察当事人是否存在过错以及到底谁存在过错的情况来说，若只有一方当事人应该按比例分担责任，允许过失相抵。对于我国民法的上述规定，我国的学者多持批评意见，认为在法律行为被撤销之后，关于撤销权人的赔偿责任，在大陆法系国家虽然有的不要求有过错，例如《德国民法典》，有的要求有过错，例如《瑞士民法典》。但是这些国家的共同做法是，如果相对方有过错的，其信赖利益就不能得到保护，于是，撤销权人也就没有赔偿义务[1]。然而反观我国《民法通则》和《合同法》的规定，即使相对方有过错，撤销权人也应当承担赔偿责任，而且对于因欺诈或胁迫而撤销意思表示的，我国民法上也无除外规定。

三 关于各国家显失公平相对无效的立法分析

（一）大陆法系国家

在大陆法系国家和地区的民法中，有相当多数的国家和地区将显失公平法律行为的法律效果确定为相对无效。例如法国、瑞士、奥地利、我国台湾地区、澳门地区等。但在规定显失公平制度相对无效的国家中，也并非完全一致和统一的，各国根据本国的法学理论和司法实践，在显失公平法律效果的规定上也有差别。

在《法国民法典》中根据合同损害的不同情况，规定了三类不同的法律效果：分别是可撤销、可变更和无效，赋予法官一定的自由裁量权等。法国的民法学者们认为，合同的撤销和变更这两类法律效果之间，本质上没有差别。撤销和变更两个之间在法律上和司法实践都存在相互转换和兼

---

[1] 李永军：《民法总论》，法律出版社2006年版，第540页。

容的可能：有时候变更其实就是撤销即变为部分无效；有时候可撤销的效力也能经过当事人的变更使合同继续有效。

瑞士在其《债法典》第 21 条中规定：对于显失公平合同，受损害方可以在一年内请求撤销合同，并可要求返还已经支付的对价。

我国台湾地区的"民法"在显失公平制度的法律效力上规定，利害关系人不能直接撤销或变更（减轻给付）法律行为，只能向法院提出声请，结果是否准许撤销或变更显失公平法律行为取决于法院的自由裁量权。换言之，从台湾地区"民法"第 74 条的规定上看，要取得法律上可撤销或可变更的效力，有两个前提条件，必须首先依当事人的声请，其次，以诉讼方式提出声请，并经法院为形成判决[①]。

澳门地区的做法与台湾地区"民法"的规定类似，在暴利行为的法律效果上，《澳门民法典》规定为可撤销。依照《澳门民法典》第 276 条之规定，当事人可以选择变更该法律行为，从而维持该行为的效力。可以看出，如同对原因不法之法律行为的处理，该法典对暴利行为也采取了灵活的、弹性化的态度。

（二）英美法系

如前文所述，尽管传统上，英美法系的法院一直以来的立场都是，单凭合同的不公平性不足以使合同丧失执行力，但自 20 世纪中期以来，显失公平的制度对美国的合同法产生了巨大的影响。

美国《统一商法典》的第 2-302 节规定了对显失公平制度的法律效力，也可以归纳可撤销与无效的多重效果，并且法院有自由裁量权。根据《合同法第二次重述》第 208 条的规定，法院一旦认定合同的条款或者整个合同显失公平，则可判定整个合同丧失强制执行力。在极少数情况下，法院可以对合同作出实质性的调整，这种调整是对显失公平的一些条款进行实质性的修改，使其符合公平原则。

如果整个合同被认定为构成显失公平，则受损害的一方当事人（出卖人或是买受人）应该适当赔偿对方当事人截止到合同被撤销时所享有货物或服务的合理价值。如果买卖合同的买受人应承担分期付款的责任，则有

[①] 台湾"最高法院"1981 年度台上字第 174 号判决："因显失公平而依民法第七十四条请求撤销其行为或减轻给付，为形成之诉。上诉人不起诉为之，而仅在本件被诉中作此抗辩，尚非可采。"

的判例是通过准许出卖人保留买受人以前所做的分期付款和准许买受人保留货物的所有权来解决这个问题①。而有的判例中,通过准许出卖人保留货物并将以前支付的分期付款作为租金从而达到适当赔偿对方当事人的目的②。但是必须明确一点,这些解决措施中的金额,跟买受人所获得的利益相比并不是完全对应的,有可能在利益数额上等同于买受人所获得的利益价值,也可能不等于买受人所获得的利益价值。

返还受损害一方当事人所获得的利益价值,其制度取向在于防止不当得利。另一方面,就像对竞业禁止所进行的明显宽泛的约定进行调整的规则一样,返还所获得的利益价值不可能为显失公平行为提供充分的激励。

毋庸置疑,英美法系的显失公平的可撤销之法律效果,依据的是受损害一方当事人的主观意愿。该当事人可以继续接受不公平的合同或者是条款,继续进行合同的履行;也可以选择向法院提起诉讼,要求法院判决该合同的部分或者全部无效。这里当事人本人可以作为撤销权人。

同时,法院也可以作为撤销权人,前提是职权发现双方当事人签订的合同违反公平原则或者合同中的部分条款违反公平原则而应适用显失公平制度。法院发现后,可以宣告不执行该合同或者某条不公平的条款,或对该不公平的合同或条款进行限制。③

总而言之,显失公平制度作为英美法上一项起源于传统衡平法的重要法律制度,法官们在判断和裁决显失公平的法律效果时,可以本着公平正义的原则作出自由裁量。

(三) 我国现行法

依据1986年的《民法通则》第59条的规定,我国大陆地区民法制度上的显失公平行为的法律效果也可以分为可撤销和可变更,但是跟美国《统一商法典》的规定不同的是,享有撤销权和变更权的主体并非受损害的合同当事人,而是司法机构。我国《合同法》第54条的规定也尤为类似,当事人只有请求人民法院或仲裁机构对显失公平的合同或者条款进行变更或撤销的权利。

1. 撤销权和变更权的竞合问题

我国《合同法》第54条规定了当出现显失公平情况之时,合同是可

---

① Jones v. Star Corp., 298 N. Y. S. 2d 264 (N. Y. Sup. Ct. 1969).
② Jefferson Credit Corp. v. Marcano, 302 N. Y. S. 2d 390 (N. Y. City Civ. Ct. 1969).
③ 《统一商法典》,第2—302页。

撤销和可变更的：具有撤销权的当事人可以请求人民法院或仲裁机构对显失公平的合同或合同部分条款进行变更或者撤销。从上述规定可以看出，我国《合同法》承认了撤销权与合同变更的竞合，且其处理规则是在具备撤销原因时，当事人既可申请变更也可申请撤销，可以选择其一申请救济；当事人请求变更的，就丧失了请求撤销的权利。

我国民法学者对我国《合同法》第54条关于撤销权与合同变更权竞合的处理规则颇多批评意见，认为这两者不能竞合。因为大陆法系国家通常认为合同的签订属于双方当事人共同作出的意思表示，则对于可撤销的显失公平的合同或有关合同中的一些显失公平条款，受损害一方当事人因享有撤销权而撤销合同使之归于无效，或者放弃撤销权使之有效，法律上未被授予变更合同的权利。

我国《合同法》中对于变更权的规定，相当于强制另一方当事人接受一个全新的合同或者合同条款，这显然与合同的自由原则相背离。因为合同条款的变更意味着双方当事人权利义务的变更和设定，而且这种变更或设定的前提不是双方当事人的平等协商，而只是依据一方当事人的申请和人民法院或仲裁机构的职权行为，相当于通过法院和仲裁机构的职权为双方订了个合同。这种后果听起来是很可笑的。

2. 显失公平法律效果的相对无效制度的完善

我国的《民法通则》和《合同法》中有关合同变更权的规定，与台湾地区"民法"第74条的规定很相似。该条规定，对于获暴利的合同，利害关系人可以向法院提起声请，撤销该合同或减轻其给付义务；如果利害关系人声请撤销的，法院可以酌情作出撤销或减轻给付的决定，反之假如利害关系人只是申请法院减轻给付义务的，则法院不得擅自作出撤销决定[1]。这里的"减轻给付"跟变更基本可以类比。但值得指出的一点是，我国台湾地区"民法"的以上规定限定在构成暴利行为的合同中，而暴利行为是归入违反公序良俗原则的行为之一的，因此该变更权在台湾"民法"上中可以说基于公序良俗的需要，尚能理解。而我国《合同法》将其扩展至所有可撤销合同的做法就值得商榷了。

考察大陆法系主要国家法律和判例，均无合同撤销权与合同变更权竞合的制度。对可撤销合同，大陆法系的瑞士、法国、意大利等国家规定了

---

[1] 史尚宽：《民法总论》，正大印书馆1979年版，第310页。

错误订正制度。从《瑞士债务法》第24条、《法国银行法》第2058条和《意大利民法典》第1430条这些法条①可以看出，所谓错误订正制度，针对的主要是计算类的错误。换言之，如果仅仅是单纯的计算型错误还是可以订正的，并且不会影响合同最终效力。

英美法系国家在订正合同的做法上，跟大陆法系的做法基本上没什么差别。根据衡平法的精神，英美法系国家在司法实践中允许当事人向法院申请对合同条款进行改正。如果是一方当事人向法院请求改正合同，则必须满足两个前提条件，一是该方当事人需要证明合同签订时双方的合意是一致的，只是在使用书面形式时，出现了文字性错误；二是需要证明双方当事人之间的合同是一份完整且明确的合同。这里所谓的文字性错误还必须是双方当事人共同的错误，才能取得改正合同的衡平法救济。除此之外的单方错误或者各自分别的错误都不能使用改正合同救济。

还有一点需要注意的是，即便一项合同符合上述能够改正的两个前提，假设此时有个善意第三人已经就该合同取得了所有权，并且经过一段合理期间仍未提出改正合同的请求，则法院足以因此而拒绝改正合同。

对于因胁迫、欺诈所订立的合同，受胁迫方和受欺诈方得请求变更之规定，更无立法例可循。

综上所述，笔者认为，在完善我国民事立法尤其是显失公平制度立法时，其产生的法律效果之相对无效的规定中，对于合同变更权与撤销权竞合的问题，还是应当坚持大陆法系传统的固有原则，认定合同变更权与撤销权两者不能竞合。对于类似显失公平这种可撤销的法律行为，仅规定遭受不利益的一方当事人，或者向人民法院或仲裁机构申请行使撤销权使法律行为无效或部分无效，或者放弃撤销权的申请而使法律行为继续有效，而不能笼统地在所有的可撤销合同中规定变更权，因为变更权的实质从来都是订立一个新的合同，这种订立合同的权利应当交还给当事人双方，而不是由人民法院或者仲裁机构代劳。

---

① 《瑞士债务法》第24条第4项规定："单纯计算上的错误不妨碍合同的约束力，但应加以纠正。"《法国银行法》第2058条规定："计算上的错误应予以纠正，但不导致合同的无效。"《意大利民法典》第1430条规定："计算错误不发生契约的撤销，而仅仅发生变更，除非涉及由合意确定的数量错误。"

第九章

我国现行法上的显失公平制度

第一节 我国现行法上显失公平制度概述

一 显失公平制度法律渊源

我国的法律行为制度毋庸置疑是承袭了大陆法系的民事立法传统，有关显失公平法律行为的立法经过了几十年的实践和改进，在民事相关立法上的代表性法条有以下几条：

1986年颁布的《民法通则》第59条规定："下列民事行为，一方有权请求人民法院或者仲裁机关予以变更或者撤销：（一）行为人对行为内容有重大误解的；（二）显失公平的。被撤销的民事行为从行为开始起无效。"

1988年，我国最高人民法院颁布了一项重要的司法解释，即《民法通则意见》，其中第72条就对显失公平法律行为的认定作了明确规定："一方当事人利用优势或者利用对方没有经验，致使双方的权利义务明显违反公平、等价有偿原则的，可以认定为显失公平。"第73条则规定："对于重大误解或者显失公平的民事行为，当事人请求变更的，人民法院应当予以变更；当事人请求撤销的，人民法院可以酌情予以变更或者撤销。"

1999年颁布的《合同法》第54条规定：下列合同，当事人一方有权请求人民法院或者仲裁机构变更或者撤销：（一）因重大误解订立的；（二）在订立合同时显失公平的，一方以欺诈、胁迫的手段或者乘人之危，使对方在违背真实意思的情况下订立的合同，受损害方有权请求人民法院或者仲裁机构变更或者撤销。

二 立法背景考察和分析

虽然民法上都以1986年的《民法通则》为我国首次正式将显失公平制度纳入法律体系的标志，但笔者发现最早出现"显失公平"字样的法律文件则在更早时期。在《最高人民法院华东分院关于解答房屋纠纷及诉讼程序等问题的批复（1951年4月16日）》中，有以下描述："（四）承典人未得出典人同意，将出典物变卖，应先审究典权契约内容是否公平合理，又是否在设定典权当时，订明如出典人于典权期满后，不于一定期限内备价回赎即可由承典人自由处分，或出典人于典权到期后，长时间不主张权利，是否已抛弃其典权，在实际审理此类案件时，应予以缜密研究。如果典权契约内容，显失公平或承典人变卖出典物，确系违反出典人的本意，自许原出典人依法诉追回赎。"

1986年的《民法通则》出台时，我国刚刚处于改革开放的初期，因此《民法通则》反映了改革开放初期的改革成果，顺应和体现了当时的社会经济现实。但历史地看，这个时期的民法立法，不可避免地还留有苏联法律政策的影子，对立法技术和质量要求不高，立法条文秉承"宜粗不宜细"、"宜短不宜长"的指导思想。苏俄1922年《民法典》第33条，苏俄1964年《民法典》第58条，均有明文规定类似条文，称为"显然不利合同"。不过苏联民法中有关显失公平行为的规定非常有限和简练。苏俄1922年《民法典》第33条规定：因处于极端需要之情形，所为于其本身显然不利之法律行为者，法院依受害一方，或国家机关与公共团体之请求，得宣告其无效，或废止其将来之效力。而苏俄1964年《民法典》则进一步缩小了适用范围，规定显然不利之法律行为的固定仅能对于公民适用。该法典第58条规定，公民因迫不得已的困难情况下被迫实施对自己极为不利的法律行为，可以根据受害者的起诉或国家组织、合作社组织、社会团体的起诉宣布无效。这样，国家机关、国营经济组织、集体经济组织及社会团体等民事主体完全被排除在外。①

因此，我国《民法通则》中有关显失公平法律行为制度的规定总体来看也存在过于原则性和简单的问题，对于显失公平的概念、内涵以及构成没有具体表述。同时，显失公平在什么情况下、对什么人以及适用范围都

---

① 梁慧星：《中国民法经济法诸问题》，中国法制出版社1999年版，第158页。

没有作明确的规定。这就造成在实践中，合同当事人对该制度的滥用而损害合同的严肃性和稳定性，对于法官来说也极易造成公权力对于私法领域的过度介入，构成对私法基本原则的冲击。该法条在规定对显失公平合同提起撤销或变更的主体上，只说明了一方当事人，而没有进一步规定是哪方当事人或者是两方当事人都可以提起，这在权利主体的认定和判断上容易造成歧义，从立法宗旨和国外立法例来分析，应该是受损害方有权提起撤销或变更，获利方是没有这个权利的。

  我国的立法部门也认识到《民法通则》作为一部基本法，存在着规定条文过于概括和原则性的问题，不利于司法部门的具体实践和操作，于是在1988年，最高人民法院颁布《民法通则意见》，其中第72条就对显失公平法律行为的认定作了明确规定；并在第73条中对于显失公平法律行为的法律效果作了明确规定。概括而言，《民法通则意见》的两个条文分别对显失公平的概念、认定条件及效力适用作了阐释。从第72条的描述可以看出：订立合同双方当事人的地位是不平等的，可能是一方利用自己的优势，也可能是一方对于订立合同的内容过于草率地下结论或者对于订立合同所需具备的知识、经验的缺乏。这种在合同订立当中的双方当事人的地位的不平等被一方有意识地利用，即取得优势的一方意识到了这种不对等并在订立合同时利用这种优势为己方牟取利益。受损方是因为其缺乏交易经验和判断力，缔约过于草率，或者是迫于对方明显的优势地位而失去表达自己真意的能力和机会。由于市场经济的风险因素和商人的趋利本性，一个合同的结果或多或少地不公平或者一方当事人的利益多少受到损害时正常的，如果当事人动辄以"显失公平"为由任意撤销一份自己觉得"吃亏"的合同，明显违背了显失公平法律行为制度设计的目的。该制度不是让当事人规避交易风险而是对于当事人牟取超过法律限度的暴利的限制。这里说的法律限度就是明显违反公平、等价有偿为标准。从以上分析我们可以看出，该条款认定显失公平是将主客观要件综合起来考虑的，采取的是主客观相统一的评价模式。从第73条规定可以看出，当事人在对显失公平的民事行为产生的后果，可以自由选择请求变更或请求撤销，但人民法院在司法实践中对这两种请求的处理结果是不同的，前者是"应当予以变更"，后者则是"酌情予以变更或撤销"，体现了对"撤销"显失公平法律行为的慎用。

  自1986年颁布的《民法通则》首次规定了显失公平制度以来，我国各种学术理论及相关立法均对该制度的存在表示认同，但仍有很多学者对显失公平法律行为存在的合理性提出了质疑。有些学者们认为，显失公平法律行为的认定标准不统一，甚至容易出现滥用现象。很多当事人往往交易不成功便以显失公平为借口撤销合同，这种情况显然不利于维护交易安全和稳定经济秩序。事实上，要法律做到不可能要求交易结果上即实质上的平等，而只能规定相关程序上的公平即缔约过程的公平，交易结果的公平显然非法律能够保证[1]。民法通则中规定的显失公平所受到的质疑有一定的道理，但其列举的理由和得出的结论却难以自圆其说。任何一个有秩序的社会，应当保障各种法律制度的公正才能维持。合同虽然是私法领域的，并具有相对性的特点，但如果法律赋予不公平的合同以法律强制执行力，也会破坏法律的公正价值，进而危害社会。因此，法律应当对不公平的合同进行干预和救济。因此得出的结论不是应不应当采纳显失公平法律行为制度的问题，而是我国民法体系需要进一步合理化的问题。以德国为代表的法典体系国家中，如德国、日本等法典中规定"总则"的国家，总则中均有诚实信用和公平原则；在法国民法典为代表的国家中，如法国、瑞士、土耳其等民法典中无"总则"的国家，也将诚实信用作为债法的基本原则，这些基本原则能够解决显失公平制度所针对的一部分问题；但是光有基本原则显然还不能解决司法实践中的具体问题，于是各国法律在合同法中通常会明确、具体化显失公平的标准，换言之，并非所有的不公平法律行为都能得到法律的救济，只有符合"显著不公平"的法律行为才能成为法律救济的对象。[2]

我国在1999年颁布的《合同法》中遵循了这一立法体例。在总则中规定了公平原则，又在具体的章节中规定了显失公平的标准。但是我国《合同法》采纳的是德国民法典式的弹性标准，而非法国民法典式的具体确定标准，而且由于我国的司法没有确定系统的判例规则，也就难免造成司法权力的滥用。因此也就不难理解为何我国学者们会对司法实践中的显失公平制度提出各种质疑。

1999年颁布的《合同法》第54条规定的内容，是在《民法通则》第59条和《民法通则意见》的基础上修订而成的，学界认为这部法律在某

---

[1] 沈庆中：《显失公平民事行为的弊大利小》，载《法学》1993年第8期。
[2] 李永军：《合同法》，法律出版社2004年版，第359页。

些方面较前二者更为合理、科学。在《民法通则》中仅规定显失公平和重大误解为合同撤销的原因，而欺诈、胁迫、乘人之危等则为合同无效的原因。这种立法例，实质上是过分强调国家干预的结果，对当事人意志的尊重体现得不够明显，有时反而不利于对受害人利益的保护，因而其有欠合理。《合同法》参考并借鉴了其他国家的立法，基于民法中的意思自治原则，将欺诈、胁迫、乘人之危等也列入合同可撤销的原因。显失公平行为的效力在《合同法》中明确为可变更与可撤销，这跟世界其他国家和地区的做法也不尽相同，需要笔者在后文中展开深入阐述和分析。

第二节　我国显失公平法律行为的法律效果

一　显失公平的适用

我国最高人民法院发布的《关于适用〈中华人民共和国合同法〉若干问题的解释（二）》（以下简称《解释》）第26条规定了情势变更的相关制度。该《解释》规定，当双方当事人的合同成立后，一方当事人通过适用情势变更原则主张救济的，一是应当有具体的情势变更的相关的事实情况，二是因为不利情形的出现导致无法继续履行或者继续履行会造成一方当事人非常严重的经济损失。只有在符合这两种条件的情况下，当事人才能够以情势变更为由诉至法院请求撤销相关合同。而在司法实践中，显失公平的判定标准不固定，法官判定是否构成显失公平的主观性比较强。但是只有准确认定了显失公平才能在当事人以情势变更为由诉至法院时，给当事人以更好的救济。因而如何准确地判断显失公平就显得非常之重要。

各个国家对于显失公平制度的认定的规定都比较抽象，甚至三言两语就概括出来了，而真正麻烦的是适用问题。在适用上只依靠这些概括性的语句是不能认定显失公平从而撤销一个合同的，适用过程中法官的自由裁量权增大，很容易出现同案不同判的情况。例如有的学者提出，造成合同显失公平的情况主要包括两个方面，一是当事人继续履行合同会带来更加严重的经济损失；二是继续履行合同也不利于双方当事人或者浪费了相关资源。还有学者提出，若一方当事人继续履行合同，其所承担的义务会明显偏重那么就会构成显失公平，就是继续履行合同会造成一方当事人出现较大的经济损失，合同成立后因客观情况发生变化一方当事人要获得其利益需要牺牲对方当事人非常巨大的利益，使一方当事人的给付义务过程沉重。还有学者主张，当事人之间权利义务明显不对等，使一方处于非常明显的不利地位时，即可使用显失公平制度；但前提是这种不公平不对等的行为违反了法律规定的客观必要限度。上述无论哪一种学者的主张，都存在显而易见的缺陷，就是对于显失公平制度判定的主观裁量性过大，缺乏一个统一的评判标准从而不能从客观上进行很好的认定。那么法官自由裁量权增大导致各种判决参差不齐，影响法律的威信，使人们不能根据法律来确信自己的做法。因而显失公平制度的制定一定要尽量地客观，尽量创制出一个统一的评判标准，在维护法律威严、统一的情况下，最大程度地保护合同当事人的合法权益，维护社会正常的经济秩序。①

我国民法上规定的显失公平的适用，是除了具备胁迫、欺诈等无效的原因之外，只是单纯地因为不公平情况的发生，对方当事人取得了与其所承担义务严重不对等的权利或者利益，给一方当事人造成了损失时，适用显失公平制度变更或者撤销该合同。在社会生活中，下列原因可能会导致显失公平情形的发生：

1. 因为当事人一方处于比较强的社会地位或者经济地位，例如上下级间或者大公司与小公司间，而对方当事人因为内心的敬畏与恐惧与之签订了不利于己的合同。而这种优势地位的迫使与胁迫则是不相同的，胁迫就是威胁对方，会对对方身体或者关注的人造成伤害等来迫使对方做出并非出自本身意愿的意思表示。而本段所描述的情况与胁迫是不同的，优势方的当事人可能没有说出任何胁迫的话语或者作出一些行动来威胁对方。而弱势一方之所以会签订对自己如此不公平的合同，完全出于害怕地位强势的一方给其带来某种伤害，因而不敢不签。

2. 一方当事人利用另一方当事人在做决定时很轻率或者以前没有任何相关方面的经验，从而提出一些不公平的内容或条件，使对方当事人在懵懵懂懂的状态下签订了合同。利用对方无经验也与欺诈不同，因为欺诈是故意用虚假语言或者以隐瞒真相的行为来骗取对方当事人签订合同。而本段所描述的是一方当事人没有欺诈的行为，只是利用了对方当事人的一些缺点或者无经验等来诱使对方当事人签订合同为自己牟取利益，一方利

---

① 王德山：《情势变更原则中显失公平认定研究》，载《法律适用》2010 年第 11 期，第 81 页。

用对方轻率、无经验，提出或接受对方提出的有利于自己的重大不公平条件。

3. 一方当事人在趁另一方当事人发生危难或者不得已的情况时，提出不公平的合同内容，对方当事人不得不签订合同解救自己的危难情形。这种情况与乘人之危也有所不同，因为乘人之危有一方当事人利用对方的危急情况积极主动与他人签订合同希望获得暴利，而本段描述的这种情况属于获益人并不知道对方当事人存在危急的情况，而仅仅是因为希望占便宜取得更多的利益而提出的不公平的合同内容，主观上不知道对方当事人的危难情形，因而不存在乘人之危的故意的情形。

4. 例如在有关国有企业的法人组织或者其他企业的法定代表人，他们往往因为某种关系而签订某种损害国家权益或者损害集体利益或者公司利益的合同。例如，国有公司的法定代表人即总经理，跟自己弟弟所开的公司签订合同，将某种货物以极低的价格卖给其弟弟经营的公司，这种行为损害了国家的经济利益，其虽然没有与其弟弟恶意串通的故意，但却因为关联关系和做出了显失公平的行为，严重损害了国家的利益。

从上述四种显失公平行为发生的原因来看，实质上显失公平行为的特点就是当事人享有权利和义务的严重不对等，一方承担了较多的义务而享有较少的权利。那么不利益方很难接受这种实质上的不公平，因为这些不公平行为的发生不属于当事人内心真实的意思表示，违背了当事人的真实意愿，在民事行为中也有当事人表意不真实的法律行为的情况发生。而上述行为的发生出现的意思表示不真实情况不是因为获益人的主观恶意而造成的，多数情况下不利益方都存在一定的过失，即由心理承受能力较小或者某种过失的行为导致的。因此，在这些显失公平的案例中，几乎很少存在违法行为，法院所需做的就是把民事权利义务进行调整或者解除。但是在有些交易中，会出现"一个愿打，一个愿挨"的情况，即当事人愿意承担较多的义务而让相对人享有较多的权利，法律此时不应当强加干涉，应当尊重当事人真实的意思表示。所以违背当事人的自由意志而签订的违反等价有偿原则或者公平原则的情形出现才能适用显失公平制度。受损方若能够提出明确的证据表明其在签订合同时存在意志表示不自由的情况，否则就不能认定存在显失公平的情况，但现实生活中往往很难举证，因为对方当事人并没有明显的违法行为，主观上也看不出有什么恶意，因而举证很难。为此，我国的民法把显失公平行为认定为可撤销、可变更的民事行为，符合在社会生活中出现的现实情况。与其他国家民法典规定的"暴利行为"相比，我国民法典中规定现实行为的构成只需要两个主观要件即可。一是合同的签订过程违背了一方当事人的真实意愿；二是合同的内容与结果出现严重的不公平。而获得较大利益的一方是否在订立合同的过程中存在故意或者过失，是否具有主观上的过错没有关系。这有利于最大程度地保护当事人的合法权益。

二 显失公平的效力

我国民法中将有瑕疵的民事行为区分为无效的民事行为与可撤销的民事行为，因为有瑕疵的民事行为欠缺合同成立的有效要件，或者在签订的过程中违反了法律的规定。那么达到怎样的程度，才能依法将民事行为宣布撤销或者无效呢？根据民法关于民事行为效力的相关规定，若能够证明民事行为欠缺合同成立的有效案件，且严重违背社会的公共利益和国家的法律，就应当认定为无效的民事行为。一旦出现符合这些条件的合同，不利方当事人不需要向法院主张合同无效，则合同自始绝对无效，如果民事行为没有严重破坏国家和社会公共利益，没有明显的违法，就不适用于合同自始无效的认定，就是需经过不利方当事人的申请，进行民事行为的变更、撤销，经申请后，法院判决撤销的则民事行为自始无效。显失公平的发生可能是有多种因素导致的，若由一方当事人故意实施的违法行为（如欺诈、胁迫、代理人与第三人恶意串通等）所造成，那么在危及合同相对方利益的同时也危害了国家整体的社会秩序，因而这一部分的民事行为属于无效的民事行为。

在上述所讲的民事行为中，一方当事人严重地违反法律的规定，实施了欺诈或者胁迫等行为，骗取或者迫使对方当事人在那种不利的情境下作出违背自己真实意愿的意思表示，虽然在那种情境下还没有出现真正的结果上的不公，只是有可能导致结果不公的情形出现，而这种结果上的不公平并不是民事行为无效的依据，而真正无效的依据是一方当事人违背了法律的规定，侵害了国家的利益或者社会秩序的安定。乘人之危的行为与胁迫行为既相似又有一定的区别，乘人之危就是一方当事人趁对方当事人陷入困境的时机，利用对方亟须解决某事的心态，而与对方缔结一定的合同。乘人之危的特点是，对方自身陷入危难之中，乘人之危者不但见危不救反而落井下石，从而使对方当事人作出违背自己真实意志的意思表示。

乘人之危与胁迫的相同之处在于，都有一定的胁迫性，都能够使当事人因为不坚强的内心而作出某种违心的意思表示。但是乘人之危之时，当事人内心的压力来源于自身或者身边的人，乘人之危者也只是起到了火上浇油的作用而已；而胁迫对于当对方造成压力或者使对方不坚强的是一方当事人，强势一方当事人直接威胁、胁迫与其签订相应的不利合同。因而胁迫与乘人之危都具有违法性，因为其极大地损害了一方当事人的利益，严重地违反了民事活动平等、自愿原则。我们可以通过客观的情形来判断是否存在乘人之危的情形。

三 显失公平的救济

根据显失公平行为的相关特点的分析，为了维护市场中的交易安全以及交易秩序的稳定，为了国家经济的平稳、有序、协调的发展，笔者认为在处理显失公平的行为时，要注意以下几个问题：

第一，在民法中所规定的显失公平，必须发生在进行交易且需承担同等权利与义务的双方当事人之中，显失公平行为直接导致的就是所获的利益严重超出了自己所承担的义务。因而双务、有偿的民事行为才可能造成显失公平，而单务或者无偿的赠予等民事行为显然不属于民法规定的显失公平。

第二，民事行为内容的显失公平与结果的显失公平没有直接的联系，例如当事人签订合同时内容的权利义务规定十分合理，但是在履行合同的过程当中，市场的行情发生了重大变化，例如市场行情的变化、政策的改变等，或者一方当事人因自己的努力经营等获得了较大的收益等，不属于民法中显失公平制度的调整范围。

第三，显失公平行为有一个意思表示不真实的情况存在，那么受损一方的当事人应当举出证据证明签订合同之时存在意思表示不真实的情况来证明当时的表意不真，否则凭单方面的描述不能认定为显失公平。

第四，只有不利益一方的当事人才能有向法院请求撤销的权利，而获利一方没有，不利方当事人在遭受财产损失的情况下请求法院撤销该行为但是获利方当事人请求变更民事行为的，应当支持获得利益一方当事人的主张。

第三节 显失公平制度的客观要件

显失公平的客观要件概括而言，是指当事人给付与对待给付之间的失衡或利益的严重不均衡。

一 主要适用范围

绝大多数学者认为，显失公平制度应当主要适用于有偿合同，特别是双务有偿合同。因为通常而言，只有双务有偿合同才存在对价问题和双方利益的不平衡问题。倘若是无偿合同，则意味着没有"对价"的存在，因而不发生当事人之间的显失公平或者利益分配不一致的情况。客观上给付利益的不平衡，前提是该给付利益是能够依据一定的价格、收费标准等加以确定的财产利益或服务利益等，对于那些难以计算和确定实际价值的特定物、特殊的服务等，通常也因为无法衡量所谓客观的价值而无法适用显失公平制度。

二 权利义务不平衡的衡量

至于双方当事人权利义务关系不平衡或者说利益是否严重不均衡的衡量问题，就涉及对价关系的讨论，而要讨论对价关系则自然绕不开价值论的认识。前文阐述过罗马法中的"公平价格理论"和法国法中并存的客观价值论和主观价值论等，具体到我国的显失公平制度，则是对马克思主义价值论的讨论。我国民法理论中的价值论的变迁，与我国各阶段经济体制和相应的经济理论密不可分。

在1978年经济体制改革之前的计划经济时代，我国的经济理论受当时政治社会观念的影响，完全不承认价值规律的存在，这个时期的民法理论将交易行为等同于政治行为，因而没有在1964年年底民法草案中承认公平和等价有偿原则。1984年，我国的经济体制改革进入有计划的商品经济阶段。此时的经济理论主张"价值规律"属于基本经济规律，民法理论也开始随之转变，因为商品经济交换的规律要求适用民法的等价有偿规则，1986年公布的《民法通则》中明确规定了公平和等价有偿原则，并对等价有偿原则进行了具体化。在实现公平方面，《民法通则》第59条规定了显失公平的民事行为可以获得变更权或撤销权。

根据马克思主义政治经济学原理,所谓的"价值规律"是指"商品的价值量由生产该商品的社会必要劳动时间决定,商品的交换比例以商品的价值量为基础的规律"。这里指的"价值量"是指人类抽象劳动,而非产品与人的需求之间的关系。于是,在这种价值论的范畴下,价值规律是用来说明劳动产品的价格和价格现象的,而反应这一规律的等价有偿原则也只能调整劳动产品的交换关系。这种价格与价值的关系规律便是我国显失公平立法所依据的"劳动价值论"。

这种立法例,虽然在我国计划经济时代和转轨经济时代,对市场中以劳动形成价值的标的物为主的交易发挥了其有利的保护作用,但是,随着市场经济体制在我国建立,"劳动价值论"已经不能完全反映市场中出现的很多服务和产品的价值。在市场经济条件下,公平原则所依据的劳动价值论受到了质疑,同样地,显失公平制度的客观标准,在价值论上也不得不面临重新界定的命运。1992年中共中央召开了十四大之后,正式提出建立我国市场经济体制的改革目标,这之后,我国的经济模式开始从注重生产(价值)向注重生产结果的实现(效用)转变,经济学开始从关注劳动产品向关注资源的方向转变。人们认识到,市场机制就是价格机制,而市场经济并不仅仅是劳动产品的配置方式,而是以价格机制对稀缺资源进行配置的经济形式。于是,马克思主义价值论也被赋予新的含义:"由劳动、效用和稀缺性决定的资源与人的福利关系"。

基于这种新的价值概念,使我国民法的调整范围扩大到除了传统劳动产品之外的非劳动产品,甚至不包含人类劳动的无体物的交易。于是在我国的民法显失公平制度的设计上,要考虑调整等价有偿原则的适用。即,不必苛刻地要求一切交易中都做到交易物之间的"价值相等",只需要规定,交易一方取得他方财产必须支付相应的代价,由当事人依据意思自治原则和当时的市场情况来确定该"相应的"代价的大小。同时,在客观上,尽可能在利益衡量的标准上作出量化规定,以便于司法实践中的操作,在一定程度上约束法官的自由裁量权。

大多数学者赞成确立量化标准,以保障显失公平制度的正确适用。笔者也认为在我国的民法立法中确立显失公平利益衡量的量化标准的确已经有必要提上日程。从比较法的角度看,早在罗马法中就确立了"短少逾半规则",规定当地产的出售价格低于其价值的二分之一(50%)时,地产出卖人有权撤销买卖合同;1804年的《拿破仑法典》第1674条规定,土地或其他不动产的价格不到其价值的 58.3%（7/12 约等于 58.3%）时，不动产出卖人有权请求法院取消合同效力，这些标准可以作为我们立法借鉴的依据。当然，因为交易本身的极度复杂性，立法很难对所有的交易确立统一的利益衡量标准，价值关系的考量应当同时从主观和客观两个方面入手，并考虑到不同交易关系的相关具体情况，特别涵盖当事人的交易习惯、自主意思、供求关系、价格的涨落等各种因素后，再评判和认定衡量标准。可以根据不同的合同分类来确定某些合同是否达到显失公平量化标准，例如，借贷合同的利息最高不得超过一个参考数额；不动产交易的价格不得低于市场评估价的一个百分比参考数额；动产买卖合同根据交易习惯确定不得偏离一个市场评估价太多的百分比数额，等等。

关于显失公平合同中的等价有偿原则的判断，我国的法院在司法实践中不仅会从一般的社会大众评判角度考量双方当事人权利义务是否对等，同时也会考虑到当事人依法对其权利进行处分的因素。

例如下面北京市第一中级人民法院审理的"白金库诉长兴县悦达塑料有限公司侵犯专利权纠纷案"，就体现了法院在判断显失公平合同时，对客观要件的考察和依据的价值标准。

在原告白金库诉被告长兴县悦达塑料有限公司（简称悦达公司）撤销和解协议纠纷一案中，原告白金库诉称：2006 年 7 月 20 日，原告以侵犯专利权为由将悦达公司诉至济南市中级人民法院。经多次协商，双方签订了和解协议解决纠纷。但是和解协议书部分书面内容与双方协商内容不符，有违原告解决该纠纷的初衷。其中和解协议书内容显失公平。和解协议约定悦达公司补偿原告损失 5 万元，根据和解协议第 3 条约定，实际上使被告及与被告有关的企业无偿取得了专利使用权。违反了我国《民法通则》规定的等价有偿原则。协议约定的 5 万元的补偿款去掉诉讼费、律师费、调查取证费、交通费等，所剩无几，没有体现等价有偿的原则。综上，请求法院判令撤销原告与被告悦达公司签订的和解协议。

被告悦达公司辩称：和解协议书中双方的权利和义务相对等，不存在显失公平。和解协议书是对原告曾拥有专利权以及诉讼发生费用的一种补偿，不违背我国等价有偿的原则。因此，双方签订的和解协议书真实有效，不存在法定的撤销事由。综上，请求法院依法驳回原告的全部诉讼请求。

北京市一中院审理查明事实后，就是否违反等价有偿原则、构成显失公平的问题，认为：首先，关于本案中是否存在一方利用优势或者利用对方没有经验的情形。白金库、悦达公司均属于平等民事主体，双方在多次协商的基础上订立了和解协议，可以认定不存在一方利用其优势的情形。白金库系多项发明创造的专利权人，其本人已经多次以诉讼方式成功维护了自己的合法权益，可以判断其具备一定的法律知识，因此该和解协议的签订中亦不存在白金库缺乏经验的情形。其次，关于和解协议内容是否存在权利义务显失公平的情形。本案中白金库主张5万元补偿款除去诉讼费、律师费、调查取证费、交通费等费用后，所剩无几，因此5万元补偿款过低，属于显失公平。北京市一中院在审理后认为，依据《民事诉讼法》第13条的规定，当事人可以自由处分自己的民事权利和诉讼权利在法律规定的范围之内。因此白金库作为具备一定法律知识和维权经验的专利权人，能够理解和解协议的内容并预见到其签订该和解协议的行为后果。白金库同意以5万元补偿款的方式解决纠纷，属于对自己合法权利的处分，不违反公平合理、等价有偿的原则，亦不属于显失公平的法律行为。

因此北京市一中院判定：白金库关于和解协议内容显失公平的主张，缺乏事实和法律依据，不予支持。

三 失衡是否超出法律的界限

在市场经济体制下，交易双方的利益或财产给付与对待给付的不对等或者说不完全平衡是常见的现象，这本来就是当事人从事市场经济活动必然需要承担的正常交易风险。只有当这种财产给付或利益交换的不均衡非常严重，甚至超出了法律所能容忍的界限时，法律才对其进行一定的规制和干预。

这里失衡的严重程度有点类似于公元285年罗马法中的"过度占取利益"（übermäßige übervorteilung）禁令，"过度"这个用词本身指的就是过于超过法律所能容忍的界限。中世纪时期，法院进一步"过度占取利益"的禁令进行了扩充规定。新的规定对交易中双方当事人进行了比较完善细致的保护，没有顾此失彼。在买卖合同当中，物品的价格过高，超过了其市场价值时，买受人即有权利解除该合同。同单"过度占取利益"不仅仅只适用于买卖合同交易，也适用于其他合同；不仅适用于以不动产标的，而且适用所有交易的其他标的物。给付和对待给付之间的价值不能太过失衡。不过为了防止该禁令的过度适用或者例外状况过多以及不同的法律效果而导致法律的不稳定性，中世纪的法律同时允许合同的缔约相对人在合同中放弃主张"过度占取利益"。

第四节 显失公平制度的主观要件

一 主观要件的含义

显失公平制度的主观要件，就是一方当事人的主观故意的心态，指双方当事人订立合同的过程中，一方当事人利用自己自身固有的优势，或者利用对方欠缺经验、轻率、缺乏判断力等情况，而与对方订立显失公平合同。此种主观故意的状态表明当事人完全背离了民法上的公平原则和诚信原则，在法律上是属于要被规制和制约的状态。

反之，如果另一方受损害的当事人仅能提供证据证明与对方当事人签订合同时，自己没有经验，在轻率以及缺乏判断力的情况下作出了决定，而并不能证明对方利用了此种不利形势的故意，在这种情况下，就不能认定对方当事人存在故意的主观状态，在显失公平的主观要件不具备的情况下，不能认为构成显失公平。而这种情况的发生使不利方当事人因为不能得到显失公平制度的救济，只能承担因举证不能造成的不利后果。我国法律规定适用显失公平制度一方当事人必须具备主观故意，就是符合显失公平制度的主观要件，这种规定的目的就是保护交易的稳定性，维护经济秩序，并且维护市场的交易习惯，同时保护处于弱势一方的合法权益。从具体方面来说，主观要件还应具备以下几种情况：

第一种是一方当事人在合同签订过程中，利用自身固有的优势，或者利用对方无经验、草率的心理，而与其签订使弱势一方处于不利地位的合同，这种合同很可能导致弱势一方经济上的损失。《德国民法典》上对主观要件的这一条描述为，肆意利用或剥削了（Ausbeutung）另一方当事人的窘迫情事、欠缺经验、缺乏判断力或者显著意志薄弱。这里强调的是，主观上"故意"利用和剥削。所谓剥削，是指行为人有意利用受害人的不利处境，换言之，也是利用了自己的"有利优势"。因为从来就不存在"疏忽大意的暴利者"[①]。例如，处于市场支配地位的大型公司或者垄断型

[①] ［德］梅迪库斯：《德国民法总论》，邵建东译，法律出版社2001年版，第542页。

公司，利用自身优势订立相对不平等格式条款，迫使消费者接受，就是典型的利用自身优势的主观故意。除格式合同外，在社会实践中也经常存在强势的一方利用对方的某些不利方面提出一些难以接受的条件要求对方接受，对方出于某种考虑不得已接受了这项不太公平的内容。但如果弱势一方当事人只能证明对方当事人利用自身的优势提出了不合理的合同内容，但是没有其他的主客观要件进行辅助，则难以认定为构成显失公平的主观要件。市场交易是有风险的而且是变幻莫测的，商品的价格也是通过不断变幻的市场来调节的，因而难以判断哪一方利用了优势、利用了怎样的优势等，因此不能断定成立显失公平的主观要件。

关于这一点，也可以从我国最高人民法院2010年二审判决的"冯晓军、杜建立、边伟标与陕西中实投资集团有限公司撤销权纠纷案"中看出我国法院在评判合同是否属于显失公平时，对主观要件的认定程序和判断方法。

上诉人冯晓军、杜建立、边伟标为与被上诉人陕西中实投资集团有限公司撤销权纠纷一案，不服甘肃省高级人民法院（2009）甘民二初字第2号民事判决，向最高人民法院提起上诉。

原审甘肃省高级人民法院审理查明：2007年12月27日，股权转让方冯晓军（甲方）、股权收购方杜建立（乙方）、边伟标（丙方）、股权收购第三方陕西中实公司（丁方）签订一份《股权转让协议》。冯晓军起诉称：其与陕西中实公司均系兰州中实投资有限公司（以下简称兰州中实公司）股东，为全面加快甘肃中实国际家居广场的经营开发及妥善解决三毛集团原料分公司职工非法集资遗留问题，按照甘肃省政府相关部门、兰州市七里河区政府和第三人陕西中实公司达成有关意向，2007年12月27日，与杜建立、边伟标签订一份《股权转让协议》。由于当时情况紧迫，加之缺乏经验，该协议对其产生了重大不利。《股权转让协议》约定的各方权利义务严重不对等，违反了民法的诚实信用、公平合理原则，显失公平，应当依法撤销。杜建立、边伟标答辩称：《股权转让协议》是在遵循平等自愿、公平合法原则下，经双方友好协商，本着共赢互利的目的签订的，不存在显失公平的情况；《股权转让协议》关于房产及土地权利划分的约定，不属于《合同法》重大误解的范畴；原审法院审理认为：双方签订《股权转让协议》，从股权转让价格、股权转让价款的使用、股东后期投资以及双方权利义务、违约责任的约定均是双方当事人真实的意思表示，内容不违反法律、行政法规的强制性规定，依法应确认有效。判决：一、驳回冯晓军的诉讼请求；二、冯晓军向杜建立、边伟标各支付违约金750万元，于本判决生效后30日内付清。

冯晓军、边伟标均不服一审判决，遂向最高人民法院提起上诉。

二审最高人民法院认为，冯晓军关于《股权转让协议》内容显失公平、因而应予撤销的上诉理由不能成立，本院不予支持。《股权转让协议》的签订为当事人真实的意思表示，其内容不违反法律、行政法规的强制性规定，因此认为合法有效。因而二审法院驳回了上诉，维持了原判决。

二审法院在判决书中对显失公平的客观要件和主观要件都与合同中的具体行为进行了比照，得出案件中涉及签订《股权转让协议》不属于显失公平合同的判决结论。判决书中写道："本案中，冯晓军与边伟标签订《股权转让协议》之前，冯晓军任法定代表人的甘肃中实公司已经接管并实际运营协议中所指涉资项目，兰州中实公司亦是冯晓军等人发起设立，冯晓军对兰州中实公司的了解和对协议中所涉投资项目的运营显然比边伟标更有优势和经验，在本案股权转让交易中不存在边伟标利用自身优势或者对方当事人缺乏相关经验，致使双方的权利义务明显违反公平、等价有偿原则的情形。"这是对该合同是否具备显失公平主观要件的描述，通过事实认定和法律分析，法院认为不符合主观要件中"利用优势地位"的判断。从该案的判决书分析，由于上诉人并没有举出足够的证据证明被上诉人"故意"利用了自身的优势地位，也没有能够在证明己方处于急迫的情况，因此不符合显失公平构成的主观要件。关于客观要件的判断，判决书中描述道："双方在《股权转让协议》中一致认可，冯晓军转让给边伟标的兰州中实公司15%的股权实际价值为600万元，边伟标向冯晓军支付1250万元的股权转让价款。由此可见，股权转让双方的权利义务并不违反公平、等价有偿原则。"可以看出，上诉人也未能证明合同条款中有明显的利益不平衡状况发生。因此二审法院认定本案中签订的《股权转让协议》不属于显失公平合同，也就不能够予以撤销。

第二种情况就是双方当事人在签订合同之前或者签订合同之时，没有将合同的标的清楚明确地告知向对方或者隐瞒了合同标的的一部分的真实情况，没有尽到其应尽的告知义务，因为合同签订时的告知义务是依据民法中的诚实信用原则而得出的义务。双方当事人都应将真实情况告知对方，并应尽到善意提醒的义务。

第三种情况就是一方当事人利用对方当事人的经验不足以及在判断上比较轻率的自身缺点。这种就是利用了对方当事人是新手，刚刚进入这个领域，对这个领域缺乏一定的了解，缺乏相关的生活经验和交易经验。对于什么是无经验通常很难做到客观上的判定，例如当事人在购买某些比较特殊的标的物如飞机、轮船或者汽车等时，要将这些物品了解到什么程度才算是有经验，应当具备哪些知识才算是有经验。因而判断没有经验不能只单纯地判断当事人是否了解所交易的物品等，这种情况很可能不会被认定为显失公平。而轻率就是当事人自身具有一定的过错，在作出决定时非常的草率，稀里糊涂就签订了合同，对方当事人明显能够看出来但没有尽到善意的提醒，就有可能被认定为显失公平。

在考虑主观要件的时候，应当注意到交易双方当事人在具体交易中的具体处境。一般来说大型公司与消费者发生交易的时候，消费者处于弱势一方，他们往往缺乏经验、谈判能力、必要的法律知识等，那么这种情况可能会被认定为符合显失公平的主观要件。但是对于两个大公司或者两个商人之间的交易，则对主观要件的认定应当极为严格，因为这些商事主体应当具有必要的知识和技能，一方很难被判定是利用了对方缺乏经验或草率等。

二　主观要件认定存在的问题

1. 主观要件举证责任困难。根据各国显失公平制度的规定，通常要由提出显失公平救济的当事人来证明对方当事人在主观上有意"利用"或"剥削"了己方所处的不利处境。然而，要由不利益方承担证明暴利者"有意利用"的主观状态的责任在实践中存在一定的困难，因此，最终很可能会因为不利益方因举证不能而导致对其自身不利的情况发生。为了改变不利人因举证不能而可能遭受的不利状况，在德国的司法判例中，法官有意放松了主观要件的要求。从德国的司法判例中可以看出一种情形，双方所获得的利益越是差距悬殊，那么对剥削的实际证明及主观前提的倚重就越少[①]。

从我国现行法对"显失公平制度"规定的主观要件上讲，可以根据公

[①] 《联邦最高法院·新法学周刊——判例报告》，1991年，第589页。转引自［德］迪特尔·施瓦布《民法导论》，郑冲译，法律出版社2006年版，第480页。

平原则来观察一方当事人是否已经限制了另一方的自愿订约和自主判断，或者是否使另一方当事人在订立合同时丧失了平等的交易地位。是否丧失平等地位可以从当事人的社会角色等客观标准方面予以评价。然而订立合同时，判断一方当事人是否利用了其自身的优势，或者是否利用了对方当事人缺乏经验或轻率或缺乏判断力等，则完全是一个主观心理问题。如果要求遭受不利益的一方当事人来举证证明对方当事人的主观心理具有利用优势的"故意"存在一定的难度。从我国的司法实践看，提出显失公平的一方当事人一般也很难真正做到提供足够的证据证明对方有利用优势的"故意"。法院往往是从遭受不利益方是否处于急迫的这一客观境况来推定利益方在签订合同时是否有利用优势的"故意"。因此，笔者认为有必要参考德国的司法判例的做法，对主观要件的举证责任要求予以一定程度的放宽，从给付和对待给付之间的价值不相称程度来辅助判断是否达到显失公平。

2. 优势方的主观故意范围。我国在显失公平立法利用自身优势和对方没有经验，并不等同于一方当事人具有故意损害对方利益的意图。

因为在市场经济环境中，必然存在交易地位比较而言更有优势的一方，只要该优势方并没有故意损害对方利益的意图，也没有违法行为，只是利用了自身的优势与市场上的相对方签订了合同，则不能一律认定为构成显失公平的主观要件。换言之，市场中的交易双方当事人实力有强有弱是正常现象，法律不能要求当事人在交易时，为了避免交易优势而只找实力相当的交易相对人来签订合同。如果事实果真如此，则是对交易自由和交易效率的极大伤害，也背离了市场经济的根本属性。因此，在判断显失公平的主观要件是否"利用优势"时，还要区分优势方是否在交易时遵守了诚实信用原则和采取了正当合法的交易手段，只要做到了正当合法，则法律不应当干预市场中尽管实力不对等的双方当事人的交易自由。所以，从文字描述上看，"一方利用优势"的法律界限不够明确和科学。

同理，我国《合同法》中显失公平主观要件的"利用对方没有经验"这一描述，也存在同样的弊端。首先，对于市场经济中的民事主体而言，是否"没有经验"也是个相对的概念。因为社会分工的发展，该民事主体在某些交易中可能是没有经验的，但在另外一些交易中就不见得没经验。而且"没有经验"的衡量也没有明确的标准，法律没有规定有多少经验才算有经验，同样也无法证实什么情况才属于"没有经验"。况且，在市场交易中，追逐利益是理性交易者的天性，为了获得更多的利益，当事人都希望利用自己所能利用的交易经验来取得交易中的主动权。"经验的有无"显然也具有相对性，利用自己的"有经验"就意味着比对方当事人更有经验，但这种情况也不能笼统地被认为是成立显失公平的主观要件。

综上，对于显失公平的主观要件认定需要区分具体的情形，不能仅凭字面上的理解来一概而论。显失公平的主观故意范围需要限定在合理的界线之内，不能随意扩大主观故意的认定范围。

第五节　中国现行法中特殊的显失公平法律行为

一　格式条款问题

（一）格式条款的产生

在市场经济活动中，合同的条款，应当是双方当事人之间讨价还价、充分考虑讨论的结果。但是还存在一种条款，即它们通常都是由其中一方提前单独起草，未跟相对人进行任何谈判的情况下，就将其纳入合同文件中。这样的条款，称为"一般交易条款"、"标准交易条款"或"格式条款"，可见于物品存放单、公共汽车票或泊车票的背面，亦可见于公共洗衣房中或隐藏在精心设计的文件中的一大堆其他条款中；尽管由一方起草，如果另一方知道或应当知道其内容，并且明示或默示地同意予以适用，则对另一方有约束力。《德国民法典》第305条第1款第1句对一般交易条款的定义是：所有为多数量的合同而预先拟定的，由合同当事人一方（使用人）在合同订立时向合同当事人另一方提出的合同条款。德国法上的一般交易条款定义表明该法定定义包含四大要件，即合同条款、预先拟定、多数量的合同以及由使用人单方面向另一方提出[1]。

在现代经济生活中，合同当事人一方在订立合同时向另一方提出预先拟定好的，而内容往往未经双方讨论和磋商的一般交易条款具有一定的特殊作用。它们有助于大批量交易的发展和合理化，因为它们为公司和顾客节省成本，避免了单独谈判各合同或诉至法院解释合同并扩展合同内容的麻烦。因而格式条款更容易预测交易的成本、简化交易程序，并因此有助于保持低成本，结果价格也降低。

---

[1] 《德国民法典》，陈卫佐译，法律出版社2006年版，第99页。

但根据辩证法原理，任何事情都有另一面。起草交易条件时将其事务合理化并非大企业和大公司的唯一目的，它会试图利用这些条款将风险尽可能多地转移给另一方。当一个企业无法预知未分散风险将会导致什么后果，则只能在此种意义上提出转移风险。这一点经常可以从立法或司法判决所规定的有空缺弥补规则中推断出，并且在没有任何相反条款规定的情况下包含在合同中。鉴于大企业和大公司通常只会关心其自己的利益，设计此种规则的目的是给双方的利益留出合理余地。结果，如果他转而寻求有利于己的空缺弥补规则保护自己，另一方显然就会感到"不公平"。

（二）对格式条款进行控制的理由

1. 合同双方地位不平等

如今，各国法律基本都同意必须对这些条款的有效性进行限制。虽然在现实生活中，消费者往往惯于接受这样的不利条款而不表示异议。法律上对这种现象的解释理由有以下几条，其一是双方"讨价还价的力量不均衡"。面对大企业和大公司们的经济优势，消费者别无选择，只有屈从于强势的大企业和大公司们提出的条款。即使大企业和大公司并不属于垄断企业，但消费者认为由于市场上的同类其他企业使用的交易条件也是非常相似的，事实上没有可选择的余地，因此消费者认为没有其他替代选择，也没有对该大公司和大企业提出的合同格式条款进行讨价还价的必要。其二是大公司和大企业们具有交易信息优势和法律知识优势，消费者会认为对不利条款提出异议只是徒劳。1943年，弗里德里希·凯斯勒（Frledrich Kessler）在其一篇影响力很大的论文中写道："特定的标准合同……在强有力的工业和商业巨头手中成为了一个有效的工具，使其能够对一大群顺从的人强加一种他们自己的新的封建秩序。"[①]

越来越多的法学研究者和司法实践者认为，格式条款（一般交易条件）必须得到控制，以保护弱小和无经验者去反对强有力和知识丰富者。这些观点逐渐得到公认并左右了关于法律政策的讨论。在20世纪70年代，保护处于弱势群体的消费者成为各国出台法律政策的理论基础。

但仅有以上的认识还是远远不够。一个消费者很少会去反对一项不利的合同条款，因为他认为由于对方的经济优势或其他优势，谈判是徒劳无

[①] 凯斯勒（Kessler）：《格式合同——关于合同自由的一些思考》，载《哥伦比亚法律评论》1943年第43卷，第629、640页。

功的,例如,在房屋租赁市场中,一个想要取得长期租赁的人虽然希望自己能向房东提出修改合同格式条款,因为他可能因为这项修改而获得很大的利益,但现实是他往往没有权利提出这样的修改要求,尤其是在房屋短缺而房东的地位相当强时。这样的情况显然是违反合同公平原则的。

2. 格式合同向对方的"高交易成本"

格式条款的控制,除了因为要保护消费者的心理和智力弱势之外,还有一种客观情况就是接受格式条款方因为无力承担巨大的谈判和交易成本而不得不接受格式条款的情况存在。现实中存在这样的情况:即使在某些交易领域竞争十分活跃,十分有经验的合同一方不提出异议就接受具有经济优势一方的此类合同条款。商人不会对承运人、仓储保管人、信用机构、保险公司或信用信息机构提出的格式条款争论不休。在这种情况下,消费者"屈从"于提出的交易条件,因为人们认为,个人消费者不值得为查明公司起草的格式条款或修改这些格式条款而花费时间和金钱。个人消费者在某些日常性的交易中,例如临时停车、火车站寄存等,经常不经讨论就接受格式条款,原因是成本太大,与付出的精力完全不成比例,而并非因为受到"强有力的工业或商业巨头"的强迫。格式条款起草方利用上述成本优势将交易风险强加给消费者,因为他预计一个理性消费者因为考虑各种成本,对于该格式条款既不会抛弃也不会反对。但是,消费者同意这些条款并不因为法律对它们进行控制而与合同自由原则不相容,因为只有在合同双方都有公平的机会去影响合同内容时,这一原则才要求合同的内容得到尊重。在这样的情况下消费者没有这样机会,不是由于企业主有经济或其他方面的优势,而是由于利用这样的机会的高交易成本使其望而却步。[①]

[①] 这也有助于解释为什么提供相同货物的企业主在价格和质量方面进行竞争,而不是其他方面,当然简单的条款除外,如汽车的保修期,消费者能够容易理解并与其他的生产商进行比较。不管怎样,通常,格式条款涉及十分复杂的有关分散合同风险的问题,理解这些条款范围总是进行很大的努力,更别说将它们与其他企业主进行比较,所以,通常消费者不这样做。如果100个真空吸尘器中有一个瑕疵,消费者为什么会要求更改他必须承担将其送回修理的费用的合同条款,特别是当运输费微不足道时?——关于此问题参见特雷比考克(Trebilcock)和德维(Trebilcock & Dewees)著《标准合同的司法控制》,在巴鲁斯和威尔金诺斯基(Burrows & Veljanovski)主编的《法律的经济方法》(1981)第93页;舍福尔和奥托(Schafer/Ott)著《民法的经济分析教科书》(1995年第2版)第420页;贝伦兹(Behrens)《法律的经济基础》(1986)第155、179页。

(三) 对于格式条款的法律规制

1. 国外对格式条款的规制

各国的立法和法院已经逐渐地发展出了一些反对不公平合同条款的一般规则，来限制格式合同起草方的利益，避免格式合同或格式条款接受方遭受不合理的损失。例如，德国的立法者在1976年将此前在司法判例中确立的规则加以编纂，于同年12月19日通过了《关于规制一般交易条款法的法律》（简称《一般交易条款法》），自1977年4月1日起施行。[①] 自2002年1月1日起施行的《债法现代化法》又将《一般交易条款法》的大部分内容不加更改地纳入《德国民法典》，成为新的《德国民法典》第305条至第310条，[②]《一般交易条款法》同时被废止。

(1) 格式条款并入合同内容的前提

制定规则之前要回答的一个问题就是，格式条款的内容是否是合同的一部分。若是双方当事人在签订合同之时，非合同的起草方没有决定合同内容的机会或者根本没有看清合同内容的前提下就签订了合同的话，这就是个问题。根据常识人们可以推定，在顾客有权对合同作出是否同意的决定时，他不会同意在打印的文件中几乎难以辨认的条款，或者在商店里无法看清的条款或者他在衣帽存取处递出外衣后才接到的存取票证背后所附的条款。[③] 英国法院判决，一个条款越是不同寻常或者越是对他人有损害，合同条款的订立者越应当将该条款提醒顾客加以注意。[④] 很难说明印刷应当达到何种醒目的程度，或字符应当多大，或是否应添加一个红色箭头符号等方式来达到提醒的目的。但无论如何，在合同成立前，企业主都应当向顾客明确通知该条款，否则该条款就不具备约束力。例如一个酒店内的房间中贴有"丢失贵重物品，酒店概不负责"的免责条款，那么这种免责条款对于旅客来说是没有法律上的约束力的，因为住宿合同成立的时间为在酒店的大厅交付钥匙的时间，彼时旅客没有看到房间内的免责条款，可

[①] 徐国建：《德国民法总论》，经济科学出版社1993年版，第294—298条。

[②] Vol. Musielak, Grundkurs BGB, Aufl. 2003, Rn. 157.

[③] Chapeltonv. Barry UDC案（[1940] 1 KB 532），进一步的案例参见特莱特尔（Treitel）书第198页及其以下内容，以及柴舍尔、菲夫持和菲姆斯通（Cheshire, Fifoot & Furmston）书第115页及其以下内容。

[④] Iaterfoto Library Ltd 诉 Stiletto Ltd（[1989] 1 QB 433（CA）），其中大法官宾汉（Bingham）的意见（不仅仅是比较论述的部分）十分值得一读。

以说对免责条款一无所知,而房间内的提示条款显然在合同成立之后才被顾客看到。① 若是一个人通过自动售票机买票,而当出票后,票面背面附有一定的免责条款,这种条款对于买票人也是没有约束力的。②

近些年来,各个国家的立法逐渐趋向于灵活,认为那些非常烦琐且需要本人到场签字的一些正式的手续是不必要的。1976 年德国《一般交易条件法》第 2 条规定,在订立合同时,格式条款的提供方提供了一定的格式条款,但是这种格式条款需要对方当事人经考虑后进行确定,才能成为合同内容的一部分。③ 尽管这些规定毫无疑问具有明显的意图,然而还远远不能肯定它们具有很大的实际价值。因为它们都假定,只要给予顾客以机会,顾客就会检查合同条款,审视其范围,并立即作出必要的推论。实际上这种情况并不会实际发生:想把汽车停在停车处的人几乎不可能在看到免责条款后十分惊慌、沮丧地调转车头开回家或到别处去找更有利的合同条款。

《德国民法典》第 305C 条第 1 款规定了"出人意料的条款"不能成为合同的组成部分。所谓"出人意料的条款"合同的内容完全违背常理,当事人不用考虑就知道其不会同意,因为其不能成为合同的组成部分。例如有个家庭妇女史密斯太太购买了一台咖啡机。按照咖啡机出卖人印的很小的一般交易条款,买受人史密斯太太必须每月从出卖人处购买一定数量的咖啡。直到后来,买受人史密斯太太才得知了要购买咖啡的合同义务。这是完全出乎买受人的意料之外,因为她根本不想从出卖人处购买咖啡,她甚至想把咖啡机退掉。本案中,家庭妇女史密斯太太签订了以咖啡机为买卖标的的合同。按照一般交易条款,她负担了每月从出卖人处购买一定数量咖啡的义务,这正是《德国民法典》第 305C 条第 1 款规定的"出人意料的条款",以至于作为合同相对人的史密斯太太无须考虑之。在法律效果上,"出乎意料的条款"不成为合同的组成部分,因此史密斯太太没有义务从出卖人处购买咖啡。

---

① Olley 诉 Marlborough Court Ltd([1949] 1 KB 532),1950 年 6 月 12 日的 Lyons,D. 1951. Somm. 2. 具有同一效果。在贝尔里奥兹(Berlioz)的《附随合同》一书(1976)第 58 页和卡雷斯 - 奥鲁瓦(Calais - Auloy)书第 136 页可以找到更多的法官判决。

② Thornton 诉 Shoe Lane Parking Ltd 案,([1971] 2 QB 163)。

③ 《荷兰民法典》第 233 条第 2 款,第 234 条,葡萄牙 1985 年 10 月 25 日 446 - 85 号法律,具有同样的效果。

根据《德国民法典》第306条第1款，在一般交易条款没有成为合同组成部分的情况下，合同的其余部分仍然有效。因此，以咖啡机为标的的买卖合同是有效的，买受人史密斯太太虽然可以拒绝购买咖啡，但不能解除以咖啡机为买卖标的的买卖合同。我国《合同法》第40条规定了格式条款可以适用该法第52、第53条关于合同无效之规定，但是却没有说明格式条款是否可以适用于第45条规定的因显失公平而被当事人起诉可撤销可变更的合同。

在社会生活中，许多有争议的格式条款大大小小都会涉及显失公平问题，对多数消费者自身交易利益而言，只愿意撤销合同部分不利条款的效力，而不愿意合同的全部无效。毋宁说有时候认定合同全部无效反而更加不利于实现公平原则。例如有的格式条款规定，"赔偿损失不超过货物价值的一倍"等，此类条款消费者往往不愿意宣布整体合同无效，而是选变更该条款，如希望增加赔偿的数额等，如果宣告合同整体无效反而跟消费者的交易初衷相悖，也不利于保护交易安全和市场秩序。因此，按照我国允许消费者依据《合同法》第54条关于显失公平可予变更或撤销的规定，请求法院变更该格式条款。

需要指出的是，根据《商事合同通则》第2.1.20条第1款规定："如果标准条款中含有另一方当事人不能合理预见性质的条款，则该条款无效，除非对方明示地表示接受。"这实际上是提出了格式条款中异常条款的效力问题，所谓异常条款，就是指相对人不能合理预见到的条款。

例如，双方在旅游合同中约定，旅行社仅仅作为游客住宿时旅馆经营者的代理人，不对该旅馆的食宿供应负责[①]。为了防止一些制定格式条款的单位或者个人利用他们的自身优势来制定出不利于消费者的一些条款。所以，《商事合同通则》规定其原则上无效。我国《合同法》对此没有作出规定，但是，从解释上可以借鉴该规定进行法律漏洞的填补。不过，对于异常条款的效力，应当作为相对无效条款对待，即只有合同相对方主张其才被认定为无效。此外，如果格式条款的制定方已经提示并说明，另一方没有表示异议，则表明其已经接受了该条款[②]。

[①] 张玉卿主编：《国际商事合同通则2004》，中国商务出版社2005年版，第201页。

[②] 同上书，第203页。

(2) 法官对格式条款作出不利于起草方的解释

"对条款起草方作不利的解释"规则源于罗马法"有疑义应为表意者不利益之解释"的规则①。法官们所采用的控制格式条款的另一个技巧，即当合同双方对格式条款有争议时，作出对格式条款提供方不利的解释。《法国民法典》第1602条第2款规定，如果合同条款的解释存在争议，或者格式条款含义模糊不清，则法院应当作出对起草者不利解释。奥地利的《民法典》第915条规定："单务合同内容有疑义时，推定义务方只负担较轻的义务；双务合同内容有疑义时，采纳不明确语句的一方需承受不利益的结果。"不过，这样的做法同样有其值得质疑的地方。法官们首先认为所论及的格式条款模糊不清，必须作出对起草者不利的解释的原则，以人为的、一刀切的方式将其解释为对顾客有利而对起草方不利，其造成的结果是难以预料的，也并不必然导致公平。无数的判决都使用了这一技巧。② 人们对这种技巧很有疑问，因为法官可以人为且随意地解释该格式条款为了保护消费者，他认为这个格式条款是显失公平的，但是却不公开宣布该格式条款无效，在一定程度上侵犯了《合同法》所规定的有关于合同自由的原则。

只有在少数几个国家里，法院里的法官才能在充分的自由裁量权且没有相关立法规定的情况下，能够作出一些宣布格式条款无效的决定，这种决定可能会对实质问题的"隐蔽控制"技巧并认定不正当地、不合理地损害消费者利益的格式条款无效。这种情况发生在有欺诈或重大过失③或根本违反合同④的过错而寻求庇护于免责条款之下时，法院会判定销售合同当中对于商品免责的一些条款属于无效格式条款，除非另一方当事人明确

---

① 乌尔比安："在要式口约中，当就口约内容产生疑问时，应作不利于债权人的解释。"保罗："在订立买卖契约时，一项表述不明确的条款，应认为是不利于卖方的。"转引自《民法大全选译Ⅳ·A债·契约之债》，丁玫译，中国政法大学出版社1992年版，第16、19页。

② 英国案件中，丹宁勋爵在 George Mitchell Ltd 诉 Finney Lock Seeds 案中的判决很值得一读；又见特莱特尔书第202页及以下内容。

③ 《意大利民法典》第1229条，《瑞士债法》第100条。

④ 英国情况常常如此。其实，在这些情况下，该条款不是被视为无效，而是视为确实构成根本违反合同而不可适用。在1977年《反不公平合同条款法》颁布后，这一方法只在该法未予规定的情况下才予以适用，而且它与构成"反提出者"一般原则的适用没有太大差别。参见特莱特尔书第205页及以下内容。

知道商品的瑕疵。并且将该案视为《法国民法典》第 1643 条所规定的情况，禁止依赖合同免责条款。[1] 但这一判决标准只适用于支持卖方免除售出有瑕疵的产品的责任的条款。德国法院首先夺得对所有定式合同条款的"公开控制"权力，这一开创性的判决是 1956 年 10 月 29 日的德国联邦法院判决[2]中援引了《德国民法典》第 242 条的规定。该条款仅是规定当事方应"遵守最大的诚信，履行最大的善意"来履行合同义务。这种方法实际上是一种纯粹的法官造法，能够体现了法官的素养，实际上是法律适应实际生活情况的一种进步。[3]

同时，在奥地利、葡萄牙、西班牙、德国、法国、比利时、英国、爱尔兰、荷兰及卢森堡等国家都已赋予法官判定滥用合同条款无效的权力。[4]当然，各国的这些法律相互之间并不是完全相同，甚至可以说非常不同。因为很多国家法官所能依照和评价的仅是现有的一些合同条款，并不能进行直接的法官造法，不能超越法院去判定合同的效力。欧盟（欧共体）于 1993 年 4 月 5 日签署了《关于消费合同中不公平条款的指令》，[5] 要求成员国对于未经过个别谈判的格式合同条款颁布相关的法律规定，"如果它们与善意的要求相反，引起了双方在合同项下的权利和义务极不平衡，不利于消费者"（第 3 条），[6] 则赋予法官宣布无效的权力。

2. 我国对格式条款的规制

根据我国《合同法》第 41 条的规定，对于格式条款的解释可采取下列几种特殊原则：一是文义解释。文义解释必须坚持大众化、通俗化，依

---

[1] 1978 年 10 月 30 日法国最高法院民事庭（civ.）及 1978 年 11 月 6 日法国最高法院商事金融案（J. c. P1979. Ⅱ. 19178, n. 格斯汀（Ghestin））。

[2] 《德国联邦最高法院民事案件判例集》22，90。

[3] 1967 年 5 月 19 日的荷兰最高法院的判决。

[4] 洪蒂尤斯：《消费者合同中的不公平条款》（Unfair Terms in Consumer Contracts）（1987），其中有该文本和所有这些法律的英译本，且对其进行了分析。

[5] 93/13/EEC：L95/29。

[6] 该指令在许多成员国得以采用。在德国，指令所要求的只是对德国《一般交易条件法》的些微修改。在法国它是一个以明确的规则代替实际上早以无效的第 78－23 号法律的好机会。在英国，该指令以立法形式逐字逐句规定在法律中，1977 年《反不公平合同条款法》依然有效，至于在文本并存中由于风格与内容的根本不同而引起的问题，则留给了专业人士去解决。详细内容参见比特森和弗里德曼编辑的《合同法中的诚信和过错》第 231 页中的比尔文《公平的立法控制：关于消费合同中不公平条款的指令》。

据社会一般观念来进行。① 因为格式条款的对象具有非确定性，只是一个可能发生交易的群体，那么它的制定就应当考虑常理以及大多数人的利益。因此，不能仅考虑个别交易对象的意志和利益。具体来说：首先要将格式合同的解释超脱于具体环境及特殊的意思表示，除非当事人另有特别约定。其次，对一些特殊术语应作通俗日常的解释。文义本身可能是在特定语境下使用，在不同的时代和不同的时期，人们对其有不同的理解。但是，人们对文义的基本含义和通常解释还是可以达成共识的。② 即便是行业间合同的特殊用语或文句，也应当以当事人之间共同的一般认识或理解作为解释的基础。③ 最后，在某些情况下，格式条款的解释还要考虑其潜在交易对象所属的不同地域或者职业团体所能作出的通常和合理理解。

二是对格式条款作不利于提供者的解释。我国《合同法》的第41条作出了对格式条款提供方不利的决定。我国的立法者也认为，制定格式条款方往往是制作人基于有利于自己的意思制订的条款，难免会有某些故意使用含义模糊的文字来损害合同相对人利益的行为，或者会因自己经济上的强势地位而将不合理解释强加给合同相对人。因此，为了维护交易相对人（通常是普通消费者）的利益，在格式条款含义不明确时，作出不利于条款提供者的解释。举个例子说，北京市某大型连锁洗衣店在格式条款中规定，对洗衣过程中造成衣物的毁损，该店予以三倍赔偿。但这里的三倍赔偿究竟是赔偿洗衣费的三倍，还是衣物价值的三倍，则并不清楚。对此，应当从不利于格式条款制定人的角度进行解释，将其解释为衣物损失的三倍。

一般认为，对格式条款作不利于提供者的解释，要分为两个步骤：

首先，要确定该条款是合法有效的。如果该条款违反了法律的强制性规定或者公序良俗，就直接认定其为无效。其次，要作有利于相对人的解释，以适用于争议的案件。④

我国在格式条款解释原则的应用上，有许多司法实践的案例可以参考。例如2013年甘肃省高级人民法院审理的"甘肃申通快递有限公司嘉

---

① 郑玉波：《法学绪论》，三民书局股份有限公司2008年版，第72—73页。
② F. Bydlinski, Juristische Methodenlehre und Rechtsbegriff, Wien/New York 1982, S. 442.
③ 余延满：《合同法原论》，武汉大学出版社1999年版，第150页。
④ 黄立：《德国新债法之研究》，元照出版有限公司2009年版，第87页。

峪关分公司与王彬财产损害赔偿纠纷上诉案"。

上诉人（原审被告）甘肃申通快递有限公司嘉峪关分公司（以下简称申通快递嘉峪关分公司）因财产损害赔偿纠纷一案，不服嘉峪关市人民法院（2013）嘉民一初字第52号民事判决，向甘肃省高级人民法院提出上诉。

原审法院认为，原告王彬将投递物品交给被告申通快递嘉峪关分公司投递，按要求包装完好，并有明确的收件人，但申通快递在没有收件人明确授权的情况下将投递物品交由第三人签收，存在明显过错，应承担70%的赔偿责任。而原告明知有保价的相关规定而心有侥幸未保价，按其通常未丢失的惯例以普通邮件邮寄亦存在过错，对戒指的丢失承担相应的责任。依照法律之规定判决：一、被告申通快递嘉峪关分公司赔偿原告王彬戒指丢失损失原价值13546元的70%，即9482.2元，于判决生效后十日内履行完毕。二、驳回原告的其他诉讼请求。

宣判后，申通快递嘉峪关分公司不服，向甘肃省高级人民法院提起上诉。二审法院认为：上诉人申通快递嘉峪关分公司未能将王彬交寄的物品安全准确地投递给收件人杨敏，应当承担违约赔偿责任。关于"快递服务合同第四条保价条款中物品毁损灭失最高赔偿标准不超过快递费用的5倍"的效力问题。快递服务合同第四条的保价条款属格式条款，因为它是上诉人嘉峪关分公司为重复使用而预先拟订且订立时未与被上诉人王彬协商。《合同法》第39条、第40条有对格式条款进行限制的规定：第一，格式条款提供方应当尽到提示说明的义务，尤其是免除或限制责任的条款。在本案中，上诉人申通快递公司嘉峪关分公司没有证据证明尽到了向王彬提示、说明的义务。第二，免除格式条款提供方主要义务、排除对方主要权利的格式条款无效。王彬通过申通快递公司嘉峪关分公司邮寄的快递物品发生遗失，造成实际损失13546元。如执行上述格式条款，仅赔偿16元快递费的5倍，就是80元，则王彬实际遭受的损失为13546元，这样的赔偿明显杯水车薪，达不到理想的效果，使王彬承担比较巨大的经济损失。因而法院认定该格式条款无效。关于上诉人主张"依据我国《邮政法》第47条之规定，适用不超过所收取资费的三倍限额赔偿"的上诉理由，经审查，《邮政法》第45条规定，"邮政普遍服务业务范围内的邮件和汇款的损失赔偿，适用本章规定。邮政普遍服务业务范围以外的邮件的损失赔偿，适用有关民事法律的规定"。本案中快递业务不属于邮政普遍服务业务，不应适用《邮政法》关于限额赔偿的规定。关于赔偿数额的问题。原审法院按照双方的过错程度，判决申通快递公司嘉峪关分公司承担70%的赔偿责任，并无不当。综上，原审判决驳回上诉，维持原判。

3. 商人之间合同中的不公平合同条款

首先必须决定是否仅给消费者提供保护，还是也给正在进行商事活动的公司提供保护。不同国家的立法机构对此问题采取不同的态度。

法国1978年1月10日第78-23号法律仅仅关注对"非职业消费或消费者"（non-professionnel ou consommateur）提供保护。同样，1993年4月5日欧共体所发出的指令也仅适用于消费合同的相关条款，其中的消费者是指"除为其贸易、商事或职业范围以外的目的，而从事活动的任何自然人"。而所发出的指令并没有阻止成员国法院限制商人之间的合同条款。比利时、奥地利、德国和荷兰规定了一般条款，不对商事合同和消费合同进行区分。[①] 英国的《反不公平合同条款法》没有规定一般条款，仅有一些适用于特定种类免责条款的特别规则，部分规定仅适用于"视为消费者"的个人和商号之间的合同条款，[②] 另外一些规定则是普遍适用的。因此，根据第二部分规定，寻求免除由于疏忽而违反合同或因疏忽侵权而造成他人人身伤害或死亡的商事责任的任何条款都是无效的，但对于其他种类的损害，如果符合"合理性"的要求则可以认为符合审查的条件。

司法控制的合理根据是"弱者"一方需要保护，或是因为谈判的高交易成本而造成采用交易格式条款，但商人之间实力也并非一致，总有强弱之分，也会为避免不合理的支出而理智地行事。最后，消费合同和交易合同之间的区别是十分模糊并难以适用的标准。同时，这种区别的标准也存在于"消费者"的种类方面，因为"小"商人有时也可算作"消费者"。[③]

4. 格式条款和经单独谈判的条款

另一个问题是司法控制是否应当扩展至所有的合同条款，或是只限于

[①] 德国《一般交易条件法》第9条；《奥地利民法典》第879条；比利时1991年7月14日法律第31、第33条；《荷兰民法典》第6：233条第一款。

[②] 英国1977年《反不公平合同条款法》第6、第7条。

[③] 法国法院按照第78-23号法律规定，将在商业活动中订立其自己并不出售的货物和服务方面的合同，从而比其他当事方知道较少的当事方也视为"非职业人士或消费者"。

合同订立前所起草的条款。尽管在实践中存在问题的几乎常常是"预先确定"的合同条款，但法国、比利时等国家的法律却并不仅限于这些条款。而在德国，法院对合同条款监控的权力却只限于一方向另一方提出的事先准备好的用于许多"合同中的合同条款"。① 德国律师保存了大量的此类限制规定。当欧共体指令草案建议监控所有的合同条款时，就受到广泛的强烈抗议。甚至于有人说听到了"市场经济的丧钟"②。为了安抚这些抗议，该指令适用范围最后仅限于没有经过"个别谈判"的条款，包括"事先草拟因而消费者未能够对其实质内容有所影响的"一次性条款（第3条第2款）。

　　法院并不准备评定各项义务并在它们之间相差悬殊时宣布合同无效；实际上，控制只适用于附带的条款。然而，也存在这样的可能性，即在消费合同中，即使经单独谈判的合同条款也可能是"滥用权力的"、"不公平的"③。只适用于定式条款的规则的主要问题是，它导致了法律的不稳定性，因为消费者是否在谈判中反对能或不能充分地"影响合同实质"的合同条款通常是不清楚的。④ 这些问题在法国不会发生，因为法院有权控制所有的合同条款，"而不论合同形式或合同的背景如何"。⑤

---

　　① 德国《一般交易条件法》（AGBG）第1条。荷兰法律具有同样的效力，参见《荷兰民法典》第6：231条。在奥地利，《消费者保护法》第6条与此不同；第6（1）条所指称的大多数格式条款是无效的，即使经过"单独谈判"，而《奥地利民法典》第879条第3款的一般条款只适用于"格式条款或标准格式的条款"。

　　② 例如布兰德尔/乌尔梅尔（Brandner/Ulmer）在1991《企业咨询员》中的第701、704页中的意见。

　　③ 如规定排除或限制由于疏忽引起的死亡或人身伤害的责任。这样的条款据1977年《英国反不公平合同条款法》第2条第1款无效，不管它是否经过单独谈判。

　　④ 在德国法律报告中有大量的证据，证明在特定情况下供货商是否"真正地给机会探讨"所指的条款，或者他是否"给另一方提供机会使其对合同条款进行修改以符合自己的利益"，或者使"双方真正可能对合同条款的内容施加任何影响问题的，总是得到反复的讨论。参见1987年9月30日德国联邦最高法院判决，《新法学周刊》1988，410——德国联邦最高法院通常认为，如果经过公证，则购买新房子的合同中的排除性条款是"经过单独谈判的"；然而这样的条款尽管不属于1976年法令的范围之内，却应受到《德国民法典》（BGB）第242条的控制，参见1987年9月17日德国联邦最高法院判决，《德国联邦最高法院民事案件判例集》第101、350、353页及其以下内容。

　　⑤ 法国《消费法》第L132－1（3）条。

二 对格式条款其他预防性规范

不可否认,尽管人们对他们合同中不公平条款的有效性进行反驳的做法可能是好的,但这本身并不阻止人们适用这样的条款,消费者要与大企业或大公司进行谈判,甚至去法院诉讼,所有这些牵涉到的时间的花费和麻烦与其受到损害是不成比例的,更加明智和实际的做法是简单地屈从于该条款,即使它显然无效。

而大公司显然也知道这一点,虽然他们知道他们拟定的格式条款在法律上可能是无效的,但是他们仍然使用这些格式条款,因为部分"不较真儿"的消费者会坦然接受,即便个别"较真儿"的消费者不满意这种条款,并提起了诉讼,大公司则临时性地妥协,而又继续使用该格式条款。甚至即使某一消费者通过法院认定了该合同条款无效,在后续的市场交易中,该大公司仍可能会继续在同其他消费者订立的合同中使用这一条款。

因而为了防止一些公司继续使用不恰当的格式条款,仅依靠那些自我维权意识较强的消费者提起势单力薄的诉讼是不能够解决的,还需更多可选择的制裁来预防公司对格式条款的反复使用。

1. 刑事制裁

刑事制裁倾向于只在一人故意利用了对方的困境并获得了极其不合适的利益时适用。根据《德国刑法典》第302条第1款,若合同一方利用了对方的困境,并使他人履行了与自己投入之间"引人注目地不成比例"的义务,将面临罚款或高达3年的监禁刑。这主要发生在住宅租赁和信用安排方面。在德国,仅仅因为违反对消费者保护的法律几乎是不能被作为犯罪处理的。相反,在法国,刑法在消费法中占有相当重要的位置:在法国,上门推销员没有给买方提供要求的信息尤其是关于撤销交易的权利方面的信息,或者利用买方的顺从或无经验而诱使他进行交易,将会受到刑事追诉。[①] 而且若一个公司在提供货物并作出保证时,未告知消费者法定权利而没有受到损害,就属于一项可予最高罚金可达5000法郎惩罚的违法行为[②]。

该领域刑事处罚的效果肯定有问题,因为首先必须抓住违法者并确定

---

① 法国《消费法》第L121-28条。
② 1978年3月24日第78-464号法令第4条。

其有罪,并且处罚必须严厉到足以抵消其违法行为所获利益,这几乎不会发生。因为检察机构力量短缺,并且,"法庭对刑事违法行为作出的处罚可能仍然给违法交易者留下其违法行为之外还有净收益的余地"。[1]

2. 集团诉讼

如果给予消费者团体以诉讼的权利,则可以预期的结果会比较好。德国立法的这一规定,[2] 奥地利、[3] 法国、[4] 荷兰[5]及葡萄牙[6]都进行了效仿。

各国对于集团诉讼的意见并不一致。在德国,消费者协会每年取得大约300项禁令,通常3倍于仅仅由于威胁提出诉讼就足以阻止公司继续使用有关条款的案件。而且集团经常将案件一直提交到德国联邦最高法院并且将可以抓到的公司或交易分支机构置于公众的众目睽睽之下。即使如此,有批评意见指出,由于不公平合同条款仍像过去一样流行,集团诉讼并不像希望的那样成功。[7]

3. 行政控制

消费者协会没有像人们预期其应当的那样活跃,是因为他们的经济力量通常非常有限。因此,经常有建议指出,国家应当成立一个强有力的权力部门来监督检查公司企业在市场上的行为。瑞典正是采取了这种方式。1971年,瑞典在"消费者巡视官"之下设立一个特别机构,其职责主要是监督企业和公司的市场行为是否符合"良好的交易标准"。若该特别机构发现某公司销售具有不合理危险的货物,或者进行欺骗性广告,或进行不公平的竞争,或者签订合同中有不公平条款,则可以与该公司或该公司的上级集团谈判,以图制止公司继续从事上述这些不良市场行为,这是该

---

[1] 波利(Borrie)著《消费者法律和政策的发展》(The Development of Consumer Law and Policy)(1984)第71页。

[2] 德国《一般交易条件法》(AGBG)第13条及其以下内容。

[3] 《消费者保护法》(Consumer Protection Law)第28条及其以下内容。

[4] 法学《消费法》第L421-1条及其以下内容,并请参见1994年1月6日法国最高法院民事庭(civ.)。

[5] 《荷兰民法典》第6:240条及其下文。

[6] 1985年10月25日第446/85号法令。

[7] 例如,参见冯·希佩尔(von Hippel)著作第102页及其以下内容;格拉赫(Gerlach)著《慕尼黑民法典评论》(1993年第3版)第21页及其以下内容[《德国一般交易条件法》(AGBG)第13条之前]。

机构活动的主要内容。若谈判未达成期望目标，该特殊机构就有权从专门成立的"市场法院"取得一项"禁令"，从而获得法律上的强制执行权。[1]

三 射幸合同问题

意思自治和权利义务平等是民法的两大原则。在该原则的指导下，合同法中的绝大多数合同都为实现当事人等偿对价的确定合同，这些合同在给付的内容和范围在合同成立时已经确定，当违背显失公平原则时可被撤销。然而，与确定合同相对应，民法中还存在一类被称为射幸合同的合同，这种合同在签订和成立时，给付内容和范围尚处于待定状态，其确定取决于约定的偶然事件发生与否。这类合同一般都不是等价交易，当事人可能一无所收获也可能获得极大利益。尽管如此，射幸合同仍属于双务合同，是对显失公平制度的一种排斥。

（一）射幸合同的产生和发展

1. 射幸合同的产生

社会生活中，人们基于娱乐或益智或经济等目的，会对一些不确定的事情进行押注，如期货买卖、买彩票、赌博、保证等。人们将这种很偶然发生或者通过人们预测的不确定的事项称为机会性事项，有时通过这种机会性的事项来碰碰运气，在学理上，这种碰运气活动成为射幸（aleatory）。该词源于拉丁文，它与 alea（死亡）和 aleator（玩骰子者）有联系。《牛津字典》将"射幸的"定义为：取决于死亡的降临或不确定的偶然性。

2. 射幸合同的发展

纵观中外历史，射性合同很早就成为法律调整的对象了。罗马法时期，优士丁尼《学说汇纂》第 18 编第 1 章收录了一段关于射幸合同的论述，论述人彭波尼对射幸合同所作出的解释被学者们称视为经典解释，他认为："无实物出售是可以理解的。比如买幸运（alea）。这样的情况有：购买未来将能够得到的鱼、鸟，或是购买有奖券，虽然很可能什么也得不到，但当时的购买是成立，因为这本来就是不确定的，这是在买希望。即

---

[1] 细节内容见波尼茨（Bernitz）编辑《瑞典导论》（An Intraiuction to Swedish Law）（1988 年第 2 版）第 278 页及其以下内容，尤其是波尼茨与德拉波尔（Bernitz 与 Draper）书中所有有关法规的英译本。

那些凭奖券取得物品，即使遭受追夺，也不因购买而产生债，因为买卖双方都清楚这种性质的交易意味着什么。"

当今社会，各个国家的民法规定相类似，根据合同内容确定与否可分为标的确定性合同和标的不确定性合同。通常，标的确定性合同使人们能够有一个合理的预期，符合人们的生活习惯和交易习惯，不确定性的合同因其不确定因素可能影响生活的安定，仅在特殊情况下才会采用。也即，以确定性交易为原则，不确定为例外。为有效控制纠纷，各国一般对射幸合同规定了诸多限制，且赋予其实定法的地位，明文规定当事人的权利义务。

从世界范围来看，大陆法系和英美法系都对射幸合同进行了明文规定，并对其进行了严格限制，但各自表现形式不尽相同，大陆法系主要是在民法典中明确规定射幸合同，英美法系则主要以判例法形式和单行法进行规制。

大陆法系基本将其规定在其民法典中，《法国民法典》甚至还设专编进行规定，即其第三卷第十二编。其第1946条规定："射幸契约，为当事人全体或其中一人或数人取决于不确定的事件，对财产取得利益或遭受损失的一种相互协议。射幸契约如下：保险契约；航海冒险借贷；赌博及打赌；终身定期金契约。"因海事法已对保险合同、航海冒险借贷等作出规定，所以《法国民法典》仅对后几种合同作出了规定。法国法律通常不保护赌博和打赌，《法国民法典》第1965条规定："法律对赌博的债务或打赌的偿付，不赋予任何诉权。"不过，也存在例外，其第1966—1967条规定："关于练习使用武器的竞赛、赛跑或赛马、赛车、网球赛以及其他目的为培养灵巧及锻炼身体的同类体育比赛，约定赌注者，不在此限。但法院认为金额过大者，得驳回其请求。""在任何情况下，输方不得追索其自愿支付的金额，但赢方如有诈欺、欺瞒或骗取情形时，不在此限。"也就是，因赌博输钱给他人，法国法律一般不予以救济，除非确有欺诈情形。此外，《法国民法典》还规定了"终身定期金契约的有效条件"及"契约当事人间契约的效果"。《德国民法典》第762—763也对射幸合同有类似规定。

英美法系虽然没有专门的民法典，但其在判例法和民商事单行法中规定了射幸合同，如上文提及的美国《合同法重述》。英国按射幸合同的类别分别制定了相应的单行法，如《1976年博彩娱乐法》，同时，还制定了保险合同、生命保险合同、火灾保险合同等保险合同。

(二) 射幸合同的法律特征

《民法通则》第7条规定和第58条是我国公序良俗原则的体现。因我国尚未明确射幸合同，按照法无禁止即有效原则，只要某射幸合同不违背民法的公序良俗原则应可以获得法律的支持。

1. 以"可能性"为交易对象

射幸合同所交易的内容以及交易的标的在合同的签订尚不存在，直到条件成就时才成为现实，因而当事人获得交易标的具有一定的盖然性，也可以说，所交易的是"可能性"，一般来说，可能性越小可能获取的回报越大，可能性越大可能获取的回报越小。因而罗马的一些学者非常生动地把射幸合同称为"买希望"的合同，也即一方当事人付出较小的成本以换取获得高额回报的"可能性"。比如买彩票，2元钱换取一个获得500万大奖的机会。

2. 成立具有特殊性

射幸合同自成立时即生效，即便最终的标的物未出现也不得撤销，这一点与附条件合同有明显的不同，附条件的合同的条件成就与否决定了合同生效与否。二者的区别在罗马法中区分为"买希望"与"买希望之物"（emptio rei speratae）。

需强调的是，在附条件的合同当中，尽管所附条件发生具有不确定性，但该不确定性并不等同于射幸合同中的不确定性，因为附条件合同的标的是确定的，而射幸合同的标的具有不确定性，因而附条件的合同当条件成就时，只要符合法律的规定就一定能够导致合同的履行。此外，射幸合同本身也可以附条件。

3. 双方承受的风险不平衡

射幸合同中，一方当事人虽然进行了一定的"买希望"的行为，尽管买者支付了一定的价款，但是很有可能"血本无归"，此时，买者也不享有价款救济权。从现实经验来看，买者"一无所获"的概率远远大于"盆满钵满"。因射幸合同被排除在显失公平制度所保护的民法的范围内，射幸合同双方所承受的风险明显是不平衡的。例如，在买卖合同中，当事人可以因物品存在瑕疵而向法院起诉要求撤销或者变更买卖合同，但是在射幸合同中，根据合同的性质，当事人是不享有此项权利的。

4. 严格的适法性和最大诚信性

为什么每个国家都对射幸合同进行了更多的限制和更为严格的约束？因为射幸合同本身具有偶然性的性质，这种不确定性非常容易诱使当事人作出违背民法公序良俗原则的一些约定。因此，射幸合同的订立与履行必须严格依法进行。正因为射幸合同的特征，高额利益的可能性驱使当事人置诚实信用于不顾，因而射幸合同对当事人诚信程度的要求更高。最典型就是保险合同，有的当事人为了获取保险赔偿甚至不惜违法犯罪。

5. 等价有偿的相对性

射幸合同好像与民法等价有偿的基本原则相背离，因为赢的一方"一本万利"，而输的一方"血本无归"。在普通的民事合同中，一方当事人承担了多少义务就应当享有多少权利，若出现享有权利与承担义务不对等的情况，就有可能会被认定为显失公平。然而，事实上射幸合同也是符合等价有偿原则的，但必须跳出单个射幸合同，而站在射幸合同集合体上。试举一例，彩票销售，全体彩民购买的彩票总价款总体上与中彩票的人分得的幸运奖金的价款相当，除了彩票服务中心扣减运行以及服务的相关费用外，发行彩票的单位不能从中牟取暴利，这种也是法律明文禁止的。当然，这种等价有偿是相对的，不是绝对的等价，合理的盈余是国家法律所允许的，盈余的部分也会被用于支持特定的体育、慈善、公众福利等事业，而不是由彩票发行者私分。另一个明显的例子是保险合同，保险公司尽管会盈利，但达不到暴利的程度。

（三）射幸合同与显失公平制度

以偶然的可能性作为筹码换取对方必然的投入，这种不对等的权利义务特征使射性合同有违于显失公平制度。然而，纵观射幸合同的产生和发展历史，明显违背平等公平原则的制度却为现代法律体系所容纳，并经过一定的限制，得以部分保留。究其原因，在于看待显失公平的角度。

从微观层面来看，每一个射幸合同都存在权利与义务不对等的情况，都是有违公平原则的，如果任由这种不公平合同的订立和生效（例如赌博协议），将会动摇公平之根基，并破坏民法自治的传统。因而，必然经过一定程度的限制，将射幸合同的具体种类限定在一定个范围内（包括保险合同、福利彩票合同等），方能体现其特殊性和社会治理的效果。而对于超过该范围的射幸合同，依旧可以根据显失公平制度予以撤销。

从宏观的角度来看，经过限定的射幸合同，虽然其具体内容有违公平，但其整体所达到的社会效果却又是公平。例如在保险合同中，若没有发生保险合同规定的特定情形，那么受益人可能得不到任何的赔偿和相应的利益；而保险人很可能只收取了保险费而不用进行任何赔偿，但是若保险合同约定的特定情形发生，保险人就需要付出高额赔偿款，而赔偿款的数额是远远高于保险金的。双方当事人皆基于其可能获得的较大利益而签订合同，并均认为自己在合同中具有某种程度的优势。而当灾难真正发生时，保险人将支付受益人一定数额的赔偿，这种集众人财富于一体，并最终偿付给个别人的方式无疑实现了一种动态的财富转移和平衡，对于实现社会公平是有益的。事实上，射幸合同为法律所保留的部分正是其有助于实现公平原则的部分，毕竟当事人双方间的合同只是社会生活中极为微小的组成部分，这种单个合同中的显失公平若置于更宏大的社会福利体系来看，最终还是能实现民法所追求的自治和公平。

（四）我国对射幸合同的法律规制

由于射幸合同标的的不确定性，一方"一夜暴富"以对方的"血本无归"为代价，因而射幸合同实际上与公序良俗原则价值追求存在背离。同时，射幸合同还会刺激投机而轻慢诚实信用，因为快速致富往往比辛苦劳作带来更大的诱惑力。射幸合同一方面可以集中社会闲散资金办大事，另一方面又容易激发人们的投机心理，因而射幸合同是一把双刃剑，需要通过法律的严格约束，引导其符合法律的一般原则和条款。作为射幸合同之一的期货交易行为可以活跃市场经济，加速资本流通，有利于国家社会秩序发展，故而为社会和法律所肯定。而作为射幸合同之一的赌博大多数时候都不受国家法律的保护，因为赌博行为会将射幸合同的投机性副作用放大，加重人们的不道德行为，不利于社会的安定和谐。

从私法自治的原则来看，"法无禁止即自由"的原则赋予了民事活动中平等主体活动自由的权利，也即是个人之间可以根据自己的意志自由地设定相互之间的权利义务，只要该权利义务不违反强制性规定即可。因而，人们在法律规定的范围内签订了符合法律规定的射幸合同，就应当认定为有效合同。在经济学上，很多学者排斥政府的调控，相信市场自有调控机制。经济发展的历史也一再验证一个事实，市场，一个自由竞争的市场，往往是资源配置最有效的方式，而其他的调节手段往往复杂而又昂贵。合同自由是市场自主决定的重要表现形式，也是经济社会资源有效配置、扩大社会福利的内在要求和个人追求自身利益最大化的当然诉求。

综上所述，无论从私法自由的角度还是从社会经济长远发展的角度来看，个体之间自由创设权利义务具有渊远的法理基础，在补足法律制度遗缺的同时有效地配置资源。射幸合同作为合同的重要一类，也是顺应社会发展和资源配置需求应运而生的。

我国对射幸合同的法律规制在单行法方面主要体现在保险合同上，实践中有许多司法实践的案例可以参考。例如2012年安徽省黄山市屯溪区人民法院审理的案件认定意外伤害保险属射幸合同，保险公司因拒绝赔偿而败诉。

余某是某建筑公司员工，建筑公司为其投保了建筑施工人员团体意外伤害保险，主险为建筑施工人员团体意外伤害保险7万元，附加险为意外伤害医疗保险1万元。保险期内，余某驾车下班回家途中与他人发生碰撞，致余某及两位乘坐人受伤，余某被送往医院抢救无效死亡。经相关部门鉴定余某负主要责任，余某被认定为工伤。事发后，余某受益人要求保险公司给付保险金，保险公司拒绝给付，因此余某受益人将保险公司告上安徽省黄山市屯溪区人民法院。

保险公司辩称：根据保险合同特别约定，被保险人仅限于在施工场地内出险才赔付，而余某不是在保险合同约定的工地出险，余某被认定工伤与其承担保险责任没有关联性；而且余某等人已通过交通事故和工伤获得赔偿，再主张赔偿没有依据。

法院认为：该建筑公司所投保险种属于人身保险合同，是典型的第三人利益合同，其法律性质是射幸合同，其权利具有期待性，作为人身保险的意外伤害保险不适用损失补偿原则，保险人不能以用工单位已向受益人给予赔偿为由拒绝保险理赔。判决保险公司给付余某受益人保险金7万余元。

射幸合同有很多种类，除了上文提到的保险合同、期货合同以及彩票买卖外，还有有奖销售合同以及金融衍生品、远期外汇买卖、股票数交易、金融期权、金融期货等合同。对于上述射幸合同的法律约束要么没有，要么不健全。因而，行为人在签订这些合同时往往不能参考相关的法律规定，法官在遇到此类案件时也往往表现得无所适从。

我国《民法通则》第4条规定了诚实信用原则，第7条规定了公序良俗原则，《合同法》第4条规定了合同自由原则。这些原则弥补了法律的局限性和僵硬性等不足，为人们行为提供了重要指引。笔者以为，只要射幸合同内容、形式、程序都不违背强制性规定及这些基本原则，就应当获得法律上的正当性。

第十章

我国显失公平制度的构建

第一节 显失公平制度的立法思考

一 显失公平制度的立法考量

视角最终还是回到我国显失公平制度的构建问题上，而讨论的重点无疑是显失公平的构成要件。为什么要讨论显失公平的构成要件呢？因为其与合同的效力密切相关，而且与平衡合同自由与正义等法律最基本的价值有着密不可分的关系，交易的安全也要靠显失公平的判定来保驾护航。目前中国的司法环境还没有我们想象的那么公正廉明，真实情况是不容乐观的，如果随意地适用显失公平制度很可能导致法官滥用自由裁量权，随意去判断合同的效力。因此，必须在法定的范围内明确地划分显失公平的构成要件。当合同发生不公平的情况之时，适用显失公平规则，合同所要求的正义原则就会替代合同自由原则，进而受损方提供救济。显失公平制度一般在消费者消费合同领域得以适用，但有时也适用于双方签订了不太公平的合同。

显失公平制度起源于罗马法"非常损失规则"，法国在制定其民法典时部分借鉴了相关类似显失公平制度的规则，并增加了显失公平制度的适用范围，由以前的土地逐渐扩展到不动产。《法国民法典》规定，不动产的出卖人遭受了损失，且其遭受的损失没有超过不动产客观价值的7/12时，其可以享有撤销合同的权利。而德国在制定民法典的时候没有采纳固有的原则，亦没有按照法国的民法典对于显失公平制度的适用情况，而采用公序良俗的基本原则以及一方当事人采取了胁迫、威胁等暴力行为时导致了一方当事人因合同或者交易造成了非常严重的损失之时，才可适用显失公平制度。德国与法国的民法典为后来其他国家的立法树立了典范，对其他国家的民法立法产生了极为深远的影响。仿照德国民法典的相关立法的国家有瑞士、日本以及我国的台湾地区。而意大利法与奥地利法并不是单纯地借鉴"一家之言"，客观上对固定比例的模式采取了一定的借鉴，在主观上又对德国法的立法进行了一定程度的仿照。

英国和美国等一些国家的普通法在实践中当遇到合同明显导致一方利益失衡时，很少适用显失公平制度来改变合同的给付方式或者撤销合同，但当他们的衡平法在交易出现严重不公平的情况下，即使是大法官依照其良知都无法容忍时，法院就可以有改变合同的给付方式或者撤销合同。随着世界经济的发展，时代纷繁复杂，日新月异，传统的交易模式已经变得越来越新颖，从科技层面来说也越来越复杂，专业化程度更高，为了适应时代的需要，格式化条款广泛的应用，但也出现了格式化条款滥用的情况，这种行为严重侵犯了交易相对方即广大消费者的合法权益。英美国家制定的衡平法在遇到这种类型的案例时明显无法准确适用，为了更好地解决纠纷，美国在其《统一商法典》（UCC）第2-302条规定了显失公平制度，对不公平的合同条款进行公开规制，因而普通法与衡平法有了共同的规则，从而更好地解决显失公平合同案件[1]。

二 显失公平制度的法律适用

我国在制定《民法通则》时，其显失公平制度借鉴了南斯拉夫制定的债务关系法的相关立法经验，同时也借鉴了德国的民法，但有所不同的是将不当得益即"暴利行为"分为两种，就是《民法通则》中第58条和第59条规定的"乘人之危"和"显失公平"。从我国《民法通则》的立法形式和立法意图看，很可能因为德国有关的"暴利行为"的要求过于严苛，把显失公平制度的主观要件分开，单独设立"乘人之危"的情况可以使显失公平制度得到更恰当的适用。因此，当我们国家的合同或者交易在双方当事人之间存在比较严重的权利义务不对等的状态而一方遭受损失的情况之时，我国的法律即可对其进行规制，对于为什么造成这种状态，并不是法律所关心的问题。但把这种不当得益的"暴利行为"规则分为两种带来了一些问题：（1）单独的"乘人之危"规则在没有合同或者交易结

---

[1] 张良：《论显失公平的构成要件》，载《河南财经政法大学学报》2014年第6期。

果明显不公平或者失衡的情况下有什么规范性质的意义？换言之，若交易结果不存在明显失衡时，受损方就没有寻求救济的必要。(2)"显失公平"规则的适用仅考虑交易结果公平与否，但若不存在胁迫、欺诈等情况，是不是就可以认为当事人的意思表示不存在瑕疵，显失公平制度就不能规制这种合同。因为交易双方都深知做生意的风险，只要他是一个正常的、理智的人，交易的结果不公可能是正常现象。(3)最高人民法院在其发布的《民通意见》第70条规定的"乘人之危"和第72条的"显失公平"是拆分了德国法上的"暴利行为"，这两者关于主观要件的表述就是德国法所规定的其"暴利行为"的主观要件，而这两者的客观要件就分别为"严重损害对方利益情况"与"当事人间的权利义务明显违反公平、等价有偿原则"，也是"暴利行为"客观要件的组成部分。海因·克茨教授据此指出："如果市场上出现某一货物价格过高的情况，那么生产者或者销售者就会做出相应的反应，而这种反应的结果就是大量的利益相关人进入市场，导致货物供应量的增加，从而导致商品的价格出现下降的结果。但在这是如果仅仅因为商品的价格过高就出现合同无效的司法判决，那么形成市场合理供求关系的客观规律将会被打破，不利于市场经济的良性发展。"基于上述分析，"乘人之危"必须是"显失公平"规则适用的主观要件，我国在借鉴有关国家的法律时经验尚不充足且当时经济不发达，导致我国在立法实质上，过度重视结果的公平观念，从而忽视了市场经济交易当中出现的正常的盈亏现象，我国在立法实践中与国际主流的观点不相符，应对相关立法或者解释进行适当的修正。综上，显失公平制度的构成应当采取双重件说，借鉴德国的"暴利行为"规则，把"乘人之危"摆到"显失公平"的主观要件的位置，以便更好地处理司法实践中所遇到的问题。

第二节　显失公平制度与民法典编纂

一　公平原则在民法体系中的特殊地位

民法意义上最原始的公平，就是当事人在付出与收获或者权利义务的享有与承担上的相对公平。权利义务的享有和承担与当事人付出与收获的多寡相对应，且能够得到个体自身和社会普遍认可。而民法上的公平，主要有四个方面的含义：一是社会个体在进行民事活动之前面临的社会情况及法律地位的平等,即"前提的公平"。二是社会上人人平等,社会的秩序要求每个成员都能够合理地享有权利并分担义务,就是人们的付出与获得是相当的,即"分配上的公平"。三是人们在进行贸易或消费过程中能够做到享有权利和承担义务的基本对应,即"交换上的公平"。四是当人们享有的权利和承担的义务不对等的时候或者说出现明显的不公平的情况之时,法律均能根据自身的规定以及法律的规则和人类的公序良俗对这种不公平进行救济或者说是矫正,即"矫正公平"。公平原则的适用不仅体现了民法的基本特征,也能反映出民法的意义之所在,是立法者在立法的时候应当考虑的基本因素,也是民法所应遵守的指向标,公平原则使民法不再条文化、刻板化,而是拥有鲜活的血肉。

人们常常划分不清公平原则和平等原则的界限,将平等原则包括在公平原则之中。因而要想清楚公平原则,必须明白平等原则的含义。平等原则是公平原则存在的前提条件,若没有平等原则,则公平原则就不能存在。所有人在一个文明的国家中地位平等是一个社会保持文明和安定的根本存在条件。在奴隶社会中,奴隶与奴隶主的地位是不平等的,人们被划分为三六九等,因而普遍的交易不可能存在,即使存在,也一定是不平等的交易。综上,商品交易总结出三个前提条件:一是交易者个体的法律地位平等,属于独立的个体,不能像奴隶那样依附于人;二是交易者拥有独立的支配权,可以随意处置所交易的商品,而不需考虑任何的追责;三是交易者必须是完全民事行为能力人,有独立的思想和意识。因而平等原则十分重要,但是法律规定的普遍意义上的平等并不完全是实质意义上的平等,现实中,人们因智识、社会地位、经济实力或者判断力、决断力等方面的差异,往往很难做到真正意义上的平等。因而,法律所规定的平等仅是形式上的,而无法对事实上的平等进行规制。但是这种情况并不能说明法律只重视形式的平等而忽略了事实上的平等。因为公平原则不仅要求做到事实上的平等,结果也应相对平等,社会公众就是公平原则的判断者。

随着社会经济与法律的发展,公平原则和平等原则不再像以前一样只局限在私法领域,而是逐步扩展到其他法律。平等原则逐渐演化成形式上的公平原则,即法律上的个体在进行民事活动的过程中地位是平等的,逐渐扩展到有平等地参与政治活动的机会,民族与国家之间地位的平等以及男女之间平等对待……公平原则不局限于合同交易双方当事人的公平,还扩展到个体与社会、国家之间、当代与后代以及穷人和富人、政府和人民之间的公平。

公平原则以个人权利得到保障为前提条件。生活在社会中的个人的合理的权利都能得到维护和保障是每个人的愿望，也是法律追求的价值目标。因而，人们在判断权利是否公平时往往衡量个人权利有没有得到充分的保障。正如罗纳德·德沃金所说，公正和权利是密不可分的，人们享有各项权利的社会才是公正的社会；"能够得到平等的关心和尊重的权利"是人们所追求的最高价值位阶的基本权利。

自然法学企图寻找一种广大人民群众普遍认可的法律公平的方法，其从理性法及正义的标准出发来论证。如果公平在客观上是可以推理出来或者说是可以论证出来的，就可以用法律自身原则来证明法律作出判断的合理性，涉及需要法律自由裁量的案件更是如此。法固有的原则和实现原则的过程就构成了所谓的公平原则。证明这种公平的来源是经验、理性和直觉。但从法律规定上的形式意义上的公平来看，理性并不能推导出结果上的平等，而仅是形式意义上的平等。历史条件决定社会关系，若离开了历史的存在前提，一切经验、理性与直觉都是空谈，仅依靠一种推论来确定关系不能让人内心信服。与自然法不同的是，实证主义认为法律并没有正确性的优先检验标准，也是人们在活动过程的科学解释，也即"法律所规定的内容是优秀的理性人思虑再三的结果，因而是正确合理的，至少在出发点上是合理的"。他们探讨公平问题时总是能从规则或者原则本身出发，推想其肯定意义。但是，他们忽略了逐渐发展着的、变化着的社会，因而得出的结论未能获得广泛采信。

公正的法律制度应该正视形式平等条件下存在的实际上的不平等，因而也需要确立社会补偿机制，并在这种补偿原则指导下构建一套自洽的法律制度体系。罗尔斯继承洛克、卢梭、康德的社会契约思想传统，提出新的正义理论，以代替19世纪以来就存在的功利主义说法，他认为功利主义没有认真地关注个体差异，只是根据人们需求的总量来最大程度地满足人类需要，而不考虑到这些总量如何在个体之间分配的问题。在原则不固定的情况下，要想比较公平地分配权利与利益几乎是不可能的。因而要建立这样一个原则来明确规定社会总量在人们之间如何相对公平地分配，不至于出现混乱的局面。罗尔斯认为，国家对社会进行控制需要公平原则作为依托。借助"原初状态"概念将自由和平等两种价值相结合。他的正义观念分为两个基本的原则：一是每个人都享有平等的权利，人人都有相对他人的最广泛意义上的基本自由；二是机会上的平等，需要对穷人和弱者特殊的偏爱，使其在生活和交易过程中享有与富人和强者公平竞争某个职位和商品的权利。因而第二个原则就是在社会地位已经不平等的情况下，寻求相对的公平合理，在合同已经签订的情况下采取补救措施尽可能地挽回一定的损失。因而，保证机会平等是充分实现社会公平的前提。在贫富差距扩大的情况下，资本主义国家出台相应的政策，如最低工资法、福利制度等，以实现相对公平。①

二 民法典中确立显失公平制度的立法考量

我国曾于1954年、1962年、1979年三次启动民法典制定工作，但由于当时条件还不成熟，最终搁置。1998年，我国启动民法典第四次起草工作，2002年12月，全国人大常委会审议民法典草案。由于民法典所涉内容繁杂，一次性制定民法典的条件尚不成熟，全国人大常委会决定先制定物权法等单行法，待条件成熟再制定一部完整的民法典。2014年，党的十八届四中全会提出编纂民法典。民法典第五次起草工作也因此提上日程。1986年制定的《民法通则》距今已近30年，此后相继制定了合同法、物权法、侵权责任法等法律，但在民法典中制定统帅性的民法总则，能提高我国民法体系化的程度，依据当前的市场经济条件和立法技术对一些已经过时的制度进行调整，同时应包含勃兴于成熟市场经济条件下的新内容。

如何在契约自由体制下维护契约正义是现代法律所应担负的任务。②公平原则是确定法律关系各方当事人权利义务关系的重要准则。一般，私法的基础即"契约自由"原则，据此，人们可以自由地根据自己的意志自由地订立合同，自由地决定订立合同的时间、地点、内容。而这一原则表现了人们可以完全按照自己的意志决定和对方之间的权利义务的存在关系。但是一些不太理性的或者缺乏相关经验的人在订立合同的过程中出现了一方享有较多权利而承担较小义务的情形时，充分自由的条件下造成了结果上的不公平，有可能产生"显失公平"。如果存在显失公平的情况，受损方仍要如约履行其义务，则明显违背了法律的精神。为了平衡双方的

---

① 杨思斌、吕世伦：《和谐社会实现公平原则的法律机制》，载《法学家》2007年第3期。
② 王泽鉴：《民法学说与判例研究》第7册，北京大学出版社2009年版，第57页。

利益，对完全的契约自由原则加以适当地限制，允许受损方请求变更或者解除合同，实现法律追求公平、维护正义的精神。[①]

第三节　显失公平制度的立法缺陷

我国相关法律明确规定了如何认定显失公平以及在发生显失公平的情况之时能够产生什么法律后果。而且《合同法》第54条第1款补充了构成显失公平的时间要件，规定"在订立合同时显失公平的，当事人一方有权请求人民法院或者仲裁机构变更或者撤销"。就是双方当事人在签订合同当中，如果强势的一方利用对方当事人的某些弱项、不知情或者缺乏经验等情况，导致对方当事人签订合同后履行合同时承担了较多的义务且造成了比较大的损失时，显失公平制度才可以发挥其作用，而受损方可以请求法律变更或者撤销不利于己的合同。据此可以得出，构成我国法律意义上显失公平制度的适用条件有以下三个方面：一是合同相对人承担了非常多的义务，使合同的实体意义上的不公平；二是程序意义上有不公平的情况出现，即在签订合同的过程中，合同内容虽系相对人真实的意思表示，但是对方当事人却恶意利用了受损方的弱项或者没有经验等情况；三是先有的程序不公，再有的实体上的不公，也即结果上的偏差。具备这三个条件，就可以适用显失公平制度来调整合同。仅从法律上看，这种规定看似完备，但是在实践具体运用中，存在如下缺陷。

一　合同相对人承担了非常多的义务，使合同的结果明显不公平的情况并不能适用所有的商品交易情况

从交易的角度看，公平体现在交换物在价值上的一种对比度，公平与价格、价值的联系是密不可分的。我国在民法的制定过程中坚持以劳动价值论为基础，并把它称为客观价值论。[②] 客观价值论是指物品固有的价值不受外在环境的影响[③]。我国民法上规定了等价有偿原则，认为在进行商

[①] 彭真明、葛同山：《论合同显失公平原则》，载《法学评论》1999年第1期。

[②] 徐国栋：《公平与价格—价值理论——比较法研究报告》，《中国社会科学》1993年第6期。

[③] ［美］熊彼特：《经济分析史》第1卷，朱泱译，商务印书馆1991年版，第98页。

品交易的过程中，物品的价值不受外在环境的影响，客观地认定商品的价值。但现实社会生活中，不同的环境往往能够左右商品的价值，很多商品交易在表面上明显违反等价有偿原则。举个例子，一杯水在现实生活中与在沙漠中对人的价值是非常不同的，沙漠中的人甚至会用这杯水价值的几万倍来交换，因为此时这杯水意味着生命。再比如，古玩市场的交易通常因人们的喜好而异，一个造价不高的古玩经过渲染与炒作，其价格可能会发生翻天覆地的变化。因而，用等价有偿原则来衡量所有的商品交易一定是有缺陷的，有的商品的价值并不能以生产商品的社会必要的劳动时间所确定，例如前文沙漠中的甘霖以及古玩市场中的古玩。

在现实社会中，人们的判断往往能够左右商品的价格。尤其是钻石这类的稀缺性物品，人们往往对它有非常高的评价，而这高评价的背后就是人们愿意用比较高的价格来购买它，人们对它的高评价就会造就这种物品的高价值。例如在拍卖会上，无论人们最终出价多高，都不会因为这种竞价问题而判定此类交易为不公平。霍布斯在《利维坦》中所写道："一切订立合同交换的东西价值都是由立约者自己的偏好决定的；因此，公正的价值就是契约当事人满意给予的价值。"[1] 因而交易结果是否符合等价有偿原则，不能由立法进行判断，法律应当尊重当事人自由的合意。贝利埃（Théophile Berlier）在批评《法国民法典》中的"损害规则"中指出的："若是一个理性人没有受到任何不利的情况，例如其受到了欺诈或者是威胁，他只是觉得自己的商品卖得太便宜了就向法院请求变更或者是撤销其根据先前的自由意志而签订的合同，那么就会导致一定程度的混乱。"[2]

因而等价有偿原则的规定显得法律过于拘谨，不利于当事人充分发挥自我意思，也可能被一些有心人所利用。法律应充分相信理性人的自我判断，其在订立合同的过程当中一定会充分考虑到自己的利益，法律应当尊重当事人的自由决断而不必做过多的干预。如果当事人请求适用显失公平制度来变更或者撤销合同时，要充分考虑其享有的权利和承担

---

[1] ［英］霍布斯：《利维坦》，刘胜军、胡婷婷译，中国社会科学出版社 2007 年版，第 237、239 页。

[2] 徐国栋：《公平与价格—价值理论——比较法研究报告》，《中国社会科学》1993 年第 6 期。

的义务有没有存在明显的不公平的情况，并充分衡量交易过程，单纯得以"等价有偿"为标准，很可能造成法律的过度干预，从而引起新的不公平。

二 利用一方的劣势即没有经验等作为签订合同的程序问题，不符合客观的逻辑

若一方缺乏交易中的经验，而另一方存在一定的优势，有优势的一方利用对方没有经验的情况就是显失公平制度构成上的程序不公。从立法上来说，存在一定的混乱。从逻辑上说，利用优势若作为种概念，利用对方没有经验则为其属概念，种概念为属概念所包含，而立法上却将两者并列规定在同一层级的法律之中，明显不符合逻辑标准。

《德国民法典》第138条第2款规定的"暴利行为"与我国显失公平制度存在一致性。我国台湾地区"民法典"关于显失公平制度的规定与《德国民法典》第138条第2款相似，[①] 都明确了属概念的范围，也明确了程序上不公造成显失公平的行为。荷兰新制定的民法典却没有涉及这方面，但是认为在签订合同的过程中，一方利用自身的优势条件及对方没有经验或者天真无知等情形，以不恰当的行为诱使对方签订结果不利于己的合同时，就允许不利一方向法院请求确认合同无效。[②] 而起诉的理由就是对方当事人"滥用优势"，直接采用种概念适用标准作出立法。因而，上述国家的立法标准在逻辑上是相对清楚的，种概念和属概念都不是并列存在的，对于其如何适用也规定得非常详尽明确。相比而言，我国的立法逻辑就有些混乱，适用的条件也不详尽。在《德国民法典》和我国台湾地区"民法典"之中的"滥用优势"被作为表现形式之一，而《荷兰民法典》中的"利用对方没有经验"亦是如此。由此可看出，这两种利用都属于程序不公平，但在这些国家和地区的立法当中并没有并列规定，而是将两方面作为不同的表现形式。我国立法在规定显失公平制度时，对于"利用对方没有经验"与"利用优势"这两种不同表现形式没有做出一定程度的区分，甚至没有对"利用优势"的相关具体表现形式作出规定，所以在司

[①] 黄立：《民法总则》，中国政法大学出版社2002年版，第339页。
[②] ［德］海因·克茨：《欧洲合同法》（上卷），周忠海译，法律出版社2001年版，第191页。

法实践中显失公平制度的判定要件因为缺乏具体的适用标准，而在法律适用上出现了混乱。

最高人民法院发布的《民法通则》司法解释第70条规定："一方当事人乘对方处于危难之机，为谋取不正当利益，迫使对方作出不真实的意思表示，严重损害对方利益的，可以认定为乘人之危。"从乘人之危的认定方面来看，要求一方当事人必须出现危难的情形，而恶意当事人利用这种危难的情形，强迫危难方当事人作出非真实意思表示的合同内容。从这个形式层面来看，乘人之危制度的规定与显失公平制度有着非常明显的不同。但是从两个构成要件来看，"一方当事人乘对方处于危难之机，为谋取不正当利益，迫使对方作出不真实的意思表示"也可以作为"一方利用优势，致使双方的权利义务明显违反公平、等价有偿原则"具体的表现形式。《民法通则》有关司法解释的相关规定并没有明确"一方利用优势"可以成为显失公平制度的具体行为的表现形式。换句话说，利用优势包括利用对方固有的危难情形进行合同交易，因为都会造成权利义务明显不公、不对等的情形出现。因而乘人之危制度应当包括在显失公平制度当中，先有了乘人之危，才有可能造成结果上的显失公平。因而，不宜将乘人之危作为一个单独的规则进行规定。

从我国台湾地区"民法典"以及《德国民法典》和新的《荷兰民法典》有关规定看，"利用对方没有经验"和"利用对方的窘境"都可以作为双方当事人在签订合同的程序过程中法律规定上的不公平。而且根据这些国家或者地区的相关法律规定，"利用对方没有经验"和"暴利行为"等利用行为都属于认定显失公平制度的法定原因，而"利用对方的窘境"在立法中没有单独出现。无独有偶，在日本的民法中，也同时包括了"利用对方处于危难的紧迫情况"及"利用对方没有经验"的情形。

综上所述，我国显失公平制度存在明显的缺陷，它在具体的构成要件方面，客观要件和主观要件都存在不公平的情形，导致了显失公平制度在实践适用中的混乱，致使司法工作人员无所适从，应在今后立法工作中予以改进。民法自由原则可以使人们自由活动，显失公平制度可以救济人们自由活动之时出现的不公平现象，因而有必要重新规定我国民法中显失公平制度的构成要件，使其成为保障人们自由与权益的制度。

第四节　关于重构"显失公平"制度的立法建议

上节提到我国民法中显失公平制度在构成要件方面存在的缺陷，而这种缺陷分别体现在客观要件和主观要件上，即我国显失公平制度的构成要件需要重新构建，而不是简单地增加和删减。具体的重构就是在实体权利不公平方面以"缔约时交换物对双方的效用明显不对等"作为认定标准；在程序权利不公平方面以"在合同的缔约过程中，一方当事人利用对方当事人的弱项，令不利方当事人作出了不利于己自身利益的选择"作为认定显失公平的标准。主观要件和客观要件两方面需同时具备，才能适用显失公平制度来变更或者撤销合同。

一　认定实体权利不公平的标准为"在达成合意时双方的交换物品的价值或者使用价值明显不对等"

如前所述，在市场中，判断是否符合等价有偿原则的标准并不一定是商品的客观价值。而我国民法就通过对双方在交易过程中权利义务明显不对等违反了等价有偿原则来认定显失公平，客观上的不公平不能单单以此作为判定标准，这样的规定标准存在严重的缺陷，正如上文所讲的沙漠之水以及古玩的例子一样，商品的实际价格并不能仅仅因此而判定。这种实质性不公平的判定标准不能涵盖所有的物品，因为有些商品的价值不是由人类生产商品的社会必要劳动时间来决定的。

有些学者在研究中将价值划分为两个方面，即客观价值和主观价值。产品的客观价值主要指与它的技术性或机械性成果之间的关系，而产品的主观价值是其与人类所创造它时享有的福利方面的关系。产品的使用价值是价值的根本属性。所谓使用价值，就是产品能够为人们所用，满足人们客观上的某种效用，它是人与产品的互动中而产生的，并不是产品本身具有的。某种产品是否有价值，是否能卖个好价钱，取决于人类认为它有没有用，能不能满足人类的某种欲望。当然，使用价值与价值属于两个不同的概念。凡是人们可以拿来使用的物品都具有价值，这并不是说一切物品都具有价值或者说都需要用钱买，但凡有价值的东西是一定有使用价值的，有价值的东西一定能满足人们的某种欲求。① 但是一种物品只是单纯使用价值，很可能没有价值；而如果这种物品非常稀少或者说是稀缺，那么这种物品可能会具有很高的价值。设想一下这个地球上只剩下最后一口新鲜空气，那么它的价格肯定是非常高昂的。② 马克思主义关于劳动价值论的观点倾向于研究生产商品的社会必要劳动时间对价值的决定作用，认为决定商品价值的就是生产商品的过程当中人们所付出的劳动。这种劳动价值论的观点严重忽视了特殊环境中商品的价值问题，例如沙漠中的一杯水价值几何。当一种物品十分稀缺时，生产商品的社会必要劳动时间即人们所付出的劳动因素就不能决定商品的价值，例如上文所列举的新鲜空气以及古玩字画等，这取决于人们的需要程度以及人们对这种物品的欣赏水平，利用劳动价值论的观点不能解释这些物品的价值为什么严重偏离的正常认知标准，而我国的民法跟劳动价值论的观点一样，忽略了这些特殊情况。我国民法严格以劳动价值论为基础，例如当时的《政治经济学教程》写道，价值规律"就是商品的价值量由生产商品的社会必要劳动时间决定，商品的交换比例以商品的价值量为基础的规律"，③ 价值规律中的"商品"，是"为了交换而生产的劳动产品"。④ 据此可得出，民法认为违反等价有偿原则的商品交换，就是不公平的商品交换。

因此，认定显失公平不能仅仅依据交易结果的不公平或者交易产品的价值不符合客观的价值。要认识到双方交易的物品对于各方当事人而言是否有比较一致的使用价值，只有一方当事人认为交易物品的使用价值明显与其所支付的对价不符并提出请求的情况下，才能去具体判定是否构成显失公平的实质性要件存在不公平的情况。认定实体权利不公平的标准应当为"在达成合意时双方的交换物品的价值或者使用价值明显不对等"。

二 认定程序权利不公平的标准应为"在达成合意时，不善意的当事人正好利用了对方当事人的弱项，使对方当事人作出了不利于维护自身利益的决定"

由于商品的价值是通过人们的主观认知来确定的，即人们通过判断这

---

① 徐国栋：《公平与价格—价值理论——比较法研究报告》，《中国社会科学》1993 年第 6 期。
② [法] 瓦尔拉斯：《纯粹经济学要义》，蔡受白译，商务印书馆 1989 年版，第 424 页。
③ 宋涛：《政治经济学教程》，中国人民大学出版社 1982 年版，第 46 页。
④ 同上书，第 27 页。

种商品有没有用以及用处的大小来确定商品的价值，因而主观性很强。若人们的判断不一致，就需要观察人们在达成缔约合意的过程中是否都对商品的客观使用价值满意。而要想知道双方当事人达成的缔约协议是否公平，则需要考察当事人缔约时的主观内心情况。若当事人的意思表示是完全自由的，就应该尊重当事人的自由意愿，无论价值与其使用价值的差距有多大，都不应当由法律调整。因而，程序性的不公平决定了是否存在实质性的不公平，而实际性的不公平并不能说明存在程序不公平的情况。

很多国家虽没有显失公平制度这一名词，但是都有与我国的显失公平制度相类似的制度。如《德国民法典》中规定的"暴利行为"的有些内容与我国的显失公平制度比较类似。《荷兰民法典》中规定的"滥用优势"的行为虽然没有提及合同或者买卖结果中的实体权利不公平问题，却规定对一方当事人恶意利用对方有紧急情况或者明显缺乏经验等而与其签订合同，不利方当事人可以根据"滥用优势"的法律规定向法院请求宣告合同无效，及对缔约过程中可能存在的不公平的情况进行了规制。《法国民法典》和其他国家一样也没有规定显失公平制度，但是民法却规定承担较多义务、明显对自己不利的一方当事人可以以订立合同时另一方当事人有欺诈的行为，而诉请法院宣告合同无效。那么欺诈的具体范围又是什么呢？即一方在订立合同时没有给对方充分的考虑时间或者利用对方年老、生病或者因缺乏相关方面的经验或者不让对方咨询相关专业人士以更好地了解情况而诱使对方尽快签订合同，就具有欺诈的故意。这种欺诈并不是我们通常认为的欺诈，其实也就是一方当事人利用了对方的劣势，而诱使对方与自己进行缔约，这是广义的欺诈。[1] 英国法也有类似我国显失公平制度的相关立法，主要体现在普通法上的"经济胁迫"规则和衡平法上的"不正当影响"学说。"经济胁迫"规则是指缔约过程中一方当事人因为自己的强势地位对对方当事人采取除武力之外的一切压迫行为，从而迫使对方当事人签订对己不利的合同。[2] 但是"经济胁迫"所能辐射的范围较小，因而需要衡平法中的"不正当影响"学说进行补充。衡平法的相关理论认为，只要一方当事人影响了对方当事人的自主和自愿的能力和心

---

[1] ［德］海因·克茨：《欧洲合同法》上卷，周忠海译，法律出版社2001年版，第191—192页。

[2] 何宝玉：《英国合同法》，中国政法大学出版社1999年版，第552页。

情，使对方当事人处于相对劣势，就能构成不正当的影响。[①] 签订的合同或者订立的契约符合这两个方面之一的构成要件，不利方的当事人就可以向法院请求变更或者撤销合同。双方签订的合同或者缔约过程中的迫使或诱使行为使对方未在完全的自由下作出的意思表示具有瑕疵，这种有瑕疵的效力待定的合同需要法院来判定其是否应继续履行或者是终止。[②]

从各国类似显失公平制度的立法情况可以得出，虽对显失公平制度的相关立法不尽一致，但是其内容都存在一定的一致性，即只要在合同签订或者买卖合同发生过程中，一方当事人因为对方当事人具有某些弱势的方面而不恰当地加以利用，令对方作出了不利于自身利益的决定时，那么不利方当事人就可以向法院起诉请求撤销合同。我国需要借鉴上述国家的做法，才能避免在适用显失公平制度的过程中出现逻辑上或者适用的混乱和无依据。通过明确程序权利不公平的认定标准，取消《民法通则》中的乘人之危制度，将其划归到显失公平制度的程序性要件当中，以便更好地适用显失公平制度。

总之，民法中规定显失公平制度，就是在私法自治大背景下，矫正个别合同签订过程中的明显不公平的情况，维护社会的正义和整体的社会秩序。但是在适用显失公平制度的同时又不能过分干预合同自由，而应在保证合同自由的情况下尽可能地维护交易的公平。立法机关和司法机关在制定和适用法律之时，要充分考虑显失公平制度适用方面的要件，完善立法并在实践中根据具体的情况解决问题，避免生搬硬套。

在本书的出版过程中，民法典编纂工作也在紧锣密鼓地进行着，2016年6月，第十二届全国人大常委会第二十一次会议初次审议了《中华人民共和国民法总则（草案）》。其中第一百二十九条规定了显失公平制度，一方利用对方处于困境、缺乏判断能力或者对自己信赖等情形，致使民事法律行为成立时显失公平的，受损害方有权请求人民法院或者仲裁机构予以撤销。

[①] 何宝玉：《英国合同法》，中国政法大学出版社1999年版，第562页。
[②] 杨桢：《英美契约法论》，北京大学出版社2000年版，第224页。

结　语

显失公平制度作为私法领域里的一项重要制度，标志着只把意思自治奉为圭臬的传统法向将公平正义与意思自治并重的现代法的转变，被视为私法理论发展史上的里程碑。

本书以显失公平法律行为的结构特征和法律适用为中心，纵向梳理了显失公平制度从萌芽、产生、适用到变革完善等各个阶段的演变，横向比较了大陆法系各国和英美法系国家对显失公平制度在各自民法体系中的不同安排和适用，结合我国现行法中有关显失公平制度的各项规定，分析探究我国目前的显失公平立法安排背后的立法思想和法学理论支撑，对显失公平制度在理论和实践中长期存在争议的几个问题作出了回答，并就显失公平制度在未来民法典中的定位和安排提出了笔者的思考。

一　显失公平法律行为的定性和构成之争

对于显失公平法律行为的性质认定，有学者主张属于法律行为内容不妥当的范畴，也有学者主张其与错误、胁迫、欺诈一样属于意思表示瑕疵的一种。[①] 笔者同意第一种观点。尽管传统的大陆法系国家例如德国、瑞士等国的法律，认为只要是不存在意思表示的瑕疵，原则上并不要求当事人之间的给付和对待给付之间在客观上保持平衡。换言之，当事人之间财产的给付与对待给付之间的不平衡本身并不必然意味着不公平。只有达到了"是环境使此种不平衡成为不正常"[②] 才能构成德国民法上的所谓"暴

[①] 刘心稳：《中国民法学研究述评》，中国政法大学出版社1996年版，第245页。
[②] 沈达明、梁仁杰：《德意志法上的法律行为》，对外贸易教育出版社1992年版，第181页。

利"，即必须是某种不公平的原因导致了这种不正常的失衡。所以，显失公平的含义并非字面上的给付与对待给付之间纯粹的不均衡，它的构成还必须具备另外一项主观要件，即一方当事人主观上利用自身的优势地位或者相对人的劣势地位。当然，这种双要件说本身并不影响客观特征成为显失公平构成的根本要素，即给付与对待给付的明显不平衡依旧是认定显失公平法律行为的首要条件。这跟英美法系中对两种不公平的命名方式很类似，给付结果的不公平属于"实质性显失公平"，而受损方当事人无法作出有意义的选择则属于"程序性显失公平"，实质性显失公平的存在显然是前提，没有实质性显失公平的存在，程序性显失公平的判断将没有意义。因此，要归纳显失公平的定位和性质，最终还得落到法律行为标的（内容）的妥当性。虽然我国《民法通则》第59条和《民法通则意见》第72条将显失公平与重大误解（错误）并列规定，在《合同法》第54条中将显失公平与胁迫、欺诈并列规定，但并不能因此就说明显失公平行为属于"同意之瑕疵"的范畴。

对于显失公平的构成要件，在单一要件说、双重要件说和修正双重要件说中，笔者同意双重要件说。因为双重要件说有利于维护市场稳定和交易秩序，并且比较符合比较法的发展趋势和我国立法和司法的本意。当然，对于显失公平制度的构成要件，还需要在今后的民法典统一立法中予以明确规定，来避免目前这种虽有不同法律或司法解释的零星规定，却仍旧存在理论阐释和法律适用上的紊乱情况。

二 显失公平与乘人之危的关系的再思考

我国《合同法》第54条将显失公平和乘人之危同样作为产生可撤销可变更效力的法律行为作出规定，在合同的效力这一规则体系下有共同之处。但对于在立法上区分显失公平和乘人之危，学界一直存在几种不同观点。归纳起来，有以下四种：第一种观点认为乘人之危完全没有必要作为单独的可撤销的原因而存在，可以将它作为显失公平的一种具体类型，合并规定到显失公平制度中；第二种观点则相反，认为乘人之危完全可以包含显失公平，显失公平制度本身没有单独规定的必要；第三种观点则认为，显失公平制度可以拆分为几种不同的情况，由乘人之危和胁迫等其他法律行为制度予以吸收，也主张显失公平制度没有单独存在的必要；第四种观点则认为，目前我国的显失公平和乘人之危法律行为的区别立法有其合理性，没有修订的必要。

笔者同意第一种观点，对比我国《民法通则意见》第 70 条、第 72 条可以看出，在主观要件方面，"一方当事人利用优势"的显失公平行为与乘人之危的法律行为有共同之处；而构成乘人之危除此要件外，还需要一方当事人的行为严重损害到了对方当事人的利益，即客观结果、行为结果以显失公平为要件[①]。乘人之危的制度与显失公平制度的客观要件之间并没有本质差别。乘人之危的客观要件表明，其立法已经不是纯粹的原因立法（主观要件），其中也包含了结果要件（客观要件）。根据上述分析，只要承认显失公平法律行为的"双重要件说"，则显失公平能够吸收涵盖乘人之危是顺理成章的逻辑结论。另外，显失公平中的主观要件中一方当事人利用对方没有经验，从行为表现来看是一种消极行为，而欺诈则完全不同，必须是一种积极的故意行为，并且欺诈行为的构成不需要考量结果是否有一方当事人遭受重大损失，因此，显失公平立法不能被欺诈行为立法所替代。

《民法典民法总则建议稿》已于 2015 年 4 月公开发布并征询公众意见，从此建议稿中不难看出，很多学者为之付出了心血。通过比较多位学者对民法总则的专家建议稿，笔者发现针对法律行为效力瑕疵方面的问题存在很大的研究分歧。在最新的《民法总则专家建议稿》中第一百四十六规定，【乘人之危】一方乘人之危，使对方在违背真实意思的情况下实施法律行为，受害方有权请求人民法院或者仲裁机构变更或者撤销。一方乘对方处于危难之机，为牟取不正当利益，迫使对方做出不真实的意思表示，严重损害对方利益的，可以认定为乘人之危。第一百四十七条规定【显失公平】，显失公平的法律行为，一方有权请求人民法院或者仲裁机构变更或者撤销。一方利用优势或者利用对方没有经验，致使当事人之间的利益关系明显失去均衡的，可以认定为显失公平。建议稿中对乘人之危和显失公平两种情形给予了并列的保留，而效力上均采取可变更或者撤销的方式，这与之前的《民法通则》和《合同法》均有出入。有很多学者对此反映出三种不同观点：一是乘人之危和显失公平概念相近且互补，可以整合为《德国民法典》中的"暴利行为"，并遵循暴利行为的效力认定；二

[①] 尹田：《乘人之危与显失公平行为的性质及其立法安排》，载《绍兴文理学院学报》2009 年第 2 期。

是乘人之危应从属于显失公平，可直接概括为显失公平，效力遵循显失公平的可变更或者撤销；三是乘人之危与显失公平概念有不同之处，对于二者应分开处理，并且二者效力应不同对待。在王利明早先的民法典立法理由编中也出现了这样的矛盾，在法条设计中采取可撤销说，但在立法理由中举德国民法典和苏俄民法典时均采取的是无效说，却并未进一步对这一出入做出解释。

在1987年生效的《民法通则》第58条第1款第3项中将乘人之危与欺诈、胁迫并列规范，采相同的无效立场，同时，《民法通则》第59条第1款第2项针对显失公平的法律行为采取变更或者撤销的效力，在当时，立法者对于乘人之危和显失公平有明确的区别对待，并且二者法律行为导致的效力认定也截然不同；然而，1999年生效的《合同法》第54条第2项将以欺诈、胁迫的手段或者乘人之危，使对方在违背真实意思的情况下订立的合同归类为显失公平的合同，并将无效改为变更或者撤销，此处出现乘人之危从属于显失公平的法律制订逻辑；在《民法总则专家建议稿》中乘人之危的法律行为效力遵从的是《合同法》的立法路径，规定乘人之危和显失公平的法律行为效力均为可变更或者撤销，但逻辑关系上又将乘人之危与显失公平进行了并列处理，从某种意义上又延续了《民法通则》的逻辑关系理念。《劳动合同法》规定乘人之危和欺诈、胁迫一起归结为无效或者部分无效。总结来看，《民法通则》《合同法》《劳动合同法》以及最新的《民法总则专家建议稿》给出了四种不同的模式组合，对此产生了法律内部的逻辑混淆，这应该是有违立法者的制订初衷。

2016年6月，第十二届全国人大常委会第二十一次会议初次审议了《中华人民共和国民法总则（草案）》。最终公布的草案第一百二十九条规定了显失公平制度，一方利用对方处于困境、缺乏判断能力或者对自己信赖等情形，致使民事法律行为成立时显失公平的，受损害方有权请求人民法院或者仲裁机构予以撤销。总体上看，草案没有将显失公平与乘人之危并列处理，最终民法典关于乘人之危和显示公平制度如何规定还要留待进一步完善。

三 显失公平法律效果中的变更权的修正

各国民法对显失公平这种法律行为的效力规定各有不同。例如，德国民法认为无效（《德国民法典》第138条第2项）。瑞士债务法，准许被害人声明作废，并请求返还其给付（《瑞士债务法》第21条）。苏俄民法第33条规定，法院因被害人、官署或其他有关系之社会团体之申请，得宣告其行为无效，或停止其将来之效力。奥地利民法允许受害人享有撤销权。我国"台湾民法"认为暴利行为并不是当然无效的，必须经法院为撤销之判决确定后才无效[①]，但法院也有权不予撤销，而仅为减轻其给付。

根据我国《民法通则》第59条和《合同法》第54条之规定，我国的显失公平法律行为可以申请人民法院或仲裁机构变更或撤销，如其请求变更则司法机关不得撤销。这两项规定表明我国采纳了撤销权与合同变更权的竞合制度，且其处理规则是在具备撤销原因时，当事人既可申请变更也可申请撤销，可以选择其一申请救济；当事人请求变更的，就丧失了撤销权。

但是通过考察大陆法系主要国家法律和判例以及英美法系国家的判例，均无撤销权和合同变更权竞合的制度。这些国家通行的做法是，在显失公平制度中，只有撤销权，对可撤销的合同，瑞士、法国、意大利等国家规定了错误订正制度。错误订正制度，主要是针对计算类的错误，即单纯的计算错误可以纠正，并且不妨碍和影响合同的效力。如果因根本性的严重错误而作出意思表示的当事人请求确认合同无效，而另一方当事人为了维护合同的效力提出对先前的合同中作出相应的修改，最终可以在双方当事人自愿协商合意后作出"协议变更"，这里的变更相当于订立了新的合同。根据衡平法的精神，英美法系国家在司法实践中允许当事人向法院申请对合同条款进行改正。但对于改正合同条款的前提作了严格的限制：一是该方当事人需要证明合同签订时双方的合意是一致的，只是在使用书面形式时，出现了文字性错误；二是需要证明双方当事人之间的合同是一份完整且明确的合同。这里所谓的文字性错误还必须是双方当事人共同的错误，才能取得改正合同的衡平法救济。除此之外的单方错误或者各自分别的错误都不能使用改正合同救济。这种更正制度实质上类似于瑞士、意大利民法的错误订正制度。而各国对于因胁迫、欺诈所订立的合同，受胁迫方和受欺诈方几乎一致认为不得存在变更权。

据此，笔者认为，在我国的显失公平法律行为效果之相对无效的规定

[①] 台湾"最高法院"1982年度台上字第1566号判决："契约纵有显失公平之情形，在未经上诉人申请法院撤销前，亦难因此即谓其无效。"

中，对于合同变更权与撤销权竞合的问题，还是应当坚持大陆法系传统的固有原则，摒弃合同变更权与撤销权两者竞合的做法。对于类似可撤销的法律行为，如显失公平，只规定受害方，或者向人民法院或仲裁机构申请行使撤销权使法律行为无效或部分无效，或者放弃撤销权的申请而使法律行为继续有效，而不能笼统地在所有的可撤销合同中规定变更权，因为变更权的实质从来都是订立一个新的合同，这种订立合同的权利应当交还给当事人双方，而不是由人民法院或者仲裁机构代劳。可以参考大陆法系其他国家对于计算错误订正的制度或者英美法系的合同改正制度，对于合同条款中纯属计算错误或文本错误，在双方共同认可属于双方的错误前提下，可以由人民法院或仲裁机构依据当事人的申请对合同做相应的变更，从而修正目前这种授予请求法院或仲裁机构依据职权直接变更法律行为的做法，以维护交易安全和合同自由。如果一方当事人申请对合同条款作出变更的，也只需要法院确认撤销有关的合同条款效力，后由双方当事人自主自愿协商达成新的一致合意并签订新的合同文本。

四 显失公平制度与其他原则的关系定位

首先，显失公平与公平原则的关系问题。公平原则作为私法的一般性原则，含义却不是非常明确，其本身就具有概括性、历史性和个人感受的差异性。公平原则可以有一定的外在要求，也可以直接作为普通大众内心判断的基本依据。其内容的抽象和宽泛性区别于显失公平这一具体的法律规则所具备的逻辑要素，跟其他法律原则一样，一般是作为解释法和补充法来赋予法官自由裁量的权利。而显失公平制度因为是一群规则的聚合，作为一项法律规则，其具有确定性和可操作性。只要某事实状态符合显失公平制度的主客观构成要件，当事人以及司法机关等法定组织都可以直接适用该制度。因此，可以说显失公平制度使公平原则这一宏观抽象的法律原则有了微观而具体的操作规范。因此，显失公平制度显然不是一项独立的法律原则，只是公平原则的具体化形态和反面规定。

其次，显失公平与公序良俗原则的关系问题。纵观近现代各国民事立法的总体趋势，显失公平制度不再是公序良俗原则的分规定，也并不是公序良俗原则的产物。首先是《法国民法典》并未将显失公平制度直接置于其第6条公序良俗原则的规定之下。其次，虽然《德国民法典》第138条在体系上将显失公平归入了违反公序良俗原则的法律行为，但德国的做法为其他主要大陆法系国家的立法例（如《瑞士债务法》和《意大利民法典》）所抛弃。最后，《德国民法典》将显失公平视作一种严重和典型的违反公序良俗行为，因而将其法律效果直接归于无效，此举也为后世立法所修正。例如，我国台湾地区"民法"在第72条中规定了公序良俗原则，而另外在第74条单独规定了显失公平法律行为，明确规定显失公平得被撤销或减轻给付，此法律效果与违反公序良俗原则的无效行为明显有区别。按照梅仲协教授的观点，显失公平虽与违反公序良俗相似，却显然不能归入一种特殊的违反公序良俗行为，二者是各自独立的法律制度。因此，笔者认为，显失公平制度应当作为一项独立的制度纳入我国未来民法典的制定中。

民法典编纂中，专家建议稿对公平原则和公序良俗这样规定，第五条【公平原则】民事主体从事民事活动应当遵循公平原则。第七条【公序良俗原则】民事主体从事法律行为以及其他民事活动不得扰乱公共秩序，不得违背社会公德，不得损害公共利益和他人的合法权益。

根据公布的《民法总则（草案）》第五条规定，民事主体从事民事活动，应当遵循公平原则，合理确定各方的权利和义务。第八条规定，民事主体从事民事活动，应当遵守法律，不得违背公序良俗，不得损害他人合法权益。基本维持了建议稿，只是文字上更加简练。第一百三十二条规定，违反法律、行政法规的效力性强制性规定或者违背公序良俗的民事法律行为无效。可以看出，公平原则仍然作为一个概括性的原则，不具体适用于个案，公序良俗虽然有专门条款规定，但是他倾向于原则性，虽然第一百三十二条具体规定违背公序良俗的民事法律行为无效，但是如何认定什么样的法律行为违背公序良俗还有待进一步的细则。《民法总则（草案）》这样的安排将显失公平与违反公序良俗区分开来，有其进步性。目前，该草案在征求意见中，对于其最终的确定我们将拭目以待。

参考文献

一 中文著作

1. 崔建远主编：《合同法》（第4版），法律出版社2007年版。
2. 崔建远主编：《新合同法原理与案例评释》（上），吉林大学出版社1999年版。
3. 董安生：《民事法律行为》，中国人民大学出版社1994年版。
4. 董安生等：《英国商法》，法律出版社1991年版。
5. 杜宴林：《法律的人文主义解释》，人民法院出版社2005年版。
6. 傅静坤：《二十世纪契约法》，法律出版社1997年版。
7. 高富平：《民法学》，法律出版社2005年版。
8. 葛洪义：《法与实践理性》，中国政法大学出版社2002年版。
9. 郭明瑞主编：《合同法学》，复旦大学出版社2005年版。
10. 韩世远：《合同法总论》，法律出版社2004年版。
11. 何怀宏：《契约伦理与社会正义》，中国人民大学出版社1993年版。
12. 胡长清：《中国民法总论》，中国政法大学出版社1997年版。
13. 黄立：《德国新债法之研究》，元照出版公司2009年版。
14. 黄立：《民法总则》，中国政法大学出版社2002年版。
15. 黄茂荣：《法学方法与现代民法》，法律出版社2007年版。
16. 江帆、孙鹏主编：《交易安全与中国民商法》，中国政法大学出版社1997年版。
17. 江平：《西方国家民商法概要》，法律出版社1984年版。
18. 李开国：《民法总则研究》，法律出版社2003年版。
19. 李开国主编：《合同法》，法律出版社2002年版。
20. 李梅：《权利与正义：康德政治哲学研究》，社会科学文献出版社2000

年版。
21. 李永军:《合同法》,法律出版社 2004 年版。
22. 李永军:《合同法原理》,中国人民公安大学出版社 1999 年版。
23. 李永军:《民法总论》(第 2 版),法律出版社 2009 年版。
24. 梁慧星:《民法》,四川人民出版社 1988 年版。
25. 梁慧星:《民法解释学》,中国政法大学出版社 1995 年版。
26. 梁慧星:《民法学说判例与立法研究》(第 2 册),国家行政学院出版社 1999 年版。
27. 梁慧星:《民法总论》,法律出版社 2001 年版。
28. 梁慧星:《中国民法经济法诸问题》,中国法制出版社 1999 年版。
29. 林诚二:《民法总则》(下),法律出版社 2008 年版。
30. 刘军宁等编:《自由与社群》,三联书店 1998 年版。
31. 刘伟、魏杰主编:《法经济学》,中国发展出版社 2005 年版。
32. 刘心稳:《中国民法学研究述评》,中国政法大学出版社 1996 年版。
33. 龙卫球:《民法总论》,中国法制出版社 2002 年版。
34. 鲁友章、李宗正主编:《经济学说史》(上、下),人民出版社 1983 年版。
35. 马俊驹、余延满:《民法原论》,法律出版社 2005 年版。
36. 明杨祯:《英美契约法论》,北京大学出版社 1997 年版。
37. 彭万林主编:《民法学》,中国政法大学出版社 1999 年版。
38. 邱聪智:《新订债法各论》,中国人民大学出版社 2006 年版。
39. 沈达明、梁仁杰:《德意志法上的法律行为》,对外贸易教育出版社 1992 年版。
40. 沈达明:《英美合同法引论》,对外贸易教育出版社 1993 年版。
41. 沈宗灵主编:《法理学》,北京大学出版社 2000 年版。
42. 施米托夫:《国际贸易法文选》,赵秀文等译,中国大百科全书出版社 1993 年版。
43. 史尚宽:《民法总论》,正大印书馆 1979 年版。
44. 宋涛:《政治经济学教程》,中国人民大学出版社 1982 年版。
45. 隋彭生:《合同法论》,法律出版社 1997 年版。
46. 孙国华:《市场经济是法制经济》,天津人民出版社 1995 年版。
47. 孙宪忠主编:《中国民法总论》,中国社会科学出版社 2009 年版。

48. 佟柔主编：《中国民法学·民法总则》，中国人民公安大学出版社 1990 年版。
49. 王家福主编：《中民法学·民法债权》，法律出版社 1991 年版。
50. 王军：《美国合同案法例评选》，中国政法大学出版社 1995 年版。
51. 王军：《美国合同法》，中国政法大学出版社 1996 年版。
52. 王军编著：《美国合同法》，对外经贸大学出版社 2004 年版。
53. 王利明、崔建远：《合同法新论·总则》（修订版），中国政法大学出版社 2000 年版。
54. 王利明：《合同法新问题研究》（修订版），中国社会科学出版社 2011 年版。
55. 王利明：《民商法研究》（第 2 辑），法律出版社 2001 年版。
56. 王利明：《违约责任论》，中国政法大学出版社 1996 年版。
57. 王利明著：《合同法研究》（第 1 卷），中国人民大学出版社 2002 年版。
58. 王泽鉴：《民法学说与判例研究》，中国政法大学出版社 1998 年版。
59. 王泽鉴：《民法总则》，北京大学出版社 2009 年版。
60. 王泽鉴：《债法原理》，北京大学出版社 2009 年版。
61. 谢鸿飞：《法律与历史：体系化法史学与法律历史社会学》，北京大学出版社 2012 年版。
62. 谢怀栻等：《合同法原理》，法律出版社 2000 年版。
63. 徐炳：《买卖法》，经济日报出版社 1991 年版。
64. 徐国栋：《民法典与民法哲学》，中国人民大学出版社 2007 年版。
65. 徐国栋：《民法基本原则解释》，中国政法大学出版社 1992 年版。
66. 杨立新：《合同法总则》（上），法律出版社 1999 年版。
67. 杨桢：《英美契约法论》，北京大学出版社 1997 年版。
68. 尹田：《法国现代合同法》，法律出版社 2009 年版。
69. 余延满：《合同法原论》，武汉大学出版社 1999 年版。
70. 詹森林：《民事法理与判决研究（一）》，中国政法大学出版社 2002 年版。
71. 张广兴：《债法总论》，法律出版社 1997 年版。
72. 张俊浩：《民法学原理》（修订 1 版），中国政法大学出版社 1997 年版。

73. 张文显：《二十世纪西方法哲学思潮研究》，法律出版社 1996 年版。
74. 张文显：《法理学》，法律出版社 2007 年版。
75. 张玉卿：《国际商事合同通则 2004》，中国商务出版社 2005 年版。
76. 张卓元：《社会主义价格理论与价格改革》，中国社会科学出版社 1987 年版。
77. 赵万一：《民法的伦理分析》，法律出版社 2012 年版。
78. 郑强：《合同法诚实信用原则研究》，法律出版社 2000 年版。
79. 郑玉波：《法学绪论》，三民书局股份有限公司 2008 年版。
80. 郑玉波：《民法总则》，中国政法大学出版社 2003 年版。
81. 中央政法干部学校民法教研室：《中华人民共和国民法基本问题》，法律出版社 1958 年版。
82. 周枏：《罗马法原论》，商务印书馆 1996 年版。
83. 朱广新：《合同法总则》（第 1 版），中国人民大学出版社 2008 年版。
84. ［奥］凯尔森：《法与国家的一般理论》，沈宗灵译，中国大百科全书出版社 1996 年版。
85. ［德］迪特尔·梅迪库斯：《德国民法总论》，邵建东译，法律出版社 2000 年版。
86. ［德］迪特尔·施瓦布：《民法导论》，郑冲译，法律出版社 2006 年版。
87. ［德］汉斯·贝恩德·费舍尔、克劳斯·奥特：《民法的经济分析》（第 4 版），江青云、杜涛译，法律出版社 2009 年版。
88. ［德］黑格尔：《法哲学原理》，范扬、张企泰译，商务印书馆 1961 年版。
89. ［德］霍恩等：《德国民商法导论》，楚建等译，中国大百科全书出版社 1996 年版。
90. ［德］卡尔·拉伦茨：《德国民法通论》，王晓晔等译，法律出版社 2003 年版。
91. ［德］康德：《法的形而上学原理——权利的科学》，沈叔平译，商务印书馆 1991 年版。
92. ［德］罗尔夫·克尼佩尔：《法律与历史——论〈德国民法典〉的形成与变迁》，朱岩译，法律出版社 2003 年版。
93. ［俄］E. A. 苏哈洛夫主编：《俄罗斯民法》（第 1 册），黄道秀译，中国政法大学出版社 2011 年版。
94. ［俄］狄雅可夫、科瓦略夫：《古代世界史》（古代罗马部分），吉林师范大学历史系世界古代史教研室，祝璜、文运译，高等教育出版社 1959 年版。
95. ［俄］格里巴诺夫等：《苏联民法》上，中国社会科学院法学研究所民法经济法研究室译，法律出版社 1984 年版。
96. ［法］伏尔泰：《路易十四时代》，吴模信等译，商务印书馆 1997 年版。
97. ［法］孟德斯鸠：《论法的精神》（上册），张雁深译，商务印书馆 1978 年版。
98. ［法］米涅：《法国革命史》，北京编译社译，商务印书馆 1992 年版。
99. ［法］乔治·勒费弗尔：《拿破仑时代》（上卷），河北师大外语系翻译组译，商务印书馆 1985 年版。
100. ［法］泰·德萨米：《公有法典》，黄建华、姜亚洲译，商务印书馆 l982 年版。
101. ［法］托克维尔：《旧制度与大革命》，冯棠译，商务印书馆 1992 年版。
102. ［法］托克维尔：《论美国的民主》（上卷），董果良译，商务印书馆 1991 年版。
103. ［法］雅克·盖斯旦、吉勒·古博：《法国民法总论》，陈鹏等译，法律出版社 2004 年版。
104. ［法］伊夫·居荣：《法国商法》，罗结珍、赵海峰译，法律出版社 2004 年版。
105. ［古希腊］亚里士多德：《政治学》，吴寿彭译，商务印书馆 1965 年版。
106. ［美］E. 博登海默：《法理学、法律哲学与法律方法》，邓正来译，中国政法大学出版社 1999 年版。
107. ［美］E. 博登海默：《法理学——法哲学及其方法》，邓正来、姬敬武译，华夏出版社 1997 年版。
108. ［美］伯纳德·施瓦茨：《美国法律史》，王军等译，中国政法大学出版社 1990 年版。
109. ［美］亨利·马瑟：《合同法与道德》，戴孟勇、贾林娟译，中国政法大学出版社 2005 年版。

110. ［美］劳伦斯·M. 弗里德曼：《美国法律史》，苏彦新等译，中国社会科学出版社 2007 年版。

111. ［美］理查德·爱泼斯坦：《简约规则的力量》，刘星译，中国政法大学出版社 2004 年版。

112. ［美］理查德·波斯纳：《法律的经济分析》，中国大百科全书出版社 1997 年版。

113. ［美］罗尔斯：《正义论》，何怀宏、何包钢、廖申白译，中国社会科学出版社 1988 年版。

114. ［美］罗斯托采夫：《罗马帝国社会经济史》（下册），马雍、厉以宁译，商务印书馆 1985 年版。

115. ［美］米尔顿·弗里德曼：《资本主义与自由》，张瑞玉译，商务印书馆 2004 年版。

116. ［美］莫顿·J. 霍维茨：《美国法的变迁》，谢鸿飞译，中国政法大学出版社 2005 年版。

117. ［美］熊彼特：《经济分析史》第一卷，朱泱等译，商务印书馆 1991 年版。

118. ［美］约翰·罗尔斯：《正义论》，何怀宏、何包钢、廖申白译，中国社会科学出版社 1988 年版。

119. ［美］詹姆斯·戈德雷：《现代合同理论的哲学起源》，张家勇译，法律出版社 2006 年版。

120. ［日］川北善太朗：《民法总则》，有斐阁 1993 年版。

121. ［日］大村敦志：《公序良俗と契约正义》，有斐阁 1995 年版。

122. ［日］我妻荣等：《新版新法律学辞典》，东潘舆等译，中国政法大学出版社 1991 年版。

123. ［意］彼德罗·彭梵得：《罗马法教科书》，黄风译，中国政法大学出版社 1992 年版。

124. ［意］朱塞佩·格罗索：《罗马法史》，黄风译，中国政法大学出版社 1994 年版。

125. ［英］A. G. 盖斯特：《英国合同法和判例》，张文镇等译，中国大百科全书出版社 1998 年版。

126. ［英］P. S. 阿蒂亚：《合同法导论》，赵旭东等译，法律出版社 2002

年版。
127. ［英］安东尼·奥格斯：《规制：法律形式与经济学理论》，骆梅英译，人民出版社 2008 年版。
128. ［英］巴里·尼古拉斯：《罗马法概论》，黄风译，法律出版社 2000 年版。
129. ［英］彼得·斯坦、约翰·香德：《西方社会的法律价值》，王献平译，中国人民公安大学出版社 1990 年版。
130. ［英］弗里德里希·冯·哈耶克：《法律、立法与自由》（第 2、3 卷），邓正来等译，中国大百科全书出版社 2000 年版。
131. ［英］弗里德里希·冯·哈耶克：《自由秩序原理》（上册），邓正来译，三联书店 1997 年版。
132. ［英］约穆勒：《政治经济学原理》（上卷），赵荣潜等译，商务印书馆 1991 年版。

二　中文论文

1. 蔡章麟：《债权契约与诚实信用原则》，载刁荣华主编《中国法学论集》，汉林出版社 1976 年版。
2. 丁南：《从"自由意志"到"社会利益"——民法制度变迁的法哲学解读》，载《法制与社会发展》2004 年第 2 期。
3. 梁慧星：《从近代民法到现代民法——20 世纪民法回顾》，载《中外法学》1997 年第 2 期。
4. 周玉文：《经济合同的显失公平初探》，载《法学与实践》1991 年第 5 期。
5. 傅静坤：《论美国契约理论的历史发展》，载《外国法评译》1995 年第 1 期。
6. 兰桂杰：《论我国民法的公平原则》，载《大连海事大学学报》（社会科学版）2002 年第 4 期。
7. 凯斯勒（Kessler）：《格式合同——关于合同自由的一些思考》，载《哥伦比亚法律评论》第 43 卷（1943）。
8. 赵万一：《民法公平原则的伦理分析》，载《重庆社会科学》2004 年第 2 期。

9. 梁慧星：《从近代民法到现代民法——20 世纪民法回顾》，载《中外法学》1997 年第 2 期。
10. 梁慧星：《关于中国统一合同法草案（第三稿）》，载《民商法论丛》第七卷，法律出版社 1997 年版。
11. 刘春堂：《一般契约条款之解释》，载郑玉波主编《民法债编论文选辑》上。
12. 刘守豹：《意思表示瑕疵的比较研究》，载梁慧星主编《民商法论丛》第一卷，法律出版社 1994 年版。
13. 彭真明、葛同山：《论合同显失公平原则》，载《法学评论》1999 年第 1 期。
14. 沈庆中：《显失公平民事行为的弊大利小》，载《法学》1993 年第 8 期。
15. 佟柔、王利明：《我国民法在经济体制改革中的发展与完善》，载《中国法学》1985 年第 1 期。
16. 徐涤宇：《非常损失规则的比较研究——兼评中国民事法律行为制度中的乘人之危和显失公平》，载《法律科学》2001 年第 3 期。
17. 颜炜：《显失公平立法探讨》，载《华东政法学院学报》2002 年第 4 期。
18. 姚新华：《契约自由论》，载《比较法研究》1997 年第 1 期。
19. 易军：《民法公平原则新诠》，载《法学家》2012 年第 4 期。
20. 张恒山：《论正义和法律的正义》，载《法制与社会发展》2002 年第 1 期。

三　英文著作

1. P. S. Atiyah, The Rise and Fall of Freedom of Contract (1979).
2. Stephen M. Bainbridge, Corporation Law and Economics (2002).
3. The Theory of Contract Law: New Essays (Peter Benson ed., 2001).
4. Borrie, The Development of Consumer Law and Policy (1984).
5. William Blackstone, Commentaries on the Laws of England, Bk. II (1765 – 1769).
6. Roger Brownsword, Contract Law: Themes for the Twenty – First Century (2000).

7. Good Faith in Contract: Concept and Context (Roger Brownsword et al. eds., 1999).
8. The Fall and Rise of the Freedom of Contract (Frank H. Buckley ed., 1999).
9. Neil Duxbury, Patterns of American Jurisprudence (1995).
10. James Willard Hurse, Law and Economic Growth (1964).
11. Stewart Macaulay et al., Contracts: Law in Action (2001).
12. Reinhard Zimmermann, the New German Law of Obligations: Historical and Comparative Perspectives (2005).
13. F. Bydlinski, Juristische Methodenlehre and Rechtsbegriff (1982).
14. Harrisi, Legal Philosophirs, Butterworths (1980).
15. Henry Campbell Black, M. A., Black's Law Dictionary (5th ed. 1979).
16. John Noonan, Jr., The Scholastic Analysis of Usury (1957).
17. John T. Gilchrist, the Church and Economic Activity in the Middle Ages (1969).
18. Charles L. Knapp, Nathan M. Crystal, Harry G. Prince, Problems in Contract Law: Cases and Materials (5th ed. 2003).
19. Robert E. Scott, Douglas L. Leslie, Contract Law and Theory (2nd ed. 1993).
20. John D. Calamari, Joseph M. Perillo, Helen Hadjiyannakis Bender, Cases and Problems on Contracts (2nd ed. 1989).
21. William M. McGovern, Jr., Larry Lawrence, Contracts and Sales: Cases and Problems (1992).
22. Lon L. Fuller, Melvin Aron Eisenberg, Basic Contract Law (5th ed. 1990).
23. Martin A. Frey, Terry H. Bitting, Phyllis Hurley Frey, Introduction to the Law of Contracts (3rd ed. 2000).
24. Daniel Wm. Fessler, Pierre R. Loiseaux, Contracts: Morality, Economics and the Marketplace (1982).
25. Robert W. Hamilton, Alan Scott Rau, Russell J. Weintraub, Cases and Materials on Contracts (1984).
26. Thomas D. Crandall, Douglas J. Whaley, Cases, Problems and Materials on

Contracts (1987).

27. Selected Commercial Statutes (2004).
28. Charles L. Knapp, Nathan M. Crystal, Harry G. Prince, Rules of Contract law (2001 - 2002).
29. Claude D. Rohwer, Gordon D. Schaber, Contracts: West Nutshell Series (4th ed. 1997).
30. Brain A. Blum, Contracts: Examples & Explanations (2nd ed. 2001).
31. Steven L. Emanuel, Contracts: Emanuel Law Outlines (2003).
32. Mary Miles Prince, The Bluebook: A Uniform System of Citation (2001).
33. Bryan A. Garner, A Dictionary of Modern Legal Usage (1995).
34. Bryan A. Garner, Black's Law Dictionary (2nd pocket ed. 2001).
35. Story J, Perry J W. Commentaries on Equity Jurisprudence, as administered in England and America (1877).

四 英文论文

1. Jens Hausmann, The Value of Public - Notice Filing Under Uniform Commercial Code Article 9: A Comparison with the German Legal System of Securities in Personal Property, 25 Ga. J. Int' l &Comp. L. 427 (1996).
2. Emily M. S. Houh, Critical Interventions: Toward an Expansive Equality Approach to the Implied Doctrine of Good Faith in Contract Law, 88 Cornell L. Rev. 1025 (2003).
3. Dori Kimel, Neutrality, Autonomy and Freedom of Contract, 21 Oxford J. Legal Stud. 473 (2001).
4. Thomas W. Merrill & Henry E. Smith, Optimal Standardization in the Law of Property: The Numerus Clausus Principle, 110 Yale L. J. 1 (2000).
5. David G. Owen, Products Liability: Principles of Justice for the 21st Century, 11 Pace L. Rev. 63 (1990).
6. Dennis M. Patterson, Good Faith, Lender Liability, and Discretionary Acceleration: Of Llewellyn, Wittgenstein, and the Uniform Commercial Code, 68 Tex. L. Rev. 169, 187 - 88 (1989).
7. Richard A. Posner, Utilitarianism, Economics and Legal Theory, 8 J. Legal

Stud. 103 (1979).

8. Larry E. Ribstein, Delaware, Lawyers, and Contractual Choice of Law, 19 Del. J. Corp. L. 999 (1994).
9. Pettit Jr. Mark, Freedom, Freedom of Contract, and the Rise and Fall, BUL Rev. 79: 263 (1999).
10. M. P. Ellinghaus, In Defense of Unconscionability, 78 Yale L. J. 757 (1969).
11. Richard A. Epstein, Unconscionability: A Critical Reappraisal, 18 J. L. & Econ. 293 (1975).
12. Evelyn L. Brown, The Uncertainly of U. C. C. Section 2 - 302: Why Unconscionability Has Become a Relic, 105 Com. L. J. 287 (2000).
13. Arthur Allen Leff, Unconscionability and the Code - The Emperor's New Clause, 115U. Pa. Rev. pp. 537 - 538 (1967).
14. Dando B. Cellini & Barry L. Wertz, Comment, "Unconscionable Contract Provisions: A History of Unenforceability From Roman Law to the U. C. C.", 42 Tul, L. Rev. 193 (1967).
15. Dawson, Economic Duress and the Fair Exchange in French and German Law, 11 Tul. L. Rev. 345 (1937).
16. Godley, Equality in Exchange, 69 Cal. L. Rev. 1587 (1981).
17. Joseph William Singer, The Reliance Interest in Property, Stanford Law Review Vol. 40 726 - 732 (1987 - 1988).
18. Leff, Unconscionability and the Code—The Emperor's New Clause, I15 U. Pa. L. Rev. 485, 536 (1967).
19. Melvin A. Eisenberg, Gilbert Law Summaries, Contract, 12th ed., Harcourt Brace Legal and Professional Publication, Inc. 1993, pp. 198 - 199.
20. Von Mehren, The French Doctrine of lesion in the Sale of Immovable Property, 49 Tul. L. Rev. pp. 321, 323 (1075).

五 判例、判决

（一）中国判决

1. 最高人民法院［(2004)民二终字第209号］民事判决书：万通实业公司与兰州商业银行借款合同纠纷案；

2. 最高人民法院［（2007）民二终字第33号］民事判决书：中国农业银行长沙市先锋支行与湖南金帆投资管理有限公司、长沙金霞开发建设有限公司借款担保合同纠纷案；
3. 最高人民法院［（2008）民二终字第62号］民事判决书：广东黄河实业集团有限公司与北京然自中医药科技发展中心一般股权转让侵权纠纷案；
4. 最高人民法院［（2010）民二终字第54-1号］民事判决书："冯晓军、杜建立、边伟标与陕西中实投资集团有限公司撤销权纠纷案"；
5. 北京市第一中级人民法院［（2003）一中民初字第4413号］民事判决书：桂林市辰美广告有限公司诉中国电视剧制作中心撤销权纠纷案；
6. 北京市第一中级人民法院［（2007）一中民初字第8941号］白金库诉长兴县悦达塑料有限公司侵犯专利权纠纷案；
7. 北京市海淀区人民法院［（2007）海民初字第17153号］民事裁定书：徐雁诉杨金斗等撤销房屋赠予及转让合同纠纷案；
8. 广东省高级人民法院［（2004）粤高法民四终字第233号］民事判决书：深圳市联合物流发展有限公司与天津中通国际货运代理有限责任公司广东分公司等海上货物运输合同运费纠纷上诉案；
9. 广州海事法院［（2003）广海法初字第361号］民事判决书：天津中通国际货运代理有限责任公司广东分公司诉深圳市联合物流发展有限公司等海上货物运输合同运费纠纷案；
10. 海口海事法院［（2003）海商初字第061号］民事判决书：莫维珍诉琼海正拓海洋捕捞有限公司联营合同纠纷案；
11. 河南省新乡市中级人民法院［（2011）新中民五终字第1号］民事判决书：新乡市新星房地产开发有限公司与被张昆山房屋拆迁安置补偿合同纠纷案；
12. 河南省郑州市中级人民法院［（2010）郑民三终字第358号］民事判决书：王中孝与刘莲云买卖合同纠纷上诉案；
13. 江苏省姜堰市人民法院［（2005）姜苏民初字第0009号］民事判决书：石冬华诉钱存友民间借贷纠纷案；
14. 辽宁省大连市中级人民法院［（2011）大民三终字第265号］民事判决书：何某与大连某机电设备有限公司买卖合同纠纷上诉案；
15. 山东省青岛市中级人民法院［（2011）青民一终字第842号］民事判

决书：姜振芳与青岛市市南区开发建设局等房屋拆迁安置补偿合同纠纷上诉案；
16. 上海市第一中级人民法院［（2005）沪一中民三（商）终字第327号］民事判决书：东方家园（上海）有限公司与上海银泰置业股份有限公司等股权转让纠纷上诉案；
17. 重庆市第五中级人民法院［（2009）渝五中法民终字第1681号］民事判决书：梁玉兰与张哲良农村土地承包经营合同纠纷上诉案；
18. 重庆市渝北区人民法院［（2011）渝北法民初字第10823号］民事判决书：彭某诉黄某房屋买卖合同纠纷案；
19. 甘肃省高级人民法院［（2013）甘民三终字第37号］民事判决书：甘肃申通快递有限公司嘉峪关分公司与王彬财产损害赔偿纠纷上诉案。

（二）大陆法判例
1. 《联邦最高法院·新法学周刊——判例报告》，1991。
2. 德国《联邦最高法院民事裁判集》，第68、69、80、90、98、99卷。
3. 德国 OLG Hamm JMBl, NRW 1974, 33 波兰移民案。
4. 德国帝国法院判决 RG JW 1908, 142。
5. 德国帝国法院判决 RGZ 95, 347, 349。
6. 德国联邦法院判决 BGH WM 1976, 926, 927。
7. 德国联邦法院判决 BGHZ 9, 333; Esser/Weyer, Schuldrecht Ⅱ, §49/1Ⅴ/1; Laernz, Schuldrecht Ⅱ, §69/Ⅲ/6。
8. 德国联邦法院判例 BGH LM Nr. 2 zu §138。
9. 台湾"最高法院"1981年度台上字第174号判决。
10. 台湾"最高法院"1998年度台上字第2810号判决。
11. 1967年5月19日的荷兰最高法院的判决。
12. 1978年11月6日法国最高法院商事金融案［J. c. P1979. Ⅱ. 19178, n. 格斯汀（Ghestin）］。
13. 1987年9月17日德国联邦最高法院判决，《德国联邦最高法院民事案件判例集》。

（三）英美法判例
1. Fotomat Corporation of Florida v. Chanda［1985］464 So. 2d 626.
2. Woollums v. Horsley（1892）.
3. Brower v. Gateway（1998）.

4. Waters v. Min Ltd (1992).
5. Elsinore Union Elementary School Dist. v. Kastorff (1960).
6. Hinson v. Jefferson (1975).
7. Campbell Soup Co. v. Diehm, 111 F. Supp. 211 (E. D. Pa. 1952).
8. Campbell Soup Co. v. Wentz, 172 F. 2d 80, 84 (3d Cir. 1948).
9. Chapelton v. Barry UDC [1940] 1 KB 532.
10. Cole v. Trecothick, 32 Eng. Rep. 592, 597 (Ch. 1804).
11. Sanger V. Yellow Cab, 486 SW2d 477, 480–81 (Mo. 1972).
12. County Asphalt v. Lewis Welding&Engineering Corp., 444 F. 2d 372 (1971).
13. Day v. Newman, 2 Cox 77, 30 Eng. Rep. 36 (ch. 1788).
14. Interfoto Library Ltd v. Stiletto Ltd ([1989] 1 QB 433 (CA)).
15. Jackson v. Seymour, 71S. E. 2d 181, 184 (Va. 1952).
16. Olley v. Marlborough Court Ltd [1949] 1 KB 532.
17. Thornton v. Shoe Lane Parking Ltd [1971] 2 QB 163.
18. Woollum v. Horsley, 20 S. W. 781 (Ky. Ct. App. 1892).
19. George Mitchell (Chesterhall) Ltd v. Finney Lock Seeds Ltd (1983).
20. Scott v. United States, 79 U. S. (12Wall.) 443, 445, 20L. Ed. 438 (1870).
21. Woollums v. Horsley, 20 S. W. 781 (Ky. Ct. App. 1892).
22. Coppage v. Kansas, 236 U. S. 1, 17 (1914).
23. Moscatiello v. Pittsburgh Contractors Equipment Company, 595 A. 2d 1190 (Pa. Super. Ct. 1991).
24. State of New York v. Avco Financial Service of NY, Inc., 406 N. E. 2d 1075 (N. Y. 1980).
25. Datatronic Rental Corp. v. DeSol, Inc., 474 N. W. 2d 780 (Wis. Ct. App. 1991).
26. U. C. C. § 2–302 (2001)
27. Restatement (Second) of Contracts § 208 (1981).
28. Jones v. Star Corp., 298 N. Y. S. 2d 264 (N. Y. Sup. Ct. 1969).
29. Jefferson Credit Corp. v. Marcano, 302 N. Y. S. 2d 390 (N. Y. City Civ. Ct. 1969).

六 其他立法例

1. 《德国民法典》，郑冲、贾红梅译，法律出版社1999年版。
2. 《俄罗斯民法典》，黄道秀、李永军、鄢一美译，中国大百科全书出版社1999年版。
3. 《法国民法典》，罗结珍译，中国法制出版社1999年版。
4. 《日本民法典》，王书江译，中国人民公安大学出版社1999年版。
5. 《瑞士民法典》，殷生根、王燕译，中国政法大学出版社1999年版。
6. 《意大利民法典》，费安玲、丁玫译，中国政法大学出版社1997年版。
7. 《埃塞俄比亚民法典》，薛军译，中国法制出版社2002年版。
8. 《蒙古国民法典》，海棠、吴振平译，中国法制出版社2002年版。
9. 《越南民法典》，吴尚芝译，卢蔚秋校，中国法制出版社2002年版。
10. 《智利民法典》，徐涤宇译，中国法制出版社2003年版。
11. 赵秉志总编：《澳门民法典》，中国人民大学出版社1999年版。

索引词汇

意思自治 2，3，7，14，61，110，112，113，114，116，120，122，146，151，158，166，167，187，193，215，235

法律行为 1，2，3，4，5，6，7，8，9，10，11，12，13，14，15，16，17，18，19，20，21，22，23，24，25，26，27，31，32，34，37，39，41，42，59，60，88，89，90，91，92，93，94，95，96，97，100，101，102，103，105，109，110，113，120，126，128，130，133，134，135，141，146，147，149，150，151，152，154，155，156，157，158，163，164，165，168，169，170，171，172，173，174，175，176，177，178，179，182，183，184，185，186，187，189，195，201，234，235，236，237，238，239，240，241

意思表示 1，7，8，9，10，11，12，14，15，16，19，20，21，23，24，25，26，27，28，29，30，31，32，33，36，37，38，39，42，44，48，60，88，89，94，96，116，117，126，134，142，149，155，158，175，177，178，181，188，189，190，191，197，198，209，223，227，230，233，234，235，237，239

错误 10，20，32，33，34，36，37，38，39，40，41，42，61，62，93，95，96，142，143，147，171，175，178，181，182，235，236，239，240

意思表示瑕疵 20，23，38，49，58，59，88，99，235

误解 36，38，39，40，41，42，58

公平原则 61，107，109，110，122，135，146，161，179，

180, 186, 189, 193, 196, 199, 203, 206, 215, 218, 219, 223, 224, 225, 226, 227, 240, 241

实质正义 167

乘人之危 2, 3, 5, 6, 20, 24, 25, 26, 27, 88, 92, 99, 130, 138, 171, 174, 183, 187, 189, 190, 191, 222, 223, 230, 234, 236, 237, 238

胁迫 2, 3, 19, 20, 26, 27, 28, 29, 30, 31, 48, 58, 61, 65, 74, 89, 94, 96, 129, 130, 138, 142, 171, 174, 178, 182, 183, 187, 188, 190, 191, 221, 223, 233, 235, 236, 238, 239

欺诈 2, 3, 19, 20, 27, 32, 33, 34, 35, 36, 37, 48, 49, 58, 61, 66, 67, 74, 94, 95, 96, 123, 129, 130, 138, 142, 163, 164, 171, 173, 174, 178, 182, 183, 187, 188, 190, 207, 216, 223, 228, 233, 235, 236, 237, 238, 239

重大误解 2, 3, 20, 38, 41, 42, 130, 138, 143, 163, 174, 176, 183, 187, 197, 236

情事变更 22, 43, 44, 45, 46, 161

公平价格理论 6, 51, 52, 55, 57, 83, 84, 104, 192

禁止高利贷 51, 54, 55, 104

合同损害制度 57, 58, 59, 81, 82, 97, 99, 104, 130, 134

"暴利行为"制度 59, 88, 93

格式条款 197, 201, 202, 203, 204, 205, 206, 207, 208, 209, 210, 211, 212, 213

等值原则 5

相对无效 6, 33, 92, 169, 171, 174, 176, 178, 181, 182, 206, 239

撤销权 33, 38, 42, 81, 82, 96, 97, 98, 104, 105, 168, 174, 175, 176, 177, 178, 180, 181, 182, 192, 197, 239, 240

变更权 42, 105, 176, 177, 180, 181, 182, 192, 238, 239, 240

自由裁量权 46, 70, 96, 105, 139, 163, 169, 176, 178, 179, 187, 188, 193, 207, 221

非常损失规则 1, 6, 27, 48, 50, 51, 52, 57, 81, 82, 104, 105, 128, 129, 133, 221

程序性显失公平 71, 74, 80, 134, 236

实质性显失公平 71, 73, 80, 134, 136, 236

交易地位 60, 61, 68, 69, 75, 77, 200

可归责 44, 46, 77, 78, 126, 156

公序良俗 23, 49, 50, 57, 93, 96, 97, 100, 101, 104, 105,

106, 109, 133, 135, 146, 172, 181, 209, 217, 218, 219, 220, 221, 224, 240, 241

不利情事 105, 130

过失责任原则 112, 113

对价 48, 84, 97, 100, 114, 117, 118, 121, 133, 169, 179, 192, 215, 232

法的内在道德 120

法的外在道德 120

射幸合同 215, 216, 217, 218, 219, 220

《民法通则》2, 3, 5, 6, 10, 16, 17, 18, 19, 20, 25, 27, 36, 37, 38, 41, 99, 130, 131, 137, 138, 143, 165, 171, 174, 176, 177, 178, 180, 181, 183, 184, 185, 186, 187, 192, 194, 217, 220, 222, 226, 230, 234, 236, 237, 238, 239

《民法通则意见》2, 3, 24, 27, 38, 41, 99, 135, 137, 138, 142, 143, 176, 183, 185, 186, 236, 237

《法国民法典》9, 27, 33, 39, 40, 41, 43, 57, 58, 59, 81, 82, 83, 85, 86, 87, 88, 97, 112, 116, 129, 134, 135, 136, 169, 178, 207, 208, 216, 221, 228, 233, 240

《德国民法典》4, 9, 10, 12, 17, 29, 32, 33, 38, 39, 43, 59, 88, 89, 90, 91, 93, 97, 98, 102, 103, 113, 116, 131, 132, 133, 134, 135, 141, 150, 168, 170, 171, 172, 173, 177, 178, 196, 201, 204, 205, 206, 208, 212, 216, 229, 230, 233, 237, 238, 240, 241

罗马法 1, 7, 8, 9, 16, 18, 28, 29, 48, 49, 50, 52, 53, 54, 56, 57, 81, 82, 83, 86, 88, 89, 98, 104, 105, 113, 128, 129, 133, 136, 166, 192, 193, 195, 207, 215, 217, 221

中世纪法 51, 104

大陆法系 1, 6, 9, 11, 19, 23, 27, 28, 34, 38, 41, 43, 44, 57, 81, 93, 96, 101, 104, 105, 112, 113, 121, 133, 134, 170, 172, 174, 175, 178, 181, 182, 183, 216, 235, 239, 240, 241

英美法系 1, 29, 35, 38, 43, 44, 60, 62, 64, 67, 80, 104, 105, 114, 134, 175, 179, 180, 182, 216, 235, 236, 239, 240

效率 68, 125, 146, 156, 157, 158, 166, 200

国家干预 3, 166, 187

构成要件 3, 6, 12, 21, 26, 33,

41，46，59，81，92，93，96，100，102，104，105，106，128，130，131，132，134，135，138，140，142，143，150，221，222，230，231，234，236，240

主观要件 6，26，27，94，95，96，98，99，100，102，103，104，105，130，131，133，134，135，136，138，141，142，143，144，173，190，196，197，198，199，200，201，222，223，230，231，236，237

客观要件 6，26，94，95，97，98，100，102，103，104，105，130，131，133，134，135，136，137，138，185，192，194，197，198，223，223，230，231，237

单一要件说 6，128，130，131，133，236

双重要件说 128，131，132，133，135，236，237

衡平法 4，5，35，40，41，62，64，65，66，67，69，70，111，180，182，222，233，239

对价不充分 64

《拿破仑法典》86，128，132，193

绝对无效 168，170，171，174，190

多方法律行为 13，14，21

单方法律行为 13，14，21，177

民法典编纂 223，234，241

法律价值 109，145，146，162

法律效果 6，7，10，15，18，26，32，37，41，42，46，47，59，88，96，97，99，102，103，105，106，145，168，169，170，172，175，176，178，179，180，181，182，185，187，196，205，238，241

价格 18，23，25，30，37，42，48，49，50，51，52，53，54，55，56，57，58，61，64，65，66，71，72，73，74，80，82，84，85，86，88，90，95，128，129，135，136，139，162，173，189，192，193，194，195，197，201，203，223，227，228，231，232

价值 1，3，10，18，25，26，27，36，41，43，48，49，51，53，55，57，58，60，66，67，74，80，82，83，84，85，88，89，91，94，95，97，98，107，109，116，118，119，120，122，123，125，126，128，134，135，136，138，145，146，147，148，149，150，151，152，153，154，155，156，157，158，160，161，163，164，165，166，167，173，179，180，186，192，193，194，195，198，200，

205, 206, 209, 210, 219, 221, 225, 227, 228, 231, 232, 233

损害赔偿 37, 62, 67, 72, 102, 118, 137, 154, 178, 210

格式合同 67, 68, 69, 74, 75, 77, 78, 79, 110, 161, 197, 202, 203, 204, 208, 209

穷困 88, 90, 92, 102, 104

无经验 5, 23, 25, 27, 37, 46, 60, 88, 89, 90, 91, 93, 94, 95, 97, 98, 99, 100, 101, 102, 103, 130, 131, 132, 134, 140, 141, 142, 143, 188, 189, 196, 199, 202, 213

判断力 4, 25, 59, 60, 66, 88, 89, 91, 92, 104, 141, 142, 173, 185, 196, 200, 224

意志力 23, 88, 89, 90, 91, 92

急迫 5, 23, 24, 25, 26, 59, 60, 88, 89, 90, 92, 93, 94, 95, 132, 133, 134, 141, 142, 198, 200

给付 4, 5, 22, 25, 58, 59, 60, 88, 89, 92, 93, 94, 95, 96, 97, 98, 99, 101, 102, 104, 105, 117, 122, 126, 129, 130, 131, 132, 133, 134, 135, 156, 168, 169, 171, 173, 177, 179, 181, 188, 192, 195, 200, 215, 220, 222, 235, 236, 239, 241

善良风俗 19, 59, 88, 89, 90, 92, 93, 100, 135, 137, 171, 172, 173

后　　记

本书是我博士论文的修改稿，拙作的顺利出版得益于诸多师长、亲友和同人的鼎力支持。

感谢吾师。感谢我的博士生导师，中国社会科学院学部委员王家福教授。先生于我而言，是倾心学术而卓为泰斗的学界前辈，也是睿智慈和高山仰止的终身精神导师，自拜入师门以来，能得亲临教益，何其有幸。我为先生能尽之力太少，唯谨以此书衷心祝愿先生和师母健康长寿。

感谢我的执行导师，中国社会科学院长城学者孙宪忠教授。从我入学伊始，孙老师就视我为门下弟子，严格对待我在学业上的每一步：我的毕业论文题目、论文提纲、开题报告等孙老师都不厌其烦地多次与我讨论，指点我反复修改。感谢孙老师对我的悉心培养。

感谢中国社会科学院法学所的梁慧星教授、陈甦教授、张广兴教授、谢鸿飞教授等对我学业上的指导和帮助。

感谢吾友。感谢跟我一起度过博士生涯，互相勉励、互相帮助的李宇博士、侯利宏博士、李敏博士、郭延辉博士等诸位同学；感谢陪伴我一同欢笑一同悲伤一同成长的各位研究生院好友。

感谢同人。感谢中国社会科学院研究生院诸位领导和同事多年来对我工作和学业上的诸多支持和帮助。感谢研究生院的黄晓勇教授、张政文教授、文学国教授、刘迎秋教授、张波教授、赵俊教授、吕静教授、张菀洺教授；感谢研究生院各处室的诸位同人。

感谢家人。感谢父母亲含辛茹苦养育我成人，从未抱怨过女儿离家二十载不能尽孝于膝下的辛酸和思念。2007年小儿出生后，母亲更是为了帮我操持家务、抚养孩子，跟父亲两人在浙江北京两地奔波，艰辛备尝。感谢我家的好脾气先生李志强，繁忙的工作之余主动承担家务，照顾家人，无怨无悔地陪伴我走过这一段段苦乐参半的岁月。感谢我最可爱和懂事的儿子李睿轩小朋友，你是妈妈最贴心的好孩子。谨以此书献给最爱我的家人。

本书的出版过程中，得到了中国社会科学出版社政治与法律出版中心任明主任、孔继萍编审等各位老师的鼎力帮助和支持，在此特别致谢。

拙作的出版得益于以上各位师友同人的帮助和支持，而该书中的诸多不足和缺憾则因我本人能力有限所致，未能尽善尽美，不足之处还请学界同人批评指正。

张初霞　谨识

2016 年 10 月